충남 지역 마을지 총서 ⑤ 보령시 오천면 원산도리

보령 원산도

도시민의 휴식처로 거듭나는 섬마을

글·사진 | 충남대학교 마을연구단

김필동, 권선정, 이연숙, 유보경, 권병욱, 김현숙, 박종익

대원사

| 저자 소개

김필동
충남대학교 사회학과 교수, 문학박사(사회학)
'총론: 도시민의 휴식처로 거듭나는 섬마을' 집필

권선정
충남대학교 마을연구단 전임연구원, 교육학박사(지리학)
'자연환경과 인문경관' 집필

이연숙
충남대학교 마을연구단 전임연구원, 문학박사(한국사)
'섬마을의 역사적 전개' 집필

유보경
충남대학교 마을연구단 전임연구원, 문학박사(사회학)
'섬 생활과 경제활동의 변화' 집필

권병욱
충남대학교 마을연구단 전임연구원, 사회학박사(사회학)
'사회생활과 문화' 집필

김현숙
충남대학교 마을연구단 전임연구원, 문학박사(한국사)
'근대 이후 일상생활의 변화' 집필

박종익
충남대학교 마을연구단 전임연구원, 문학박사(민속학)
'섬마을의 민속' 집필

충남 지역 마을지 총서 ⑤ 보령시 오천면 원산도리

보령 원산도

도시민의 휴식처로 거듭나는 섬마을

머리말

마을이 사라지고 있다. 지금부터 40년 전인 1966년 한국의 농가인구는 약 1,540만 명으로 인구의 절반을 상회했지만, 2006년에는 약 330만 명으로, 전체 인구에서 차지하는 비중이 7%에도 미치지 못한다. 많은 마을에 빈 집이 늘어나고 있고, 주민들의 평균 연령이 60세가 넘는 곳도 적지 않아, 앞으로 10~20년 후에는 수백 년 혹은 천 년 이상의 생애를 가진 수많은 마을들이 수명을 다하고 이 땅에서 사라지게 될지도 모른다.

마을은 한반도의 역사가 시작된 이후 20세기 중엽에 이르기까지 대부분의 사람들이 거주해온 생활 공간이었으며, 또 민속 · 의례 · 신앙 등 전통적인 문화를 만들어온 문화 공간이었다. 조선시대 선비들이 생활하면서 정신문화를 창출해온 곳도 도시라기보다는 농촌 마을이었다. 따라서 마을이 사라진다는 것은 전통적인 한국 문화의 뿌리가 사라진다는 것을 의미한다. 이에 대한 아쉬움과 함께 전통문화 보존의 필요성이 제기되는 것은 당연하다.

그러나 마을은 전통문화의 뿌리인 것만은 아니다. 마을은 현재 한국 사회 인구의 대부분을 구성하고 있는 도시인들의 삶의 뿌리이자 성장 배경이며, 동시에 그들이 삶에 지칠 때 찾게 되는 정신적 고향이기도 하다. 나아가 마을은 성장과 개발의 이면(裏面)에 반목과 파괴를 심화시켜온 근대문명의 한계를 넘어 새로운 미래를 전망할 때 우리가 돌아보는 대안이 될 수도 있다. 그러므로 마을은 우리 선조들과 오늘을 사는 어른들에게만 중요한 것이 아니라, 자라나는 우리 아이들과 앞으로 태어날 후손들에게도 소중한 것이다. 그런 마을이 사라지고, 이제는 학문적 조명에서조차 소외되고 있음은 아쉬운 일이 아닐 수 없다. '마을 연구'와 '마을 조사'의 중요성과 시급성은 여기에서 출발한다. 더구나 충남지역의 마을 연구는 경상도나 전라도에 비해 매우 빈약한 상황이기 때문에 그 중요성은 더욱 크다고 할 수 있다.

충남대학교 충청문화연구소에서는 이런 문제의식에서 2004년 '마을연구단'을 조직하고, 학술진흥재단의 지원을 받아 충남지역 마을연구에 착수하였다. 마을연구단에서는 충남지역에도 다양한 유형과 지역적 특징을 지닌 마을들이 많이 존재한다는 점을 감안하여, 전체적으로 충남지역 마을들을 대표할 수 있는 9개의 마을을 선정하여 3년에 걸쳐 매년 3개 마을씩을 공동으로 심층 조사하고, 공동연구원들이 각 마을을 주제로 한 연구 논문들과 함께 마을의 역사와 현재의 모습을 담은 '마을지'를 꾸미기로 하였다. 15명의 공동연구원들과 십수 명의 보조연구원(학생)들은 이를 위해 각 마을을 공동 또는 개인별로 수시로 방문하면서 자료를 모으고, 수많은 마을주민들을 만나 인터뷰를 진행했다. 연구원들은 마을의 모습을 전체적으로 조망하기 위하여, 지리, 역사, 경제, 사회, 일상생활, 민속 등 각 분야에 걸쳐 조사를 실시하였다. 또한 마을의 과거와 현재의 모습을 좀 더 생생하게 전달하기 위해서 지난 시절의 기록과 사진을 모으고, 오늘의 마을 경관과 주민들의 활동을 폭넓게 사진에 담아 마을지에 수록하였다. 또한 집필에 있어 필자들은 가급적 평이한 문체를 사용함으로써, 연구자나 일반인들은 물론 각 마을의 주민들도 쉽게 읽을 수 있도록 배려하였다. 이러한 작업들은 전임연구원들이 중심이 되어 이루어졌지만, 다른 공동연구원들과 학생들도 많은 힘을 보탰음은 말할 것도 없다. 원산도 마을지도 이런 과정을 통해 탄생되었다.

행정구역상 보령시 오천면에 속하는 원산도는 충청남도에 딸린 섬 중 안면도 다음으로 큰 섬이다. 그 모양이 마치 한자의 '뫼 산(山)' 자를 떠올리게 하는데, 바로 '山' 자의 각 획에 해당하는 곳에 원산 1리, 2리, 3리로 이루어진 원산도의 마을들이 자리 잡고 있다. 이들 마을들은 대부분 갯벌(간석지)이었던 곳을 방조제로 막아 간척한 곳에 입지하고 있다. 그리고 섬 남쪽에는 최근 관광과 휴양의 명소로 원산도를 탈바꿈시키고 있는 여러 해수욕장들이 형성되어 있는데, 이곳에는 푸른 바다를 품에 안은 맑은 모래 사장과 모래 언덕, 소나무숲, 해안 절벽 등이 그림같이 어우러져 있다.

원산도의 여러 마을들은 내륙의 마을과는 달리 바다를 주요한 삶의 조건으로 삼아 왔다. 때로는 갯벌을 만들어주고, 신선한 해산물을 넉넉히 품어주기도 하며, 격한 파도로 섬사람의 마음을 삼키고, 육지와의 만남을 단절시키기도 했던 것이 바다였다. 그랬던 바다가 이제는 원산도를 더 이상 조용한 고립의 섬으로 남겨두지 않고 오히려 새로운 관광 명소로 탈바꿈시키는 소통의 고리가 되었다. 최근에는 지자체에서도 안면도−원산도−대천항을 잇는 연륙교 건설을 비롯하여 섬 전체를 해양스포츠 단지로 조성하기 위한 대단위 개발계획을 추진할 예정에 있다. 그러나 원산도의 앞날이 빛을 발하기 위해서는 지금까지의 원산도를 가능하게 해주었던 섬사람들의 삶의 지혜, 그리고 천혜의 자연환경이 훼손되지 않는 지속가능한 개발이 이루어져야 할 것이다.

독자들은 이 책을 통하여, 평탄치 않았던 환경을 극복하며 자신들의 삶의 지층을 쌓아온 원산도 마을사람들의 살 냄새를 맡을 수 있을 것이다. 그 동안 검게 그을린 구리빛으로만 다가왔던 남정네들의 얼굴, 억척스럽고 쌀쌀하게 느껴졌던 아낙네들의 웃음이 따뜻하게 우리의 마음을 방문할 것이다.

원산도를 조사하고 마을지를 편찬하는 과정에서 집필자들은 많은 분들로부터 도움을 받았다. 무엇보다도 원산도 마을주민들이 보여준 연구단에 대한 전폭적인 신뢰와 협조를 잊을 수 없다. 수많은 마을 어른들과 청년·부인들이 인터뷰에 응해주었고, 집에 간직하고 있던 자료나 사진들을 꺼내 주었으며, 거듭되는 확인 과정에서도 싫은 내색을 하지 않고 솔직하게 질문에 대답해 주셨다. 또한 현재는 마을을 떠나 외지에 거주하고 있는 원산도 출신 인사들이나 인근 지역의 어른들도 집필자들을 만나 귀중한 옛날 얘기들을 들려주셨다. 그 중에서도 원산 1리의 박영재·최상철 이장님, 2리의 조동의 이장님, 3리의 박윤규 이장님과 원의중학교 박희웅 선생님은 우리가 마을을 방문할 때마다 만사 제쳐놓고 적극적인 협조를 아끼지 않으셨다. 우리가 비교적 짧은 기간에 이만한 정도의 마을지를 편찬할 수 있었던 것은 이분들을 포함한 마을주민들의 절대적인 도움 덕택이었다고 할 수 있다. 이 자리를 빌어 깊은 감사의 말씀을 드린다.

그리고 보령시청과 오천면사무소, 원산도출장소, 대천문화원의 직원 여러분과 보령시에 거주하는 몇몇 어른들께도 감사의 말씀을 드린다. 이분들은 마을에 관한 각종 기본 자료들을 제공해 주셨고, 원산도와 오천면, 보령시의 관계에 대한 소중한 증언을 해 주심으로써 우리가 마을 사정을 객관적인 입장에서 이해하는 데 많은 도움을 주셨다.

집필자들은 공동연구를 함께 해온 마을연구단의 다른 공동연구원 선생님들과 연구를 보조해 준 학생들에게도 감사의 말씀을 드린다. 이 책이 부족한 가운데서도 장점이 있다면 그것은 오로지 함께 연구에 참여하신 이분들의 도움 때문이라고 생각한다. 한편 연구책임자의 입장에서는 집필자 중에서도 원산도 마을조사팀장으로 연구단과 마을 및 관계기관 간의 주된 연락 창구 역할을 하면서, 수합된 마을지 원고의 편집에도 책임있는 역할을 수행해준 권선정 박사와 책 발간 과정에서 중요한 역할을 해준 유보경 박사의 노고를 특별히 기록해두고 싶다.

마지막으로 우리는 원산도 마을지의 출판이 학술진흥재단의 연구비 지원과 함께 보령시의 출판 보조금 지원으로 비로소 가능하였음을 밝혀두고자 한다. 특히 원산도 마을지의 문화적 가치를 높이 평가하시고 재정적 지원을 아끼지 않으신 보령시의 신준희 시장님께 연구단의 이름으로 깊은 감사의 말씀을 올린다.

2007년 가을
집필자들을 대표하여 김 필 동 적음

총론: 도시민의 휴식처로 거듭나는 섬마을

　보령시의 대천항 앞바다에 있는 원산도는 충청남도 관내 섬 가운데 안면도 다음으로 큰 섬이다. 푸른 하늘을 비추는 거울처럼 잔잔한 수면 위로 우뚝 솟은 섬의 생김새는 마치 한자의 '뫼 산(山)' 자를 떠올리게 한다. '山' 자의 각 획에 해당하는 섬 곳곳에 자리 잡고 있는 원산 1리(선촌, 진고지, 간사지) · 2리(저두, 점촌, 개경, 구치) · 3리(진촌, 사창, 초전)의 자연마을마다 섬사람들의 텁텁한 살냄새가 가득하다.

다양한 경관 요소들, 그리고 천혜의 자연환경

　마을들은 대부분 갯벌(간석지)을 방조제로 막아 간척한 섬의 북쪽에 입지하고 있다. 그런데 본래 갯벌이었던 곳에 방조제를 쌓으면 방조제 바깥쪽으로 다시 새로운 갯벌이 조성되기 때문에, 각 마을 앞으로는 섬사람들의 삶의 터전인 갯벌이 드넓게 펼쳐져 있다.

　섬 남쪽에는 최근 관광과 휴양의 명소로 원산도를 탈바꿈시키고 있는 해수욕장들이 여럿 형성되어 있는데, 이곳에는 푸른 바다를 품에 안은 맑은 백사장과 모래 언덕, 소나무숲, 해안 절벽 등이 그림같이 어우러져 있다. 이처럼 마을이 들어선 곳과 대조적으로 섬 남쪽에 모래밭이 형성되는 것은 해안선의 형태가 굴곡하며 움푹 파인 만(灣)을 만들지 못하고, 거의 직선에 가까운 단조로운 형태를 띠고 있는 것과 관련된다. 이렇듯 섬사람들의 일상생활이 이루어지는 마을, 간척지, 갯벌과 섬 남쪽의 해수욕장을 형성하는 다양한 경관 요소들은 원산도를 단순히 바다 가운데 고립된 섬으로만 볼 수 없게끔 하는, 너무도 독특하게 대비되는 천혜의 자연환경 조건이라고 할 수 있다.

주민들의 입도(入島)와 마을의 형성 과정

일찍이 고려시대부터 홍주목 관할의 섬으로 유지되어오던 원산도의 마을들이 현재의 형태를 갖추게 된 것은 1914년 일제에 의해 시행된 행정구역 통폐합에 의해서이다. 그러나 흔히 '원산 8리'로 불리는 마을들은 이미 조선 후기 점마리(點馬里), 저두리(猪頭里), 구치리(九峙村), 진촌(鎭村), 초전리(草箭里)로 편제되어 있었고 여기에 19세기 말 선재리(船材里), 진곶지리(鎭串之里), 사창리(射倉里) 등이 추가되면서 8개 리가 되었다.

한때 원산도는 국가의 공도(空島)정책으로 인해 사람이 살지 않는 빈 섬으로 유지되다가 점차 말 목장과 양송지(養松地)로 그 용도가 바뀌게 되는데, 본격적으로 섬에 사람들이 이주하게 된 계기는 임진왜란을 겪으면서 현실화된 국가의 공도정책 포기 때문이라고 할 수 있다. 따라서 원산도 각 마을에서 확인되고 있는 여러 성씨 집단들은 조선 중기에서 후기에 걸쳐 이주한 경우가 대부분이다. 현재 원산도에 거주하고 있는 성씨 가운데 입도 시기가 가장 빠른 성씨는 진고지(鎭串之) 마을의 진양 하씨로 알려져 있다. 이와 관련해 섬 안팎에서 확인할 수 있는 묘소·비석·지명 등의 물질적 경관이나 족보, 구전 등의 언어자료들은 원산도의 과거 삶을 엿볼 수 있게 하는 퍼즐 조각들로 우리의 눈길을 멈추게 한다. 결국 원산도리 각 마을의 형성, 변화를 추적하는 작업은 이들 성씨 집단들의 입도와 정착 과정을 살피는 일과 맞물려 있다고 할 수 있다.

중심지의 이동과 생활 여건의 변화

처음 원산도의 중심은 진촌(鎭村)이었다. 진촌은 세종 대부터 말 목장으로, 그리고 말 목장이 이전된 이후에는 수군 주둔지인 원산진(元山鎭)이 설치되었던 곳이다. 그러나 현재는 오봉산 날망의 봉화터, '관가(官家)'라는 지명, 그리고 다수의 건축물 와편(瓦片)과 관가 터에 누워 있는 송덕비 등만이 과거의 상황을 재현해주고 있다. 그러던 것이 원산도 주민들의 근대 교육에 전환기를 마련한 사립광명학교(1930)가 원산 8리의 중간 길목인 점촌(店村)에 설립됨으로써 지역의 중심이 진촌에서 점촌으로 옮겨지게 되며, 그로 인해 점촌은 1960년대까지 원산도의 중심지 역할을 하게 된다. 이는 원산도 주민들에게 중학교 진학의 길을 열어준 원의중학교가 1964년 점촌에 개교한 것

간사지 염전 모습

을 보더라도 충분히 짐작할 수 있는 바이다. 그러나 1960년대 후반부터는 대천으로의 바닷길이 생기고 여객선이 운행되면서, 선착장이나 각종 행정관서들이 들어서게 된 선촌(船村)이 점촌을 대신하게 된다.

이렇듯 진촌 → 점촌 → 선촌으로 원산도의 중심이 옮겨지는 과정은 단순히 공간의 이동이라기보다는 역사적·정치적·사회적·경제적·지리적 조건의 변화에 대한 주민들의 대응의 결과라고 할 수 있다. 특히 일상생활 영역에서 겪는 삶의 여건의 변화는 거시적 차원의 변화보다 더 직접적으로 주민들의 삶에 영향을 미친다고 할 수 있다. 가령 대단위 간척의 진행과 해상 교통로의 개발, 전기 개통 및 동력선의 등장, 새로운 어업 방식의 도입, 관광 및 휴양지로서의 부상, 인근 해양환경의 변화 등은 마을 입지나 주민들의 일상생활, 생산활동, 사회적 관계 등에 많은 변화를 가져왔다.

다채로운 생산활동의 궤적

이러한 삶의 여건의 변화에도 불구하고, 전통적으로 원산도와 같은 해안 및 섬 지역은 농업과 어업이 적절히 혼재돼 있는 '반농반어(半農半漁)'의 생산활동이 주가 되어

왔다. 그 중 원산도의 특징을 엿볼 수 있는 것은 내륙과 거의 동일하게 이루어지는 농업 외에 갯벌, 염전, 바다를 이용한 생산활동이다. 물론 최근에 급부상되고 있는 관광지로서의 장소 이미지도 섬으로서의 원산도를 특징짓는 부분이다.

원산도를 둘러싸고 있는 바다와 관련된 주민들의 생산활동은 구체적으로 어업과 염업, 양식업(김, 바지락, 가두리 양식) 그리고 수산물 가공업 등으로 구성된다. 어업은 전형적인 어촌 마을로 원산도를 특징짓는 생산활동이라고 할 수 있는데, 섬 연근해에서 주목망과 안강망을 이용한 다양한 어획활동이 이루어지고 있다. 현재 원산도에는 저두, 선촌, 초전항 등 3개의 선착장이 있는데, 그 동안 어선의 동력 방식이나 규모, 그물, 어획 자원의 종류에 따라 어업도 상당히 다변화되어 왔다.

또한 내륙에서 논과 밭에 작물의 씨를 뿌리거나 모종을 하듯 "바다 쪽으로부터 '난치' → '늦태' → '결정지' 라고 불리는 논으로 구성되는 염전에 바닷물을 심는" 어촌 마을의 생산활동이 바로 염업이다. 원산도에서 염업은 1920~30년대 방조제 축조로 확보된 간척지를 염전으로 개발하면서부터 시작되는데, 현재는 값싼 중국 소금의 수입과 정부의 폐업보상금 지급정책에 따라 '간사지' 한 곳에서만 염전이 유지되고 있는 실정이다. 그러나 원산도의 소금은 고품질을 자랑하며 고가로 팔리고 있다.

그런데 이러한 어업 및 염업 외에 1970~80년대 들어서면서부터는 '기르는 어업' 인 양식업이 활발히 전개되는데, 김이나 바지락, 가두리 양식 등이 그것이다. 특히 양식업에 대한 주민들의 관심과 참여 증대로 인해 양식장의 경제적 가치가 높아지면서 그 운영 및 생산물 판매에서도 마을주민 중심의 공동체적 운영이 강화되어 왔다.

공동체의 지속과 변용, 그리고 섬마을의 민속

이러한 공동체 운영의 강화는 섬 지역에 사는 원산도 주민들의 특징적인 현실 대응으로 볼 수 있다. 왜냐하면 1960~70년대 이후 전국적 차원에서 진행된 산업화, 도시화에 따른 촌락의 인구 유출[離村向都], 그리고 그로 인한 전통적 마을 공동체의 해체는 육지와 떨어져 있는 섬 지역이라고 해서 원산도를 빗겨가지 않았기 때문이다. 그러나 1970년대 말부터 들어서기 시작한 보령화력발전소로 인해 1990년대 이후 연안 환경오염 문제가 부각되면서, 섬사람들은 이에 대해 공동체적 운영의 강화로 대응하게 되었다.

양식장 운영을 통해 강화된 원산도 주민들의 공동체적 관계는 마을 단위의 동계 및 어촌계, 상주계(상포계) 그리고 남녀 간의 성 관계(gender relation)를 반영하는 선주회나 부녀회 운영을 통해 나타난다. 특히 원산도 각 마을의 공동체 제의로 이루어지는 당제나 풍어제는 섬 지역의 특징적인 성 관계를 엿볼 수 있는 한 단면을 제공한다.

당제는 내륙에서 마을이 기대고 있는 뒷산(풍수상 주산)을 신성시하여 모시는 산신제와 같은 것으로 진촌, 초전, 선촌, 저두, 구치, 진고지 등 8개 마을에서 지내고 있거나 지냈었고, 풍어제 역시 저두, 진촌, 진고지, 초전 등에서 지내고 있다. 흥미로운 것은 마을이 기댄 당산(堂山)에서 이루어지는 당제가 남성들 중심의 제의라면, 갯벌에서 '조개 부르기' 또는 '바지락 부르기'로 진행되는 풍어제는 저두를 제외한 다른 마을에서는 모두 여성들이 중심이 된다는 것이다. 이처럼 여성들이 중심이 되어 풍어제를 지내는 것은 갯벌의 바지락 채취가 부지런한 섬마을 여성들의 경제활동 중 주가 되기 때문이라고 할 수 있다. 그만큼 섬 지역 여성들의 경제적, 사회적 위상은 내륙과 비교하면 훨씬 높은 수준에 있다고 할 수 있다. 이러한 위상은 최근 발전소 온배수로 인한 어장 피해에 여성들이 투쟁력을 발휘하면서 더욱 높아졌다고 할 수 있다.

도시민과 함께 하는 원산도의 미래상

최근 원산도는 더 이상 과거의 조용한 섬마을에 머물지 않고, 서해 도서지역 중에서 외지인들이 선호하는 관광지의 하나로 부각되고 있다. 그 이유는 배로 20~30분이면 다가갈 수 있는 물리적 조건이나 주민들의 넉넉한 인심 외에도 그 동안 세인들로부터 그다지 주목받지 못했기에 오히려 훼손되지 않은 상태로 남아 있는 섬 남쪽의 모래사장과 모래 언덕, 해안 절벽 때문이라고 할 수 있다.

그러나 관광과 휴양의 명소로 섬이 탈바꿈하기 위해서는 앞으로 장기적인 개발 방안이 치밀하고 구체적으로 마련되어야 한다. 충청남도도 섬 전체를 해양스포츠 단지로 조성하기 위한 대단위 개발계획을 추진할 예정으로 있다. 가령 안면도-원산도-대천을 잇는 연륙교를 건설하고, 콘도미니엄·가족호텔·유스호스텔·임대별장·여관 등 숙박시설과 다목적 운동장·테니스장·사이클링 코스·심신단련장 등 스포츠 단지를 조성하며, 솔숲과 백사장 사이로 산책로를 개설하고, 심지어 섬 전체를 조망할 전망대도 세울 예정이다. 이렇게 원산도가 종합 휴양단지로 개발되면, 기존의 순수 농·어업보다 관광객을 대상으로 하는 서비스업의 비중이 더욱 확대될 것으로 전망된다.

그런데 개발의 이면에 숨어 있는 난개발과 환경오염 문제는 주민들의 일상적 생활공간이자 외지인들의 위락 공간으로 거듭나야 할 원산도의 미래상에 어두운 그림자를 드리울 수도 있다. 현재 섬 남쪽 해수욕장 인근 사구에는 전통적인 섬마을 경관과는 대비되는 대단위 숙박 및 위락시설들이 무분별하게 들어서 있는데, 이는 관광과 휴양 명소로서의 원산도가 난개발로 인한 환경 파괴의 위험에 그대로 노출되고 있음을 보여주는 실례가 되고 있다. 따라서 원산도가 서해안의 명소로, 그리고 외지인들의 건강한 휴식 장소로 거듭나기 위해서는 섬의 과거─현재─미래 모습이 균형 관계를 유지하며 공존하는 '지속 가능한 개발'을 이룩할 수 있도록 섬의 안과 밖, 행정관청과 주민이 힘과 지혜를 모아야 할 것이다.

(김 필 동)

자연환경과 인문 경관

마을의 지리적 위치

  원산도리는 대천해수욕장, 대천항, 보령화력발전소, 보령머드축제 등으로 잘 알려진 보령시 관내 가장 큰 섬이다. 대천항(보령시 신흑동)에서 원산도, 안면도(태안군 고남면 영목항)를 연결하는 연륙교가 계획되어 있긴 하지만,[1] 아직까지는 하루 5~6회 운행되는 대천항과 원산도의 저두, 선촌항, 그리고 안면도의 영목항을 잇는 뱃길만이 원산도리를 육지와 연결해주고 있다. 대천항과 원산도의 저두항만을 왕복하는 뱃길 외에 선촌항에 들르는 배편은 대천항-저두-효자도-선촌-영목을 함께 이어주고 있다. 그로 인해 태안군에 속하는 안면도의 영목에서도 원산도 배편을 이용할 수 있다.

  대천항에서 배로 30분 정도 거리에 있는 원산도리는 충청남도 중서부에 위치한 보령시 오천면(10개 법정리, 22개 행정리)에 속해 있는데, 주변에 효자도, 안면도, 삽시도, 고대도, 장고도 등 많은 섬들이 산재해 있다. 충청남도에 딸린 섬 중 안면도 다음으로 큰 섬이기도 한 원산도는 그 모양이 마치 한자의 '뫼 산(山)' 자를 떠올리게 하는데, 지도에서 보듯이 '山' 자의 각 획에 해당하는 곳에 마을이 자리 잡고 있는 형태를 보인다. 원산도리를 구성하고 있는 원산 1리·2리·3리가 그것인데, 여기에 속한 마을들은 1914년 일제의 행정구역 통폐합에 의해 오천면 원산도리에 속하게 된 마을들이다. 구체적으로 살펴보면 원산 1리는 원산도의 행정 중심지라고 할 수 있는 선촌(船村)과 진고지(津串之), 간사지(干潟地) 등으로, 원산 2리는 선촌항과

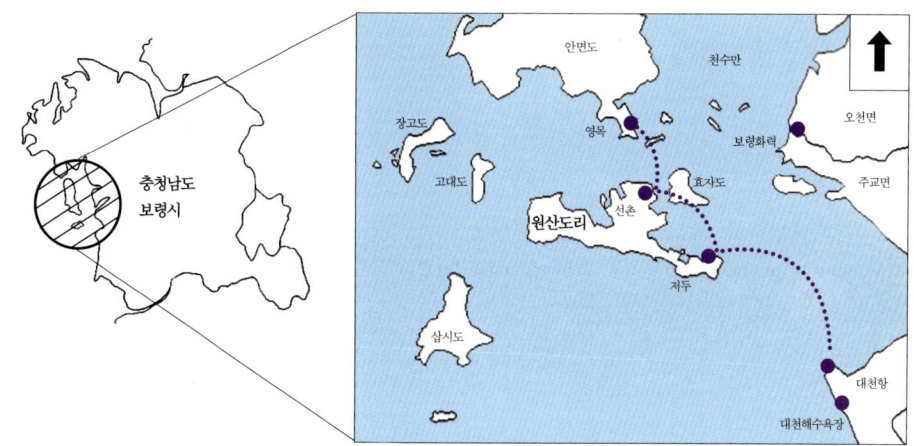

원산도 주변 도서와 뱃길(점선)

원산도리의 마을 구성(1:25,000)

더불어 대천항에서 출발하는 여객선이 취항하고 있는 저두(猪頭)와 점촌(店村), 개경, 구치(鳩峙)마을로, 그리고 원산 3리는 진촌(鎭村), 사창(射倉), 초전(草箭), 관가마을 등으로 구성되어 있다.

경관을 통한 장소 이해

원산도리는 내륙에 가까우면서도 작지 않은 섬(총 9.2km², 오천면의 18.4%)이기 때문에, 독특한 자연환경과 인간, 삶의 흔적을 보여주고 있다. 이러한 특징적인 요소들을 경관이라고 하는데, 경관은 인간살이가 이루어져온 원산도리의 특징을 구성하는 의미 있는 물질적 요소라고 할 수 있다. 따라서 원산도리라는 인간 삶터, 즉 장소의 특성을 이해하는 데 있어서 인간의 구체적 경험대상이 되는 경관은 일차적 관심 대상이 된다. 여기서는 내륙지역과 구분되는 도서지역으로서 원산도리의 장소 특성을 드러내줄 경관들, 가령 갯벌(간석지)이나 모래사장(사빈), 방조제, 수문, 염전, 둠병, 사구 경관 등에 주목하고자 한다.

갯벌과 모래사장

원산 1리·2리·3리를 구성하고 있는 마을들은 대부분 갯벌이었던 곳을 방조제로 막아 간척한 곳에 입지하고 있다. 특히 원산도의 해안선 변화를 실감할 정도로 갯벌이 육지로 변한 곳은 원산도 염전이 이루어지고 있는 간사지 지역(그림의 A)과 사창, 구치마을 사이의 간척지(그림의 B)이다. 일제 강점기와 1970년대 제작된 지형도를 비교해 보면 이러한 상황을 쉽게 확인할 수 있다.

본래 갯벌이었던 곳에 방조제를 쌓으면 그 바깥쪽으로 새로운 갯벌이 형성된다. 본래 갯벌, 즉 간석지(干潟地, tidal mud-flat)는 조류(潮流)의 운반물질이 쌓여 형성된 해안퇴적지형 중의 하나이다. 보통 조류의 운반물질은 해수면이 잔잔한 해안에 퇴적되기 때문에 간석지는 만(灣)이나 도서로 가로막힌 해안에 발달할 수밖에 없다. 원산도의 경우 이러한 지형적 조건을 갖추고 있는 곳이 바로 마을들이 형성된 지역인

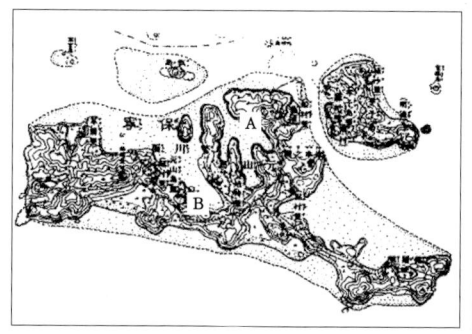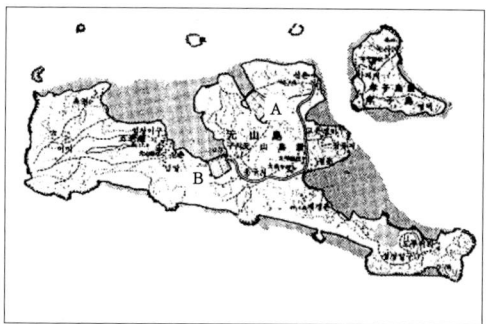

일제 강점기(조선총독부, 1914, 왼쪽)와 1970년대(국토지리정보원, 오른쪽) 원산도의 갯벌 변화

데, 그곳은 대부분 바다로부터 내륙으로 움푹 들어온 만입지역으로 해안선이 복잡하게 형성되어 있다. 현재 마을 앞 방조제 바깥쪽으로는 드넓은 갯벌이 펼쳐져 있는데, 이것은 본래 갯벌이었던 곳에 방조제를 쌓으면 방조제 바깥쪽으로 새로운 갯벌이 집중적으로 조성되기 때문이다.

이와 달리 섬의 남쪽 지역에는 마을들이 들어선 갯벌지역과는 대비적으로 모래사장(砂濱, coastal beach)과 해안 절벽(海蝕崖, 波蝕臺)이 집중적으로 분포하고 있어 여름철 피서객들의 관광지로 원산도의 위상을 바꾸어놓고 있다. 일제 강점기 제작된 지형도와 현재의 지형도를 비교해 보더라도 비록 그 해안선의 형태와 범위는 변했을지언정 섬의 남쪽과 그 반대쪽 해안선의 대비되는 모습은 그대로라고 할 수 있다(그림 참조). 그래서인지 현재 남쪽 해안에 형성된 원산 2리의 원산도해수욕장과 저두해수욕장, 원산 3리의 오봉산해수욕장과 사창해수욕장 등에는 최근 들어 관광객이 집중적으로 몰리는 여름 피서철 한때를 기다리는 위락시설들이 특징적 경관을 형성하고 있다.

섬의 남쪽에 이렇듯 대비되는 해안지형이 형성되는 것은 해안선의 형태가 굴곡하며 만을 만들지 못하고 오히려 거의 직선에 가까운 단조로운 형태를 띠고 있는 것과 관련된다고 할 수 있다. 갯벌은 본래 주위의 섬이나 내륙으로 만입하는 굴곡이 있어야 조류에 의해 운반되는 물질들이 퇴적되어 형성될 수 있는데, 이곳은 어떠한 방어장치도 없이 바다 쪽에서 밀려오는 파랑을 직접적으로 받아들일 수밖에 없는 것이

진촌의 방조제와 갯벌 본래 갯벌이었던 곳에 방조제를 쌓으면 그 바깥쪽으로 새로운 갯벌이 형성된다.

다. 실제 원산도 인근에 있는 태안반도와 같이 바다로 돌출하여 외해에서 밀려오는 큰 파랑을 직접 받아들이는 해안에는 벌(mud)이 쌓이지 못하게 된다. 그러다 보니 갯벌보다는 모래나 자갈이 쌓여 형성된 사빈(砂濱, 모래사장) 지형이 발달할 수밖에 없다.

그런데 서해안의 사빈은 내륙으로부터 퇴적물질을 지속적으로 공급해주는 하천을 끼고 있지 않은 것이 대부분이며 그 규모도 작은 것이 보통이다. 하천을 끼고 있지 않다는 것은 사빈 형성을 위한 충분한 모래(해안 퇴적물) 공급이 제한받을 수밖에 없다는 것이다. 그럴 경우 사빈을 형성하는 물질은 근해에서 밀려오는 모래나 연안의 기반암 또는 그 풍화층의 침식물질이 주가 될 수밖에 없다. 원산도의 남쪽 해안도 이러한 조건에서 크게 벗어나지 않는다고 볼 수 있다.

현재 전 세계적으로 이러한 해안 지형적 조건을 갖고 있는 사빈들은 해안 침식을 받아 점차 후퇴하는 경향을 보여주고 있다. 그로 인해 사빈 뒤에 형성된 모래 언덕(砂丘, coastal dune)[2] 또한 후퇴하거나 계속 침식을 받을 수밖에 없다. 심지어 사빈

오봉산해수욕장의 모래사장과 위락시설 섬의 남쪽에는 마을들이 들어선 갯벌지역과는 대비적으로 모래사장(사빈)이 집중적으로 분포하고 있다.

관가 마을 앞의 사구 사구는 마을과 농경지를 보호해주는 방어벽처럼 오봉산해수욕장과 마을을 분리시키고 있다.

의 후퇴로 인한 사구의 침식이 심할 경우 해풍의 방지와 농경지 보호 등을 목적으로 조성된 송림의 소나무가 쓰러지는 예도 있다.

해안 사구는 내륙으로부터 흘러나가는 하천의 충적면 앞에 해당하는 경우가 많기 때문에, 예로부터 농경지 보호를 위해서나 바다로부터의 강한 바람을 막기 위해 일찍부터 해송 숲을 조성하여 사구를 최대한 안정시키려고 해왔다. 오봉산해수욕장 안쪽에 자리 잡은 관가(관개)마을의 경우도 방조둑을 사이에 두고 마을 앞 농경지와 사구가 마주보고 있는데, 사구에는 송림이 빼곡히 들어서 있어 마을을 보호해주는 방어벽 역할을 해주고 있다.

이렇듯 사구는 해변의 모래사장이나 해안가 마을을 유지하는 데 중요한 역할을 수행하는 해안지형이라고 할 수 있다. 그런데 최근 해수욕장 개발과 관광객의 증가로 인해 위락시설이 난립하고 사구를 가로지르는 도로 등이 형성되면서 앞으로 사빈과 사구 지형이 어떻게 변화될지 지속적인 관심이 필요하다 할 것이다.

갯벌을 육지로

앞서 말한 바와 같이 현재 원산도리의 대다수 마을들이 입지하고 있는 곳은 과거 갯벌이었던 곳을 육지로 간척한 곳이다. 그러다 보니 마을이 형성되는 초기에는 지금의 위치보다 안쪽이나 일정 고도가 확보된 산자락에 기대어 조수의 피해를 최소화할 수 있는 곳에 가옥들이 자리 잡았다고 할 수 있다. 현재는 방조제를 따라 방조제 위나 안쪽에 가옥들이 집중하고 있는 형태를 보이는데, 그 형성 시기가 그다지 멀지 않다고 할 수 있다.

광명초등학교와 원의중학교가 위치한 점촌이나 개경(개건너), 구치, 사창마을 등을 보게 되면 이러한 상황을 쉽게 이해할 수 있다. 현재 원산도의 유일한 초등학교인 광명초등학교는 점촌의 안쪽 산자락 끝에 자리 잡고 있는데, 얼마 전 방조제가 축조되기 전까지만 해도 학교 운동장이 바닷물과 만나는 경계였다고 한다. 그러다 보니 현재 광명초등학교에서 바다 쪽으로 방조제를 따라 줄지어 들어서 있는 가옥들은 과거에는 낮은 갯벌 지대에 자리 잡고 있었던 것으로, 그 형성 시기가 그다지 오래되지 않았다고 할 수 있다. 방조제 변 가옥들의 입지 고도가 오히려 방조제보다 낮은

방조제보다 낮은 곳에 입지한 점촌의 가옥

것도 이곳이 과거 조수가 들고 나던 갯벌이었음을 보여주는 특징적인 부분이다.

새로 방조제가 축조되는 것과 상관없이 과거 갯벌과 산자락이 만나던 경계지점에 형성된 마을이 현재까지 유지되고 있는 구치나 사창, 개경마을은 원산도리 마을의 형성과정을 잘 보여준다고 할 수 있다. 특히 구치나 사창마을은 갯벌이 내륙으로 가장 깊숙이 들어온 지점에서부터 바다 쪽으로 윗말 → 진등말 또는 도랫말 → 아랫말 식으로 입지하고 있음을 확인할 수 있다. 그리고 이들 마을 앞에 방조제로 인해 간척된 과거 갯벌은 드넓은 경작지로 변화되어 있는 모습이다. 이러한 마을 입지는 배산임수로 대변되는 내륙지역의 마을 입지와 상당히 유사하다고 할 수 있다. 즉, 산 계곡에서 발원하는 하천을 따라 상류에서부터 윗마을 → 중간마을 → 아랫마을 식의 입지적 특성을 보이는 것이 그것이다.

원산도리의 마을들이 입지한 곳이 과거 갯벌 지역이었음을 보여주는 독특한 경관으로 방조제 외에 수문이 있다. 수문은 방조제를 쌓을 때 갯벌의 하도(河道)라고 할 수 있는 '갯골'에 설치된 인공적인 물 흐름 차단장치라고 할 수 있는데, 원산도리의

구치의 윗말과 아랫말 과거 갯벌과 산자락이 만나는 경계 지점에 마을이 형성되었음을 잘 보여준다.

개경마을 A는 방조제, B는 농경지로 간척된 과거 갯벌이다.

선촌의 수문 원산도리의 수문은 갯골을 통한 바다로부터의 해수 유입을 차단하고, 내부의 지표수 유출이 필요할 경우 개방되는 인위적인 잠금장치라고 할 수 있다.

마을에서는 어느 한 곳도 예외 없이 수문을 확인할 수 있다.

본래 갯벌 사이에 뚫려 있는 하도는 주로 유역분지의 지표수 유출 통로보다는 바닷물이 드나드는 갯골의 역할을 한다. 그러나 원산도리의 경우 갯골은 대부분 오히려 마을 내부에서 흘러내리는 지표수의 유출 통로로 사용하기 위해 필요한 경우를 제외하고는 수문에 의해 막혀 있는 형태이다. 그러다 보니 갯골을 통해 해수가 방조제 안쪽 마을이나 경작지로 유입되는 경우는 거의 없다.

결국 원산도리의 수문은 갯골을 통한 바다로부터의 해수 유입을 차단하고, 내부의 지표수 유출이 필요할 경우 개방되는 인위적인 잠금장치라고 할 수 있다. 그래서 원산도리 마을의 형성과정을 보면 방조제의 축조와 더불어 수문의 위치가 마을 안쪽에서 점차 바다 쪽으로 옮겨짐에 따라 마을도 점차 바다 쪽으로 확장되어 왔다고 할 수 있다. 일례로 선촌의 경우 현재의 수문 위치는 마을 오른쪽을 감싸고 있던 갯골을 따라 세 번째로 옮겨진 것이라고 한다.

반농반어(半農半漁)의 어촌

흔히 원산도리와 같은 도서지역은 촌락의 기능상 반농반어(半農半漁)를 주로 하는 어촌으로 구분된다. 대개 어촌하면 바다와 관련된 어업이나 양식업 등을 주된 경제활동으로 삼는다고 생각할 수 있는데, 실제 어촌에서는 농업이 오히려 어업보다 주를 이루는 경우가 적지 않다.

앞서 말했듯이 원산도리의 장소적 특성을 드러내고자 할 때에는 내륙과 구분되는 도서지역으로서 특징적인 것이 무엇인가 하는 점에 주목할 필요가 있다. 우선 내륙에서는 접할 수 없는 환경인 바다를 끼고 있어 도서지역에서는 바닷물을 이용한 산업이 가능하다는 점이다. 그 한 예가 바로 염업이다. 내륙에서 논과 밭에 작물의 씨를 뿌리거나 모종을 하듯 도서지역에서는 "염전에 바닷물을 심는다"고 할 수 있다. 내륙에서는 땅의 지력을 높이기 위해 거름이나 객토 작업을 하고 때로는 휴경을 하는 것처럼, 도서에서는 보다 상질의 소금을 얻기 위해 염전 바닥을 고르게 하거나 염전 내 해수의 이동 통로, 소금 보관 등에 관심을 갖는다.

원산도에서는 선촌–진고지–구치마을 사이에 있는 간사지 지역이 염전으로 유명한데, 현재는 중국산 소금의 유통으로 운영의 어려움을 겪고 있다고 한다. 일제 강점기 지형도를 보면 간사지는 갯벌이 내륙 깊숙이 만입한 곳이었는데, 꼼꼼하게 깔린 염전 바닥의 타일과 거의 쓰러져가는 소금창고만이 이곳이 한때 성업했었던 염전임을 알 수 있게 해준다.

염전 외에도 원산도리 각 마을들에서 거의 빠짐없이 찾아볼 수 있는 경관이 있는데, 다름 아닌 갯벌 가장자리 '둠벙'이다. 둠벙은 배가 정박할 수 있는 포구가 없는 마을의 경우 방조제 근처에 가면 어김없이 확인할 수 있는 일종의 '바다 공동우물'이라고 할 수 있다. 내륙에서도 아낙네들이 빨래를 하거나 푸성귀 등을 씻으러 공동우물이나 냇가로 모여드는 것처럼, 원산도에서는 이곳 둠벙에 모여 채취한 해초나 패류의 오물이나 뻘(mud)을 세척했다고 한다.

저두마을처럼 해안 갯벌의 경사가 심하여 포구가 활성화된 곳은 썰물 때에도 마을 가까이에 있는 포구 근처에서 작업을 할 수 있었기에 둠벙이 그다지 필요하지 않았지만, 갯벌의 경사가 완만하여 썰물 때 드넓게 펼쳐진 갯벌을 가로질러야만 물을

간사지의 염전 바닥(위)
간사지의 염전과 소금창고(아래)

만날 수 있었던 마을에서는 방조제 근처에 반드시 둠벙을 조성하였던 것이다. 내륙에서도 농경지 가운데나 모퉁이에 샘이 솟아 자연스레 만들어진 연못을 둠벙이라고 부르는데, 이곳 원산도리의 여러 마을에서도 둠벙이라는 이름의 물 저장탱크를 만난다는 것이 자못 흥미롭기까지 하다. 따라서 둠벙은 원산도리가 김, 바지락 등을 포

원산도리의 둠벙 ①진고지 둠벙, ②개건너 둠벙, ③사창말 둠벙, ④점촌 둠벙, ⑤짐말 둠벙, ⑥섬창말 둠벙

함한 양식업을 병행하는 어촌임을 다시 한 번 확인시켜주는 특징적인 경관 요소라고 할 수 있다.

주목받는 관광지

　지금까지 갯벌을 중심으로 삶터를 형성해온 원산도리 마을의 입지적 특성과 어촌으로서의 특징적 측면을 살펴보았다. 그런데 최근 원산도리는 더 이상 과거의 조용한 섬마을로 머물지 않고, 서해안의 여러 도서지역 중에서 외지인들이 선호하는 관광 대상지로 부각되고 있다. 여기에는 그 동안 세인들로부터 그다지 주목받지 못했기에 오히려 훼손되지 않은 상태로 유지되어온 섬 남쪽의 해안 모래사장(사빈)과 모래 언덕(사구), 해안 절벽(해식애, 파식대) 등이 큰 역할을 하는 것이 아닌가 한다. 특히 사창해수욕장의 사빈과 사구 경계에 길게 늘어서 있는 해당화 군락은 내륙과 다른 이색적 정취를 자아내기까지 한다.

　이로 인해 섬 남쪽에 집중적으로 분포하고 있는 해수욕장(오봉산, 사창, 원산도, 저두) 인근 사구에는 전통적인 섬마을 경관에 대비되는 도회적인 상업적 경관들로 대단위 숙박 및 위락시설들이 우후죽순처럼 들어서게 되었다. 앞에서도 말한 것처럼 원산도의 사빈이나 사구는 내륙의 하천으로부터 공급되는 퇴적물질보다는 근해

사창해수욕장의 해당화 군락

에서 밀려오는 모래나 연안의 기반암 또는 그 풍화층의 침식물질이 주된 형성 요인이라고 할 수 있다. 그것은 곧 원산도에 외지인을 끌어들이는 중요한 관광자원인 사빈이나 사구 지형을 어떻게 유지해나갈까 하는 문제가 원산도가 관광의 명소로 자리매김되기 위한 중요한 전제조건이 될 수 있음을 말하는 것이다.

특히 2008년부터 진행될 대천항–원산도–안면도를 잇는 연륙교 건설이 완료되면 원산도는 안면도와 마찬가지로 더 이상 섬이 아닌 육지의 한 부분으로 변할 수밖에 없다. 그러나 단순히 외지인의 방문 빈도가 높아지는 것을 반길 일만은 아니다. 그로 인한 해안 환경오염이나 원산도 마을주민의 삶의 방식의 변화는 자칫 원산도를 여느 관광지나 다름없게 만드는 부정적 영향을 미칠 수 있기 때문이다. 원산도에서만 볼 수 있고 또 경험할 수 있는 관광자원의 개발과 그로 인한 외지인이나 현지 주민들의 삶의 질 향상을 위한 구체적이고도 장기적인 계획 수립이 그 어느 때보다 필요하다 하겠다.

원산도의 지명들

마을

선촌(船村) 원산도의 북쪽 끝에 있는 행정 중심지로 원산도 출장소와 파출소, 농협, 우체국 등이 있다. 전해지는 이야기로 선촌은 풍수상 배의 모양이라고 하여 선촌 윗말과 아랫말 두 곳에 배의 돛대에 해당하는 나무 두 그루를 심었다고 하는데, 현재는 그 위치만 확인 가능하다. 방조제와 수문이 새로 축조되기 이전 선촌은 아랫말 뒤쪽으로 갯골이 마을을 감싸고 있는 형태로 마치 마을이 물 위에 떠 있는 배처럼 보였다고 한다. 그래서 '떠나가는 배(行舟形)' 의 형국에 상응하는 풍수적 조치를 취했다고 한다. 자연마을로는 윗말(그림의 a), 아랫말(b), 앙트랑(c), 하나시(d) 등으로 구성되어 있다. 특히 하나시는 원산도의 최북단에 있는 마을이다.

간사지 원산도 구치마을와 사창마을 사이에 있는 간척지를 말하기도 하고, 선촌,

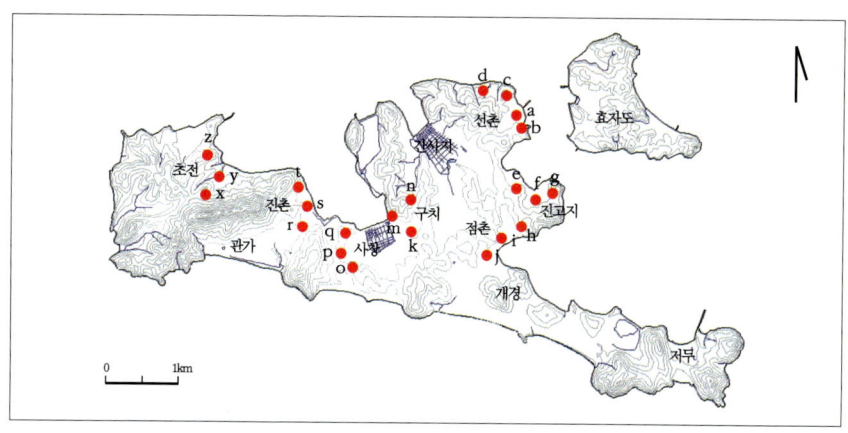

원산도리의 자연마을

진고지, 구치마을 사이에 있는 마을을 말하기도 한다. 마을은 간척지 제방 축조 때 인부들이 기거하면서부터 생겼다고 하는데 '공장'이라고도 불린다. 이는 80여 년 전 방조제 축조가 대규모로 이루어졌기 때문에 '공사장'이라고 불리다가 줄여서 '공장'으로 불리게 된 것이라고 한다.

진고지(鎭串之, 진곶지) 선촌 맞은편에 위치한 마을로 윗진고지(e), 삼태미고랑말 (f), 아랫말(g) 등으로 구성되어 있다.

저두(猪頭, 도투머리) 원산도 동쪽 끝에 있는 마을로 원산도에서 가장 좁은 부분에 해당한다. 현재 타 지역에서 원산도로 들어오는 입구역할을 하는 곳으로, 하루에 서너 차례 대천항에서 여객선이 취항하고 있다.

점촌(店村, 점말, 천마지) 현재 원산도에서 유일한 초등학교인 광명초등학교와 원의중학교가 있는 마을로 윗말(h), 아랫말(i), 도랫말(j), 개경(개건너) 등으로 구성되어 있다. 원의중학교 옆에 있는 도랫말은 구치로 통하는 길모퉁이에 있어서 붙여진 이름으로 보인다.

개경(개건너) 점촌의 남쪽에 있는 마을.

구치(鳩峙, 굿지, 구찌) 원산도의 중앙부 북쪽 해안에 있는 마을로 윗말(k), 아랫말 (m), 진등말(n) 등으로 구성되어 있다.

사창(射倉) 원산도의 가운데 부분에 있는 마을로 구치와 진촌 사이에 있다. 윗말

원의중학교에서 바라다 본 간사지(위)
관가마을의 오봉산과 노거수(아래)

(o), 도랫말(턱금말, 구억말 p), 아랫말(q) 등으로 구성되어 있는데, 도랫말은 윗말과 아랫말 사이 모퉁이에 있는 마을이다.

진촌(鎭村, 짐말) 초전(풋살)과 사창 사이에 있는 마을로 넘말(r), 짐말(s), 섬창말(t) 등이 있다.

관가(관개) 원산도 진촌(짐말) 서남쪽 오봉산 밑에 있는 마을로 옛날 봉수대를 관리하던 관아 건물이 있어서 붙여진 이름이라고 한다. 관청 건물이 있던 곳이라고 전해지는 자리는 넓다란 평지를 유지하고 있으며, 현재에도 많은 기와가 출토된다고 한다.

초전(草箭, 풋살) 원산도의 서쪽에 있는 마을로 윗말(x)과 풋살(y), 안동네(z)로 나뉜다.

산

당산 원산도에서는 마을 입지와 관련해 마을이 기대는 뒷산을 대부분 당산이라고 부른다. 풍수에서는 이를 주산(主山)이라고 하는데, 마을 국면을 형성하는 사신사(四神砂: 청룡-백호-주작-현무) 중 가장 중심이 되는 현무에 속하는 산세이다. 선촌의 당산(마을 서쪽, A), 진고지 당산(남쪽, B), 개경 당산(남쪽, C), 구치 당산(아랫말 북쪽, D), 저두 당산(동남쪽, E), 초전 당산(남쪽, F), 진촌 당산(서쪽, G) 등이 그것이다.

안산 안산은 풍수 사신사 중 주산인 당산에 대응하는 손님에 해당하는 산세로 마

원산도리의 산 A-선촌 당산, B-진고지 당산, C-개경 당산, D-구치 당산, E-저두 당산, F-초전 당산, G-진촌 당산, a-사창마을 뒤 안산, b-저두 안산, c-사창과 진촌 사이의 안산, d-진고지 안산

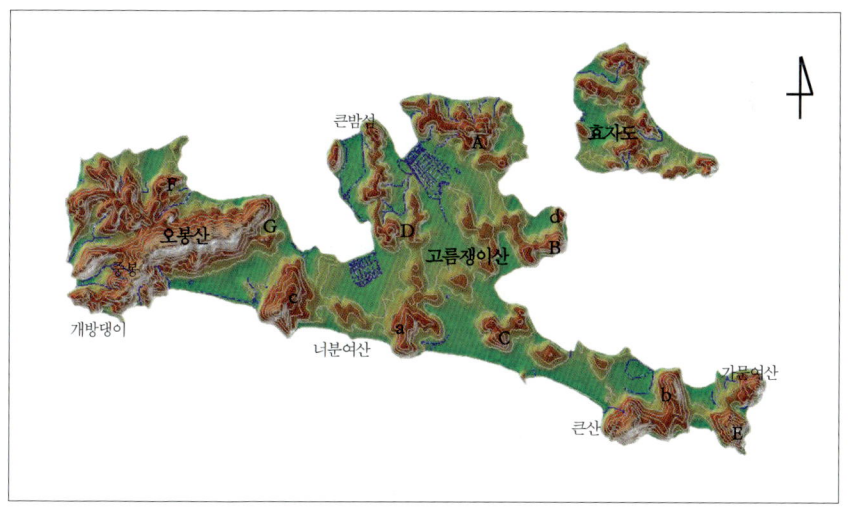

을을 풍수적 명당으로 의미 구성하기 위한 대응물이라고 할 수 있다. 사창마을 뒤 안산(동남쪽, a), 저두 안산(서쪽, b), 사창과 진촌 사이의 안산(c), 진고지 안산(동쪽, d) 등이 그것인데, 앞서 당산이 있는 마을 중에 안산이 없는 것은 실제로 없어서라기보다는 확인이 어렵기 때문이 아닌가 한다.

가문여산 저두(도투머리)마을 동쪽 바닷가에 있는 산.

큰산 저두마을 서남쪽에 있는 산.

중봉 초전 남쪽 해안에 있는 산.

개방댕이 원산도 서남쪽 중봉의 서쪽에 있는 낮은 봉우리.

높은장벌 큰 이미고랑 북쪽에 있는 산.

맹감산 초전과 이미고랑 사이의 산.

범진재 초전 큰 이미고랑과 작은 이미고랑 사이에 있는 산.

오봉산 원산도 서쪽에 있는 높은 산으로, 옛날 봉화를 올리던 흔적이 남아 있다.

고름쟁이산 집너머골 간사지와 고름쟁이골 사이에 있는 산으로, 고린장으로 불리는 백제 고분이 많아서 붙여진 이름이라고 한다.

남작묘 천마지(점촌) 당산과 공동묘지 사이에 있는 낮고 경사가 완만한 산.

납닥산 구치마을과 방죽 사이에 있는 낮은 산.

너분여산 구치마을과 사창 사이에 있는 산으로 염전의 남쪽에 있다.

큰산 원산도의 중앙부, 구치마을 당산의 북쪽에 있는 산.

큰밤섬 원산도 북쪽에 있는 산으로 섬이 아니다. 큰밤섬과 선촌의 당산 줄기를 연결하여 원산도에서 가장 큰 간척지를 건설하였다.

들

구량들 진촌(짐말)과 진촌 백사장 사이의 들.

아빠똘 사창과 짐말 사이에 있는 들.

안풋살 진촌과 초전 사이에 있는 작은 마을과 주변의 농경지.

너푸장벌 초전의 노루목쟁이와 거먼바위 사이의 들.

방죽 구치마을 당산과 천마지(점촌)마을 당산 사이에 있는 들. 이 들은 작은 만의 입구가 모래 언덕으로 막혀 안에 석호가 만들어지고 이곳에 퇴적이 이루어져 들이 된 것으로 보인다.

앞들녘 구치마을 가운데에 있는 들.

염전 구치마을에 있는 간척지의 아랫부분에 있다.

염판 진고지와 구치마을 사이에 있는 간척지의 북쪽에 있는 큰 염전.

집너머골간사지 원산도에서 가장 큰 간척지의 고름쟁이산 서남쪽 부분을 일컫는 이름.

쪽다리골간사지 원산도에서 가장 큰 간척지의 남서쪽 골짜기 부분. 쪽다리골 밑에 있어서 붙여진 이름.

섬

궁과무니(軍官島) 초전 북쪽에 있는 작은 섬. 큰궁과무니(남쪽)와 즉은궁과무니(북쪽)의 2개 섬으로 되어 있다.

소록섬(소리도) 천마지(점촌) 당산 동남쪽 백사장에 붙어 있는 섬으로 해수욕장의 가운데에 있다.

딴밤섬 원산도의 북쪽 큰밤섬과 제방으로 연결된 섬.

똥섬 원산도에는 여러 개의 똥섬이 있는데, 그 규모나 모양이 마치 배설물을 연상케 한다 해서 붙여진 이름이 아닌가 한다. 가령 뱃너머와 대하 양식장 사이에 있는 본섬과 연결된 작은 섬을 비롯하여 초전 윗말 앞, 선촌 남쪽 돌출부, 중봉의 남서쪽에 바다로 내민 돌출부에 똥섬이 있다.

시러무니(시루도, 甑島) 초전 동북쪽에 있는 섬.

팥죽섬(外竹島) 선촌 북서쪽에 있는 작은 섬.

기타

거먼바위 원산도 서북쪽 끝에 붙은 바위.

송아치고 원산도 서남쪽 중봉의 남쪽 골짜기. 살막태고랑과 상고바위 사이에 있다.

고름쟁이골 선촌의 서남쪽 언덕 너머 원산도에서 가장 큰 간척지의 서쪽 골짜기이다. 주변 산에 고린장으로 불리는 백제 고분이 많아서 붙여진 이름이라고 한다.

용구멍 선촌 북쪽 바닷가에 있는 해식동굴.

원뚝 선촌 간척지의 둑.

소리개 바위 진고지 당산 서쪽 능선 꼭대기에 있는 바위.

도래방죽 구치마을 남쪽 백사장 안에 있는 방죽. 바닷물이 출입하는 방죽으로 일종의 석호이다.

백변 원산도해수욕장을 부르는 다른 이름.

마파지 저두(도투머리)마을의 남쪽 해안으로 해수욕장이 있다.

소의등 저두 해안에 있는 모래 언덕으로 소의 등처럼 두두룩하게 생겨서 붙여진 이름이라고 한다.

진장벌 천마지(점촌)의 아랫말에서 망댕이뿌리까지 이르는 긴 갯벌로 간조 때 드러난다.

원뚝 구치마을과 사창 사이 간척지의 둑. 1932년경에 축조되었다고 한다.

통개 사창마을 남쪽 백사장 안쪽을 부르는 이름.

동누너머 초전 안동네의 북쪽 해안.

뒤골 초전의 당산 남쪽 골짜기.

용해멀 초전 남쪽에 있는 큰이미고랑의 북쪽 돌출부. 용의 머리와 같아서 붙여진 이름이라고 한다.

(권 선 정)

주(註)

1) 1998년부터 10여 년째 추진되어 온 보령-안면도를 잇는 연륙교 가설사업은 2007년 기획예산처의 재검증 결과 타당성이 입증됨으로써 2008년부터 사업에 들어가기로 결정되었다. 최종 결정과정에서는 보령-원산도 구간이 당초 계획된 교량설계에서 교량과 해저터널이 연계되는 방식으로 변경되었는데, 이는 전 구간 교량화에 따른 보령화력과 영보산업단지 관련선박 입출항 시 해상로 확보의 어려움을 해소하기 위한 것으로 해석되고 있다.(보령신문, 2007. 8. 6)

2) 사빈에 쌓인 모래가 바람에 불려 내륙 쪽으로 이동하면서 형성한 모래 언덕.

섬마을의 역사적 전개

역사 기록 속의 원산도

충남 보령시 오천면 원산도리는 시대에 따라 행정구역과 명칭이 여러 번 바뀌었다. 원산도가 각종 지리지에 처음 등장하는 것은 『세종실록지리지』이지만, 원산도 내의 여러 마을은 18세기 중엽에 이르러서 그 존재가 확인된다.

현재 원산도의 역사에서 가장 문제가 되는 것은 행정 연혁이다. 보령시 행정연혁, 지명유래 관련 자료에 의하면, 원산도는 "백제시대에는 신촌현(新村縣)에 속했고 신라시대에는 신읍현(新邑縣)에 속하였다. 고려시대에는 보령현(保寧縣)에 속하였고 고만도(高鬱島)라 불렀다. 조선시대에는 보령현(保寧縣)에 속했으며 조선 말엽에는 오천군(鰲川郡) 하남면(河南面)의 지역으로 고란도(狐蘭島)라 불렀었다. 원래 산이 있었던 지역이라 원산도(元山島)라 고쳐 부르고 1914년 행정구역 개혁에 따라 선재리(船材里), 진고지리(津串之里), 점촌리(點村里), 진촌리(鎭村里), 초전리(草箭里), 사창리(射倉里), 구치리(鳩峙里), 저두리(猪頭里), 외죽리(外竹里), 증도(甑島), 군관도(軍官島)를 병합하여 '원산도리'라 해서 보령군 오천면에 편입되었다"고 한다.[1] 즉 원산도는 고려시대부터 보령현 관할이었고, '고만도' 또는 '고란도'라고 불리다가 조선 말기에 와서야 원산도라 고쳐 부르게 되었다는 것이다. 그러나 이러한 인식은 잘못된 것으로, 각종 지리지를 면밀히 검토하여본 결과 원산도와 고만도는 별개의 섬으로 존재해왔다는 것이 밝혀졌다. 지리지의 내용을 정리하면 다음과 같다.

'고만도'라는 지명은 『고려사지리지』(1451~1454)에 처음 등장하는데 이에 의하

『고려사지리지(高麗史地理志)』(1451~1454)

보령현 本百濟新村縣 新羅景德王 改名新邑 爲潔城郡領縣 高麗初更今名 顯宗九年
　　　來屬 睿宗元年置監務 有高鸞島

『세종실록지리지(世宗實錄地理誌)』(1454)

홍주목 元山島 周回四十里 在海中水草俱足 放國馬一百匹

『신증동국여지승람(新增東國輿地勝覽)』(1530)

홍주목 山川 元山島 周四十七里有牧場

보령현 山川 竹島 在縣西十九里

　　　松島 在縣西二十二里周十二里 潮退則與高欝連

　　　高欝島 在縣西海中二十二里 古兵戍處有民居 高麗崔瀣嘗謫居有詩

『東國輿地志(동국여지지)』(17세기 중엽)

홍주목 山川 元山島 在周南海中去岸 里周四十七里南北舟船經由之地有牧場

보령현 山川 竹島 在縣西十九里

　　　松島 在縣西二十二里周十二里潮退則與高欝連

　　　高欝島 在縣西海中 二十二里 古兵戍處 有民居 高麗崔瀣嘗謫居 有詩

　　　陵墓 李之蕃墓 李之涵墓 李山甫墓 俱在縣西二十里高欝 李山海遷葬

　　　禮山

『여지도서(輿地圖書)』(1757~1765)

水軍節度營 倉庫 賑恤庫六間 軍餉庫十二間 元山倉庫十二間

水軍節度營 官職 虞候 天順八年甲申始置

　　　　　虞候 至今爲號而武正四品兼

　　　　　舟師中軍 風高則主將營下佐幕 風和則留駐元山鎭 瞭望海寇點檢

　　　　　漕稅船二周年交遞土着軍官一人 待變軍官二十人 鎭撫八人 知印四人

　　　　　羅將二名 官奴二名 官婢四名

洪州牧 坊里 用川面 元山鎭里 自官門南距一百五十里 編戶七十一戶 男一百十八口

　　　　　　　　　女一百十一口

保寧縣 坊里 周浦面 竹島里 自官門西距十五里 編戶十八戶 男三十五口 女四十口

　　　　　　　松島里 自官門西距二十里 編戶十六戶 男五十六口 女四十四口

　　　　　　　高欝里 自官門西距二十里 編戶十八戶 男四十一口 女三十九口

忠淸道 海美縣 古跡 安興亭在縣東五里 高麗太祖三十年 羅州道 祭告大府小卿 李唐鑑
　　奏中朝使命往來 高鸞島 稍隔水路船泊不便請於洪州管下貞海縣創
　　有一亭 以爲迎送之所 制從之今爲亭毀址存

『여도비지(輿圖備志)』(1851~1856)
홍주목　山川 元山島 安眠串東南周四十里舟船經泊處
　　　　倉庫 用川倉運川倉濟民倉 在元山島 肅宗丙申設爲島民接濟之資
　　　　廢牧 元山島
보령현　島嶼 竹島松島 周十二里潮退則與高鸞島相連
　　　　高鸞島 古有亭館 爲中國使命往來之所 後移貞海縣

『호서읍지(湖西邑誌)』(1871)
수군절도영　官職 虞侯 天順八年 甲申始置虞侯 至今爲號而武正四品兼舟師中軍風高
　　　　　則 在主將營下佐幕風和 則留住元山鎭 瞭望海 寇點檢 漕稅
　　　　　船 二周年交遞
　　　公廨 元山倉 十七間
　　　糶糴 元山倉米五百二十八石四斗零

면 1106년(고려 예종 원년)에 보령현의 감무(監務)를 고만도에 설치하여 중국사신이 왕래하고 머물도록 하였다. 그러나 고만도가 배를 정박시키는 데 불편하여 중국사신 숙소를 1077년(문종 31)에 해미의 정해현으로 옮긴 바 있다. 1272(원종 13)에 삼별초가 고란도, 지금의 고만도에 침입하여 전선 6척을 불사르고 홍주부사 이행검(李行儉)과 결성남포 감무를 잡아갔다는 기록도 있다.[2] 『조선왕조실록』 세종 30년(1448)조 의정부에서 소나무에 관한 감독 관리에 대해 상신한 기사를 보면, "병선은 국가의 도둑을 막는 기구이므로 배를 짓는 소나무를 사사로 베지 못하도록 이미 일찍이 입법을 하였는데, 무식한 무리들이 가만히 서로 작벌하여 혹은 사사로이 배를 짓고, 혹은 집재목을 만들어 소나무가 거의 없어졌으니 실로 염려됩니다. 지금 연해 주현의 여러 섬과 각 곳의 소나무가 잘 되는 땅을 방문하여 장부에 기록하였는데, (중략) 충청도 보령현의 능성곶·송도·우현·고만도, (중략) 등 주현의 도(道)와 곳

(串)에 전부터 소나무가 있던 곳에서는 나무하는 것을 엄금하고, 나무가 없는 곳에는 그 도감사로 하여금 관원을 보내어 심게 하고 옆 근처에 있는 수령 만호로 하여금 감독 관리하고 배양하여 용도가 있을 때에 대비하게 하소서"라고 하였다. 이 두 기록을 보면 고만도는 고려시대에 한때 보령현 감무가 설치되었던 곳이고 소나무가 잘되는 땅으로 별도 감독 관리되었음을 알 수 있다.

17세기 중엽에 편찬된『동국여지지』능묘(陵墓)편에 '이지번, 이지함, 이산보의 묘가 현의 서쪽 20리 고만에 있다'고 기록 되어 있다. 『여지도서』이전에 편찬된 지리지에는 송도와 고만도가 간조 때는 서로 연결되었다는 기록이 있고, 『여지도서』에는 고만도에서 '도(島)'자가 빠진 고만리로 표기되어 있으며 관의 서쪽 20리로 18호의 마을이 있다고 소개되었다. 현재 고만이라는 지명은 보령군 주포면 고정리에 속해 있는데, 보령화력발전소로 진입하기 전에 있는 이지함의 묘소 부근으로, 만이 높아(깊어) 고만이라고 하였다고 한다.

이로 보아 고만도는 간조 때 인근 섬과 연결될 정도로 반육지 상태였다가『여지도서』편찬 당시부터는 섬이 아닌 육지가 된 것으로 보인다. 즉 고만도는 보령현 관할, 원산도는 홍주목 관할로 별개의 섬으로 존재해온 것이다.

그러면 원산도는 언제부터 보령군 관할지역이 되었는가. 그것은 1901년(광무 5)에 충청수영이 폐지됨에 따라 충청수군절도사영 터를 중심으로 오천군이 신설되어 하서(河西), 하남(河南), 천동(川東), 천북(川北)의 네 면을 관할하면서부터이다. 이때부터 원산도는 오천군 하남면 소속이었다. 1914년 일제에 의한 행정체제 개편에 따라 충청남도 오천군 오천면으로 개편되고, 원산도의 8개 리는 '원산도리'로 통합되었다.

오천면은 효자도 외 23개 리 하서면의 고대도(古代島) 외 17개 리 장척면(長尺面)의 조곡(鳥谷), 구수(九水) 2개 동리(洞里)를 병합하면서 오천군의 이름을 따서 붙인 것이다. 그리하여 오천면은 소성(蘇城), 영보(永保), 오포(烏浦), 교성(校成), 갈현(葛峴), 효자도, 원산도, 삽시도(揷矢島), 녹도(鹿島), 외연도(外煙島)의 10개 리를 관할하며 보령군에 편입되었다. 이후, 1995년에 법률 제4774호에 의거 대천시와 보령군이 통합되어 보령시 오천면이 된 것이다.

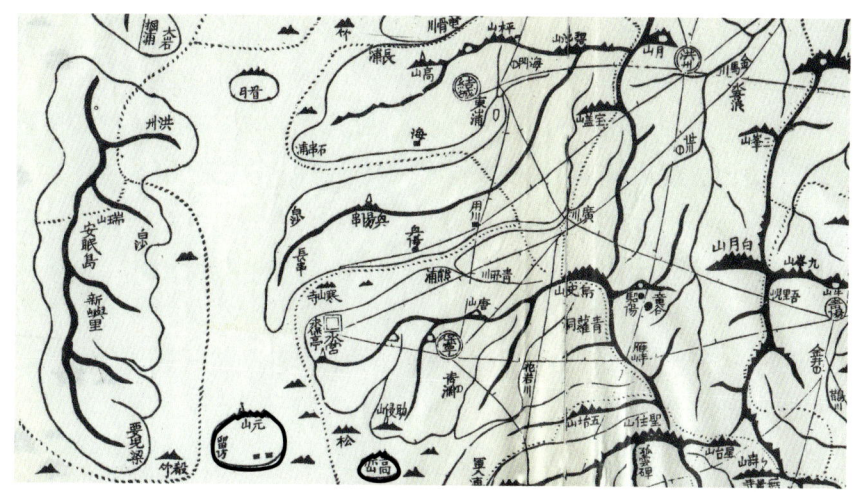

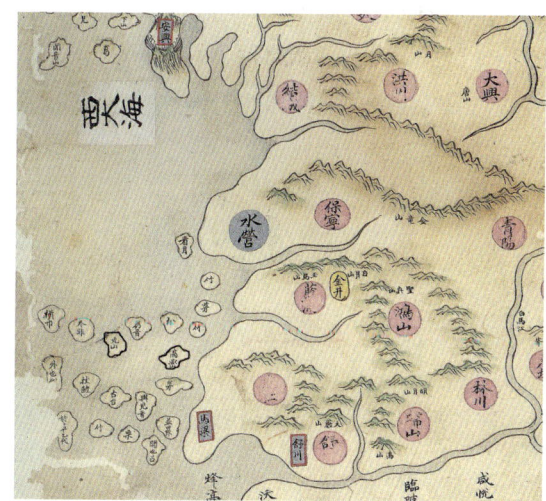

해동지도(1750년 경, 오른쪽), 대동여지도(1861년 초판 발행, 위) 지도에 원산과 고만이 별개로 존재하고 있다.

이처럼 원산도는 조선 초기부터 홍주목 관할 섬이었으며 원산도라는 지명이 처음 등장하는 자료는 『세종실록』과 『세종실록지리지』이다. 『신증동국여지승람』과 『동국여지』에서는 원산도를 목장이 있는 섬으로 소개하고 있으며 『여지도서』와 그 외의 지리지들은 원산창(元山倉)과 편호 수, 인구 수를 기록하고 있다. 원산도의 호구의 변화를 보면 『여지도서』 편찬 당시에는 편호 71호, 남자 118명, 여자 111명이었

고, 19세기에는 700호로 증가했다가 19세기 말에는 300여 호로 감소하였다.[3]

원산도의 동리편제는 『여지도서』에 홍주목 용천면 원산진리(洪州牧 用川面 元山 鎭里)로 되어 있으나, 1789년에 편찬된 『호구총수』에는 원산도가 용천면에 소속되지 않고 따로 해도(海島)라는 독립된 면단위로 그 아래 원산도를 비롯한 19개 섬을 둔 것으로 기록되어 있다. 그런데 『홍주군읍지』에는 용천면 관할로 원산도가 선촌도(船村島)와 진촌도(鎭村島)로 별도 편제되어 있는데 그 이유로 오천에 있었던 충청수사영의 수군이 주둔하였던 진영이 있었으며 홍주목의 별장이 있는 섬이라고 설명하고 있다(在南用川面氷島 達月島 孝子味島 船村島 鎭村島水營虞候道三月初一日 出往此島稅船護送後九月初一日回還水營).

이처럼 원산도의 동리 편제는 시기에 따라, 지리지에 따라 조금씩 다르게 나타나고 있다. 대체로 원산도는 『호구총수』 편찬 당시에 5개의 동리, 즉 점마리(點馬里), 저두리(猪頭里), 구치리(九峙村), 진촌(鎭村), 초전리(草箭里)로 편제되어 있었다. 여기에 19세기 말에 선재리(船材里), 진고지리(鎭串之里), 사창리(射倉里)가 추가되어 8개 리가 되면서 '원산 8리'라는 말이 생겼고 지금까지도 회자되고 있다. 그런데 1920년대 후반 지금의 염전이 있는 곳에 제방을 쌓아 간석지가 조성되자 몇몇 가구가 거주하면서 이 지역을 '신촌(新村)'이라 부르게 되었는데, 이를 두고 원산도를 '3개 리 9개 마을'이라고도 하나 사실상 신촌을 하나의 자연마을로 보기는 어렵다.

마을의 형성과 세거 성씨

원산도에는 언제부터 사람들이 살았을까. 이를 입증해주는 유적이 바로 패총이다. 원산도에는 세 곳에서 패총이 발견되어 일찍부터 사람이 살았음을 알려준다. 패총이 발견된 곳은 섬의 중앙에 위치한 진촌리에 소재하는데, 그 지역은 후대에 개간되어 경작지로 사용되면서 많이 파괴되었으나, 도로에 연한 지역에는 어느 정도 그 흔적이 남아 있다. 패각은 표토층하에서 약 20㎝ 두께로 쌓여 있는데 이는 굴과 참조개의 껍데기로 이루어진 순패층이다. 유물로는 문살문(格子文)이 타날(打捺)된 갈색

토기편과 모래알이 많이 섞인 민무늬토기편들이 있는데 수적으로 민무늬토기가 많다. 또 진촌리에서 초전리에 이르는 지역에서도 유사한 토기편들이 출토된 조그마한 조개더미가 확인되었으며, 촌락의 구릉지대에서는 적갈색마연계통의 토기편도 수습되어, 이 지역에 당시의 집 자리가 있을 가능성이 높다고 한다.

패총 이외에 이렇다 할 유물·유적이 아직까지 발견되지 않고 있어 삼국시대부터 고려시대에 이르는 원산도의 모습을 그려보기는 쉽지 않다. 그런데 원산도의 지명 가운데 '고름쟁이'가 있는데, 그 지명 유래에 의하면 백제 고분이 많아서 붙여진 이름이라 한다. 또한 진촌에서 초전으로 가는 패총 주변에는 고려시대의 고분들이 흩어져 있다고 한다. 이 유적은 간단한 지표조사를 통해 약간의 유물만 수습되었을 뿐 그 이상의 정확한 성격은 규명되지 않았지만,[4] 고려시대에도 원산도에 사람들이 살았음을 알 수 있게 해준다. 그러나 고려 말부터 조선 초기까지 정부의 공도정책(空島政策)으로 인해 얼마 동안 섬에는 사람들이 살지 않게 되었다.

정부에서 공도정책을 포기한 것은 임진왜란을 거치면서이다. 전쟁이라는 급박한 정세 속에서 섬으로 피난 간 주민들을 동원하여 둔전을 경영하면 군량을 확보할 수 있었기 때문이다. 그 결과 서남해안의 섬에는 주민들이 합법적으로 거주할 수 있게 되었다. 이렇게 정부에서 공도정책을 포기한 것은 섬이 지닌 경제적 가치를 재발견했기 때문이다. 송전이나 목장에 비해 어채나 둔전 경작이 경제적 가치가 높았다. 또한 섬의 경제적 가치를 적극적으로 개발하는 것이 국방에도 유리했다.

그리하여 서남해의 연안 도서지역에는 주민들이 대략 임진왜란 이후부터 서서히 입도(入島)하기 시작하였다. 입도조(入島祖)는 임란 이후(17세기 전후)에 해운로를 사이에 둔 내륙 연안의 주민들이거나 해로(당시는 조운로)를 따라 유리되어온 사람들이었다. 그러나 이들 입도조라 불리는 사람들보다 훨씬 이전에도 섬에는 사람들이 살고 있었다. 이들은 정부의 공도정책에 반하는 불법적 이주였을 것이다. 임진왜란 중에 섬주민이 다시 새롭게 이주한 주민과 교대되어 현재 섬주민들이 입도조로 믿는 사람들이 정착한 것이다. 17세기 중엽 이후부터 섬 내부에 대규모 둔전이나 농경지 개간이 가속화되었고, 조선술과 항해술의 진전으로 섬과 육지 사이에 사람과 물산의 교류가 용이해지면서 섬의 인구가 본격적으로 증가하기 시작하였다.[5]

이러한 사정은 원산도의 경우도 비슷한 양상을 보인다. 다만 원산도는 정부의 공도정책으로 빈 섬이 세종 때부터 말 목장으로 이용되었다는 점이 특이하다. 그렇다고 주민이 본격적으로 거주하기 시작하여 마을을 형성하였다고 보기는 어렵다. 원산도에 사람들이 마을을 이루며 살게 된 것은 임진왜란 때부터 18세기 사이라고 볼 수 있다.

현재 원산도에는 자연마을별로 몇 개의 성씨가 모여 살고 있다. 원산 1리 선촌에는 밀양 박씨와 김해 김씨가, 진고지에는 진양 하씨가 많이 살고 있고, 원산 2리 점촌에는 김해 김씨와 평산 신씨가, 저두에는 한양 조씨가, 원산 3리 진촌에는 밀양 박씨, 청주 한씨가 가장 많이 살고 있고, 인동 장씨와 해주 최씨도 오랫동안 거주해온 편이다. 이들 성씨들이 어떠한 연유로 원산도에 정착하여 마을을 이루며 살아왔는지 각 성씨의 족보와 면담조사를 통하여 살펴보았다. 입도조(入島祖)는 묘소가 원산도에 있는 최초의 조상으로 상정하였다.

진촌

진촌은 세종 때부터 말 목장으로 이용되었고 말 목장이 이전된 이후에는 수군이 주둔하였으며, 원산진이 설치되었던 마을로 조선시대에는 원산도의 중심부였다고 볼 수 있다. 원산도에 제일 먼저 입도한 성씨는 진주 강씨라고 주장하는 마을사람들이 있지만 가구 수는 아주 적은 편이다. 현재 진촌에 가장 많이 거주하고 있고 영향력 있는 성씨는 밀양 박씨이고, 가구 수는 1~2가구이지만 입도 시기가 비교적 빠르면서 영향력을 행사하였던 성씨는 청주 한씨와 경주 최씨이다. 청주 한씨는 입도 시기도 빠르고 경제적으로도 윤택한 집이 많아 원산도의 유지급 집안과 통혼을 하였다. 경주 최씨는 최근준(崔謹俊, 1801~?)이 입도조로 경제적으로 여유 있는 집안이었으며, 인물로는 일제 강점기에 마을 유지로 활동한 최학진 씨 등이 있다.

현재 진촌과 초전 일대에 거주하는 진주 강씨는 사평공파(司評公派)이다. 처음에는 진촌에 정착하였다가 점차 초전 일대로 거주지를 확대해 나간 것으로 보인다. 진주 강씨의 족보에 의하면 입도조는 18세 정금(廷錦)으로 점촌에 처음 묘지를 정했다. 그러나 정금의 생졸년도는 물론 입도와 관련된 기록이 없어 입도 시기를 추정하기 어렵다. 다만 입도조로 추정하는 정금이 출생년도가 확인되는 25세(世) 복돌(福乭, 1908~?)의 7대조라는 것을 확인할 수 있었다. 이 사실을 이용하여 1세대를 대략 30년으로 하여 계산하면 정금은 1690~1700년 초에 출생한 것으로 추정할 수 있다. 이로 보아 진주 강씨의 입도 시기는 대략 18세기 초중반으로 추정된다. 정금 이후 점촌, 사창, 진촌, 오봉산 아래 등지에 묘소를 정하고 있다. 그러나 자손이 번성하지 못하였고, 그 중 대부분이 외지로 나가 원산도 내에 살고 있는 진주 강씨는 얼마 되지 않는다.

현재 진촌에 가장 많이 세거하고 있는 집안은 밀양 박씨 낙촌공파(駱村公派) 별좌공(別坐公) 계열이다. 별좌공 박응현(朴應賢, 1532~1594)은 낙촌공 충원(忠元)의 아들이다. 충원과 응현은 고양에서 살았고, 응현의 아들 안함(安諴, 1546~1597)이 임진년(1592)에 결성으로 낙향하였다.

그러면 밀양 박씨의 입도조는 누구일까? 현재 입도조와 관련된 자료도 전무한 상태이고 후손들조차 모르고 있다. 이에 족보에 기재된 묘소의 위치를 통해 가늠해보면 밀양 박씨로 처음 원산도에 묏자리를 정한 이는 안함의 현손인 경원(慶源, 1715~1754년)으로, 이에 따라 밀양 박씨의 입도 시기는 18세기 중반 경으로 추정된다. 경원의 배우자는 청주 한씨로 필선(弼善)의 딸이다. 이렇게 18세기 중반 경에 입도한 밀양 박씨는 주로 진촌에 거주하면서 일제 강점기에 진흥회원으로 활약하고 원산도의 유지급들과 통혼하여 영향력을 행사해왔다.

점촌

원산도 사람들은 대개 점촌을 원산도에서 처음 맞는 곳이라는 뜻으로 '천마지' 라고 부른다. 현재 여객선 선착장이 선촌에 있지만 선촌은 19세기 말이 되어서야 하나의 동리로 편제되었다. 선촌이 동리로 편제되기 이전에는 원산도에서 가장 먼저 맞닥뜨리는 마을이 점촌이었던 것이다. 또 옛날에 옹기점이 있었던 마을이라 하여 '점말' 이라고도 한다.

원산도의 중심부가 진촌에서 점촌으로 이동하게 된 계기는 일제 강점기 학교의 설립과 관련이 있다. 당시 점촌에는 경제적으로 넉넉하고 마을 유지라고 할 수 있는 인물들이 많았기 때문에 학교가 점촌에 설립될 수 있었다.

현재 점촌에는 김해 김씨, 평산 신씨, 천안 전씨가 많이 살고 있다. 그 중에서 김해 김씨는 원산도에 거주하는 가구 수가 가장 많은 성씨이다. 일제 강점기에 김해 김씨는 원산도에 47호 정도 거주하여 종족마을을 이루었다고 볼 수 있다(조선총독부편, 『조선의 姓』, 1934). 이는 지금도 비슷하여 현재 43호가 주로 선촌과 점촌(개경), 구치에 모여 살고 있다. 원산도에서 세거해온 김해 김씨는 삼현파(三賢派)로 김준손(金駿孫)·기손(驥孫)·일손(馹孫, 1464~1498) 삼형제의 파를 일컫는데, 그 중에서 원산도에 들어온 것은 김일손의 후손이다. 그 후 조광조의 노력으로 김일손은 중종 때 신원되었고, 대가 끊겨 종자(從子)인 대장(大壯, 1493~?)으로 하여금 봉사(奉祀)하도록 하였다.

김일손 일가는 무오사화로 인해 모두 호남으로 귀양을 갔었는데 김일손의 손자 녹(錄, 1529~1585)이 남원에서 홍주로 이거하였다. 녹의 아들 치영(致泳, 1562~?)은 문과에 급제하여 병조참의까지 지냈다. 치영의 증손인 성모(聲模, 1680~?)부터 원산도에 묘소를 정한 것으로 보아 성모 대에 즉 18세기 초에 원산도에 입향한 것으로 보인다. 그리고 성모의 선대인 손경(遜慶, 1594~?)과 한(瀚, 1639~?)의 묘소가 태안군 남면 당암리에 있었는데, 1980년대 서산 AB지구 간척사업으로 묘소를 각각 원산도 고름쟁이와 진고지로 이장하였다.

성모의 아들 삼형제는 기장(起章, 1722~?)을 장파로, 무장(茂章, 1725~?)을 중파로, 선장(瑄章, 1727~?)을 지파로 하여 분파하였다. 현재 김해 김씨 삼현파의 장파는 원산도에 1가구도 살고 있지 않고, 중파는 39가구 그리고 지파는 선촌에 3가구, 진고지에 1가구가 살고 있다. 즉 현재 점촌, 개경, 선촌에 거주하는 김해 김씨는 중파로 무장의 후손이 대부분이다.

점촌에서 살고 있는 평산 신씨는 한성윤공파(漢城尹公派)로 현감공(縣監公) 후손들이다. 평산 신씨는 『조선의 성』에 의하면 오천면 오포리에 28호가 살고 있어 오포리에 근거가 있음을 알 수 있다. 오포리에 살던 평산 신씨가 언제 원산도로 들어왔는지는 정확하게 알 수 없다. 다만 한성윤공파의 13대손 전덕(銓悳)의 묘소는 오천면 교성리에 있으나 그 부인 곤양 문씨의 묘소는 점촌에 있고, 아들 헌룡(憲龍) 묘소는 천북면 궁포리에 있으나 며느리 경주 이씨의 묘소는 점촌에 있으며 헌룡의 아들 대준과 그 부인의 묘소가 저두에 있음을 확인할 수 있다. 그리고 전덕은 20세를 일기로 단명하였다. 이로 보아 18세기 중후반에 전덕의 부인은 남편이 사망하자 아들을 데리고 원산도로 들어와 살기 시작하였고 그 손자 대에 완전히 정착한 것으로 추정할 따름이다.

점촌과 초전 일대에서 살고 있는 천안 전씨는 문효공파(文孝公派)이고, 그 중에서 문효공 신(信)의 손자인 영광군수를 지낸 교(皎)의 후손이다. 교는 단종과 동서 간으로 세조에 의해 영광군수로 쫓겨났다. 그 후 노산군이 화를 당하자 벼슬을 버리고 종적을 감추었다. 교의 5대손인 충제는 인조조에 태안군수와 교동(강화도) 수사를 지냈다. 생가의 형인 덕윤이 임진왜란 때 전사하자 태안군수를 그만두고 고향에 돌아와 여러 선비들과 도학을 하며 지냈다고 한다.

원산도에 처음으로 들어온 사람은 충제의 6대손인 시창(始昌) 대이다. 시창의 생졸년도를 알 수 없지만 그의 아버지 심(審)은 1685년생이다. 그렇다면 시창이 원산도에 입도(入島)한 것은 18세기 중후반일 것으로 추정된다. 시창 이후 후손들의 묘소는 선촌, 구치, 초전, 개경, 점촌, 공동묘지 등에 위치하고 있다. 천안 전씨는 점촌에 처음 정착하여 점차 초전으로 거주지를 확대해나간 것으로 보인다.

진고지

진고지가 동리로 편제된 시기는 19세기 말이다. 그러나 현재 원산도에 거주하는 성씨 가운데 입도 시기가 가장 빠른 성씨는 진양 하씨이다. 주로 진고지에서 세거하고 있는 진양 하씨는 문효공(文孝公) 장자(長子) 참판공파(參判公派)이다. 진양 하씨의 입도조는 20세인 하세영(河世榮, 1565~?)으로 임진왜란 때에 형제가 동래로 피난하였다가 적병에게 나포되어 보령에서 원산도로 들어왔다고 한다. 세영의 묘소는 진고지에 있으며 배우자는 밀양 박씨이다. 이로 보면 진양 하씨가 가장 먼저 원산도에 들어와 살기 시작한 성씨라고 할 수 있다. 세영 이후 후손들의 묘소는 진고지, 저두, 선촌, 고릉산(그름쟁이),[6] 점촌 등 원산도 일대에 자리하고 있다. 진양 하씨의 인물로는 일제 강점기에 진흥회원으로 활동한 하익환 씨가 있다.

저두

저두는 『호구총수』에 동리로 편제되어 있는 마을로 원산도 동남쪽으로 끝에 자리하고 있다. 현재 저두에는 한양 조씨가 가장 많이 살고 있다. 마을사람들의 구술에 의하면 현씨가 제일 먼저 저두에서 살았다고 한다. 그러나 저두에서 제일 잘 살았던 현씨는 1가구만 살다가 떠나 현재는 폐가로 남아 있다.

『조선의 성』에 의하면 한양 조씨는 오천면 오포리에 39호가 살면서 종족마을을 이루었었다. 이들은 백당공파로 거주지를 확대하는 과정에서 오포리에서 저두로 이주한 집안이라고 볼 수 있다. 종손의 구술에 의하면 오천면 오포리에서 떼배로 조류를 타고 저두 26번지에 닿아 정착하였고, 이로 말미암아 지금도 종손의 호적은 저두 26번지로 되어 있다고 한다. 저두 26번지는 바닷가에 근접한 밭이다.

원산도에 입도한 사람은 18세 정(晶, 1683~1742)으로 원산도 내에 묏자리를 잡고 있다. 그 후 자손이 번성하여 21세 대에 5개 파로 분파되었다. 시량공파(時良公派), 시경공파(時敬公派), 시필공파(時弼公派), 시운공파(時運公派), 시현공파(時賢公派)가 그것인데 이 파명(派名)은 모두 이름에 붙여진 것이다. 한양 조씨 역시 18세기 중후반에 입도하여 세거하고 있으며 한양 조씨 충무공(英茂) 호군 백당공파(守敬) 통덕랑공 원산종회를 구성하여 석물을 하는 등 종중활동을 벌이고 있다.

이상과 같이 원산도 내에는 여러 성씨가 세거하여왔다. 그들의 입도 시기와 동기를 구체적으로 파악할 수는 없었지만 진양 하씨를 제외하고는 대체로 18세기 초반에서 시작하여 후반까지 입도한 것으로 볼 수 있다. 원산도가 조선 초기부터 말 목장과 조운선 점검기지로 이용됨에 따라 목장이나 조운에 관련된 사람들이 일정 기간 들어와 살다가, 18세기부터 본격적으로 현재 세거하고 있는 성씨들이 들어와 마을을 이루며 살아온 것으로 보인다.

위의 성씨들은 비슷한 시기에 비슷한 기반을 가지고 자연마을별로 입도, 정착하여 오면서 성씨 간의 경쟁이 있기도 하였을 것이다. 이 성씨들은 일제 강점기에 진흥회원으로 중요 사안을 의결하고 풍속을 단속하였다. 그리고 몇몇 마을 유지들은 자연마을별로 서로 통혼을 하여 결속을 다지고 원산도 내에서 영향력을 행사하여왔다. 원산도에 거주하는 성씨 가운데 수적으로 가장 우세한 집안은 진촌의 밀양 박씨와 점촌, 선촌의 김해 김씨이다. 일제 강점기 이후 마을의 권력관계를 보면 진촌과 초전에서는 밀양 박씨, 청주 한씨, 진주 강씨가, 점촌에서는 김해 김씨(선촌 포함)와 천안 전씨가, 진고지에서는 진양 하씨 등이 진흥회원이나 이장으로 활동하였다. 앞서 밝혔듯이 이들 집안은 통혼으로 유대관계를 구축하여 원산도 전체에 영향력을 행사하였다. 이러한 구도는 해방 이후에도 이어졌는데, 3리의 역대 이장 명단이 이를 증명해준다.[7]

한편 마을 간의 구도 역시 시기에 따라, 마을 기반시설의 구축과 소멸에 따라 변해 왔다. 즉 말 목장, 조운선 점검기지의 역할을 수행했던 조선시대에는 원산진과 원산 창의 설치 등과 함께 진촌이 원산도의 중심부였다. 일제 강점기에는 점촌에 유력한 인사가 많고 이들을 중심으로 광명학교가 설립되면서 점촌이 새로운 중심부로 부상 하였다. 이후 1960년대 후반 대천으로의 바닷길이 생기고 여객선이 운항되면서 선착 장이 있는 선촌이 사람들로 북적대기 시작하고 각종 공공기관들이 들어서면서 새로 운 중심부로 떠올랐다. 그런데 이것도 잠시, 원산도 내의 도로 개설과 확장, 자가용 차량의 증가와 마을버스 운행으로 마을 간의 중심부-주변부 구도는 점차 퇴색되어 원산 8리는 비슷한 수준으로 자리하고 있다.

조선시대 원산도의 모습

목장으로서의 원산도

고려 말 조선 초기에 정부는 왜구의 잦은 침입으로 공도정책을 취하여 서남해안 의 섬들은 사람들이 살지 않는 빈 섬으로 있다가, 임진왜란 후에 정부의 공도정책 포 기로 사람들이 살기 시작했다고 앞서 밝혔다. 그런데 원산도에서는 공도정책이 시 행되던 시기에 빈 섬에 새로운 거주자가 들어왔다. 사람이 아닌 말들이 원산도의 새 로운 주인이 된 것이다.

조선 전기에 정부에서는 마정(馬政)을 매우 중하게 여겨 연해와 바다의 섬을 사복 시(司僕寺)에 귀속시켜 목장을 설치하였다. 이에 따라 1425년(세종 7)에 원산도에도 목장을 설치하여 제주에서 몸집이 큰 암말 50마리와 수말 6마리를 들여와 기르게 하고 고만도(高巒島) 만호(萬戶)로 하여금 관할하도록 하였다.[8] 그 후 목장 관리, 감독관으로 원산도 감목관을 두었다가 1476년(세종 18)에 대산곶 목장과 홍양곶 목장을 관할하는 감목관을 폐지하고, 이들 목장을 서산군수, 결성현감 등 지방관이 관할하도록 하였다. 이와 함께 원산도 목장의 관할권도 다시 고만도 만호에 귀속되었다.[9] 『세종실록지리지』에는 "주위가 40리이고 바다의 수초가 풍족하여 국마 100필을 방목하였다(周回四十里, 在海中, 水草俱足, 放國馬一百匹)"라고 기록되어 있다. 초기에 56필이던 말이 곧 100필로 증가하였고, 성종 대에는 122필까지 늘었다. 이후 원산도 목장은 감목관의 치폐가 있었지만 목장으로서의 지위는 임진왜란 이후에도 변함이 없었다. 다만 1635년(인조 13)의 상황을 전해주는 『목장지도(牧場地圖)』에 의하면 홍주목의 원산도 목장은 사복시 관할에서 충청수영 관할로 바뀌었다. 이처럼 조선 초기부터 원산도는 말 목장으로 이름을 알렸다. 이로 말미암아 말 목장이 있었던 것으로 추정되는 원산 3리 진촌에서는 마신(馬神)을 마을 신으로 섬겼다는 설이 있을 정도이다.

그러나 원산도 목장은 1668년(현종 9)에 "원산도는 사실 해안 방어의 요해처(要害處)로 지형도 광활하고 토질도 비옥하여 전부터 여러 논의를 거쳐 모두 진(鎭)을 설치하고자 하였던 곳이니 지금 만일 안흥진을 원산도로 옮긴다면 일이 매우 편하고 마땅할 것입니다. 다만 원산에는 목장이 있으니 목장의 말들을 대산목장(大山牧場)으로 옮겨야만 진을 설치할 수 있습니다"라는 논의의 중심에 있었다. 이러한 논의 끝에 다음 해에 원산도 목장의 말을 대산곶(大山串)으로 옮기고 충청수영(忠淸水營)의 우후(虞侯)를 원산도에 진주시키도록 하였다. 이에 따라 원산도는 목장으로서가 아니라 조운선 점검기지로 그 역할을 바꾸었다.

조운 점검기지(漕運 點檢基地)로서의 원산도

원산도의 목장은 1669년(현종 10)에 폐지되고 조운 점검기지로 그 역할이 바뀌었다. 1669년에 김좌명의 건의로 목장이 설치된 지 250년 만에 원산도는 목장에서 조운선 점검기지로 전환되었다. 원산도를 조운선 점검기지로 전환시킨 이유는 조운선 운항에서 가장 장애가 되었던 험난한 안흥량을 안전하게 통과하기 위한 것이다.

원산도의 조운선 점검은 1669년에 안민창이 설치되면서 4월 30일 이전에 원산도에 도착한 조운선은 원산도에서 점검을 받은 후에 서울로 바로 보내고, 4월 30일 이후에 도착한 삼남 조운선은 안민창에 일단 세곡을 보관하였다가 차례로 서울로 조운하는 방식을 채택하였다. 원산도에서는 원산차사원(元山差使員)이 조운선을 점검하였고, 원산을 떠나 안흥(安興)에 정박하면 안흥진 첨사가 재차 조운선을 점검하였던 것이다. 원산차사원은 충청수영의 우후(虞侯)로 차정하였다. 우후는 충청수사의 막료로 조운선 점검 업무를 담당하였다. 바람이 잦아드는 겨울부터 봄까지 6개월 동안 원산도에 머물고, 바람이 높은 여름과 가을철에는 수영으로 복귀하여 업무를 수행하였다.

그러나 1779년(정조 3)에 서해안 방어를 위해 안흥진을 혁파하고 안흥진을 충청수영의 행영(行營)으로 개편한 데 따른 후속 조치로 원산도의 조운선 점검을 폐지하였다. 이로 인해 안흥진 주민들의 거센 반발이 일어나고 조운선에 대한 감독도 부실해지자 복설 논의가 일어나게 되었고 이에 1791년(정조 15)에 안흥진이 복설되고 뒤이어 원산도의 조운선 점검체제도 복구되었다. 이 조치로 종래 원산도, 안흥진 두 곳에서 행해졌던 조운선 점검은 안흥진에서의 점검이 폐지되어 원산도에서의 점검만 유지되었다.

또한 1716년(숙종 42)에 원산창을 설치하였다. 원산창은 안면도의 둔세를 유치하여 조성한 환곡을 저장해두는 창고로 그 규모는 12칸이었다. 환곡의 규모는 『여지도서』에는 쌀 281석, 각종 곡식(各穀) 3,913석, 『만기요람』에는 쌀 5,295석, 각곡 24,406석으로 기록되어 있다. 이렇게 18세기 중엽에 비해 19세기 초에 환곡 규모가 거의 10배나 증가하게 된 이유는 원산창의 환곡으로 충청수영의 경비를 감당하였기 때문이다. 그리하여 원산창의 환곡 규모는 시간이 지날수록 점점 늘었고, 원산도 주민의 부담 또한 증가하였던 것이다.

이렇게 원산도는 조운선 점검과 사창(社倉) 등으로 주목받는 섬이었고 이로 말미암아 홍주목 소속이면서 동시에 충청수영의 우후가 6개월간 주둔하는, 이중의 통치를 받게 되었다. 그러므로 원산도 주민들은 홍주목에 내는 군역과 충청수영에서 관할하는 송정(松政), 전복 진상(全鰒進上) 등으로 다른 지역에 비해 수탈을 많이 받았다. 이러한 이중의 부담 때문에 큰 마을조차도 주민들이 모두 흩어져 열 집에 아홉은 빌 정도였다. 이를 개선하기 위해 정부에서는 1832년(순조 32)에 홍주목에 소속된 섬들을 독립된 진처럼 귀처처를 충청수영으로 통일시켰다.

충청수영 소속이던 원산도는 1853년(철종 4) 원산진 별장(別將)이 파견되면서 독립된 진으로 격상되었다. 그러나 충청감영 소속 장교를 원산진 별장으로 파견하게 되자, 그 동안 원산도를 관할하던 충청수사가 반발하였다. 이에 정부에서는 충청감영과 수영의 대립원인을 충청수영의 관속(官屬)들이 그 동안 챙겨왔던 이익—그 중에서 가장 큰 것은 둔세 중 남는 부분을 원산진 별장에게 귀속시킨 것이다—이 상실되었기 때문이라고 파악하고 이를 해소하기 위해서는 원산진 별장을 설치하되, 모든 관할은 충청감영이 아니라 충청수영에서 담당하도록 조처함으로써 감영과 수영 사이의 대립을 조정하였다. 별장 자리는 충청감영의 장교 중에서 임명하도록 하였기 때문에 충청감영에서 담당했지만, 인사고과를 비롯한 별장에 대한 통제는 충청수사가 담당하도록 하였다. 이로써 원산도에는 충청수영에서 관할하는 원산진이 1854년(철종 5)에 설치되었다. 원산진의 별장은 종9품직이었고, 임기는 24개월로 자벽(自辟)[10]하는 자리로 대민업무에 있어서는 일반 관장과 다를 바 없이 원산도 주민을 통치하였다.

그러나 충청수영 소속의 원산진은 15년간 유지되다가 1869년(고종 6)에 혁파되었다. 원산도에는 그 전처럼 충청수영의 우후가 조운선 점검과 호송의 일을 담당하였다. 진장(鎭長)을 둔 이후부터 수영의 관속들이 이익이 줄어 모두 흩어질 지경에 이르렀기 때문에, 이들을 구제하기 위해 그 전의 규례를 복구한 것이다. 그러나 원산진 별장은 혁파된 지 2년 후인 1871년(고종 8) 복설되었다.[11]

이처럼 원산도는 마을주민들과 무관하게 관할 관청들의 이익 다툼의 중심에 있었다. 이들의 줄다리기는 원산진 치폐, 감독관의 변경(충청수영 우후 → 충청감영 별장), 별장 파견 관청의 대립(충청감영과 수영의 대립)으로 이어졌다. 그리하여 18~19세기에 이르는 동안 원산도는 조운 점검과 사창, 둔세의 이익으로 홍주목 소속 섬이면서 충청수영의 관할 섬으로 이중적인 통치와 부담을 져야 했다. 이러한 치폐와

진촌 관가 터

대립은 1901년(광무 5)에 충청수영이 폐지되고 오천군이 신설되어 원산도가 오천군 소속으로 되면서 종지부를 찍게 되었다.

현재 진촌에는 조선시대 원산도의 역할과 관련 있는 관가 터가 남아 있다. 관가는 오봉산 밑에 위치하며 봉화대 관리 및 유지, 말 목장 운영을 담당했던 것으로 보이며, 말 목장이 이전된 이후 이곳은 수영의 관리들이 묵는 숙소로 사용되었다. 현재는 흔적이 없고 다만 이 일대에서 다수의 기와 파편들이 발견되고 있으며, 석축한 우물, 나무로 된 하수시설 흔적, 주춧돌 및 석축으로 이용된 것으로 보이는 다수의 돌, 송덕비 등이 발견되었다. 송덕비는 지금도 관가 터로 들어가는 길가에 쓰러져 있어 관리의 손길이 시급한 실정이다. 이 외에 진창마을회관 옆에도 송덕비가 3개 세워져 있다.

관가 터에 있는 송덕비는 '수군우후최공창호영세불망비(水軍虞侯崔公昌祜永世 不忘碑)'라고 쓰여 있는데 언제 세워졌는지는 알 수 없다. 비석의 상태와 비문은 다음과 같다.

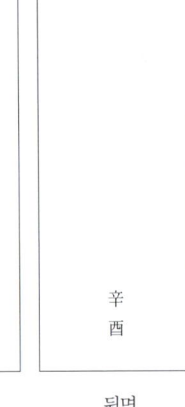

水軍虞侯崔公昌祜

政化惠治　弊革民平　永世不忘碑　三尺豊碑　萬古芳名

辛酉

관가 터에 있는 송덕비　　　　　　앞면　　　뒷면

　　진창마을회관에 있는 비석은 수군 우후나 홍주 목사에 부임하였던 관리의 선정(善政)과 덕을 기리는 비석이다. 비석의 상태와 비문은 다음과 같다.

水軍虞侯韓□弼愛恤島民淸德善政碑　擁正 9年(英祖 7, 1731) 癸亥 三

水軍虞侯金公□□

洪州牧使金公商鳳永世不忘碑　癸未 十一日

진창마을회관 앞 비석사진(위)과 비문(아래)

일제 강점기 마을의 변화와 주민들의 경험

마을의 변화

일제 강점기 35년은 우리에게 무엇을 남겼을까? 아직도 일제의 잔재를 청산하지 못해 청산을 부르짖는 지금, 충청남도에서 두 번째로 큰 섬이었던 원산도의 일제 강점 35년을 더듬어보자. 원산도는 여느 마을과 마찬가지로 일제에 의한 강제적 변화, 또는 마을사람들에 의한 자생적인 변화를 겪었다. 그것은 마을 운영의 변화, 해안선의 변화, 그리고 근대교육의 시작으로 나타났다.

먼저 마을 운영의 변화를 살펴보자. 원산 8리는 1914년 일제에 의한 행정체제 개편으로 원산도리로 통합되었다. 이로부터 원산도는 독 구장(獨 區長)과 구서기(리서기) 체제로 마을이 운영되었다. 원산도 사람들이 기억하는 일제 강점기의 구장은 최학진, 오종섭, 전도옥 등이다. 그러나 일제 강점기를 경험한 마을 어른들은 대개 1925년 이후에 출생하신 분들이라 일제 강점기 후반 징용 모집 시기의 구장들만을 기억하고 있다. 따라서 구장과 진흥회원 간의 혼동이 있을 수 있고 이들의 재임 시기와 순서는 정확하지 않다. 마을사람들은 징용 모집 당시, 모집 '가가리'와 다녔던 구장 즉 오종섭과 전도옥만 확실하게 기억하고 있을 뿐이다.

일제 강점기 마을 운영의 또 하나의 축은 마을 진흥회이다. 진흥회는 1930년대 초반 충남 전 지역에 걸쳐 설립되었다. 진흥회는 회장, 부회상, 회원으로 구성되있는데, 진흥회장은 면진흥회 총회에 참석하여 하달받은 지시사항을 주민들에게 전달하였다고 한다. 그 내용은 국기 계양 장려, 조세 공과의 기한 내 엄수, 시간 아껴쓰기, 색의(色衣) 착용 실행, 농사 개량, 부업 장려, 소비 절약, 미신 타파 등 생활개선책 및 농사개량과 관련된 것들이었다. 특히 이 가운데 일제는 색의 착용을 가장 적극적으로 요구한 것 같다. 이는 당시 보령군의 상황에서도 여실히 드러나고 있다. 보령군은 각 면에 '색의촉진회'를 설립하고 색의 입기를 맹렬히 장려하여 실적이 좋은 편이었다. 이에 더 박차를 가하여 백의 착용자에게 불이익을 주어 1932년 안으로 전부 색의를 착용하도록 하라고 지시하기도 하였다.[12]

원산도 진흥회는 8개 마을의 40대 이상의 유지들로 구성되었다. 진흥회원으로 진촌의 박평운, 박치우, 강승운, 최형관, 최학진 씨, 점촌의 고문백, 김진근, 김진옥, 김승태 씨, 선촌의 김창민, 진고지의 하익환 씨 등이 활약하였다고 한다. 회장은 대개 나이 많고 학식이 있는 사람들이 1~2년 교대로 맡았다. 진흥회는 1년에 2번 정도 모임을 가졌고, 행실이 나쁜 사람을 데려다가 혼을 내기도 하고 젊은 사람들이 노름을 못하도록 훈계하기도 하였다고 한다. 즉 이러한 마을의 교화와 위계질서 확립 같은 것은 일제 지배 이전에는 동계가 담당한 역할이었는데 일제 침략 이후 일제에 의해 조직된 진흥회가 그 역할을 대신하게 되었던 것이다.

다음으로 해안선의 변화를 들 수 있다.[13] 원산도는 해안선의 변화가 일어나면서 새로운 경제활동이 이루어졌고 경작지 확대가 이루어졌다. 그것은 제방축조로 가능한 일이었다. 일제 강점기에 축조된 제방은 지금의 간사지, 사창 제방 그리고 현재 점촌에서 개경으로 통하는 길 안쪽에 있는 둑이다. 마을사람들은 "사창 제방 쌓은 후에 태어났다. 먼저 사창 제방 쌓고 간사지 제방을 쌓았다(1930년생의 주민)", "간사지 제방은 무극도에서 쌓다가 실패하고 일본 마상회사가 쌓았다"고 증언해주고 있다. 마을사람들의 구술을 뒷받침해주는 자료는 대순진리회의 홈페이지에서 찾을 수 있다.

무극도는 대순진리회의 전신으로 1925년에 조정산(1896~1958)이 창도한 종교단체이다. 무극도는 신도들로 진업단(進業團)을 구성하여 헌금 2만 원과 구(舊) 태인

사창 제방(왼쪽)과 간사지 제방(오른쪽)

(泰仁) 일대의 개간지에서 얻어진 곡물 3백 석을 동원 투입하여 안면도, 원산도를 개척하기 시작하였다. 그런데 두 섬의 네 곳에서 뜻을 이루고자 하였으나 심한 풍랑으로 두 곳은 실패하였다. 실패한 두 곳은 일본 마상회사(馬上會社)가 사업을 이어 성과를 거두었다.[14]

또한 점촌에서 개경으로 통하는 길 안쪽에 논두렁 같은 제방이 존재한다. 마을사람들은 일제 강점기에 쌓은 제방을 현재 길을 내면서 만든 제방과 구분지어 '원 둑'이라고 부른다. 원 둑은 점촌에 살던 마을 유지이자 지주인 김승태 씨가 자금을 들여 지게로 흙을 져다가 쌓은 것이다. 김승태 씨는 제방 안쪽을 논으로 만들어 마을사람들에게 팔았다고 한다. 개경 제방은 규모는 크지 않지만 마을사람의 자금으로 축조하였다는 점에서 의미가 있는 것이다.

주민들의 경험

일제 강점기에 원산도는 육지와 마찬가지로 징용과 공출에 시달려야 했다. 그러나 육지와 달리 학교 교사 외에 일본인이 거주하지 않아 민족 차별을 겪지 않았을 뿐만 아니라 일본인에 의한 직접 지배도 받지 않았다. 다만 육지에서 행해진 마을진흥회가 조직되고 청년단이 구성되는 등 제도를 통한 지배가 이루어졌다고 할 수 있다.

원산도 사람들도 역시 총동원체제기에 징용과 공출의 대상이었다. 일제는 1938년에 국가총동원법을 제정하고, 1939년에는 국민징용령을 공포하였다. 그러나 소선에서는 한민족의 반발을 우려하여 징용제를 즉시 시행하지 않고, 모집 형식의 노무 동원 계획을 실시하였다. 1941년에 일제는 국민근무보국협력령을 시행하여 노동력을 더욱 강력히 시행하였고, 1942년에는 대규모의 국민 동원 계획을 세우고 근로보국대라는 이름으로 조선인을 강제 동원하였다. 1944년에는 국민징용령에 의하여 강제 연행 방법으로 징용제를 시행하였다. 징용으로 끌려간 한국인은 일본 각지의 탄광, 수력발전과 철도 등의 공사장, 군수 공장 등에서 참혹하게 중노동으로 혹사를 당하였다. 일제에 의해 일본으로 강제로 연행된 한국인 노무자 수는 1939~1945년 사이에 약 113만 명에 이르렀다. 또한 1944년에 여자정신대근로령을 공포하고, 12~40세의 미혼 여성들 수십 만 명을 군수공장이나 전선으로 연행하여갔다.

이러한 일반적인 상황 아래 원산도에서도 징용과 징병이 이루어졌다. 징용은 오천면에서 보낸 모집 '가가리'가 와서 무작위 차출을 하고, 그 명단을 이장에게 넘겼다고 한다. 1942년부터 남양군도 4명, 북해도 7명, 1944년 일본 시코쿠(四國) 구리광으로 3명이 다녀왔으며 보국대로 대전 비행장과 회령 비행장에 다녀온 분도 있다. 징병으로 저두에 살던 조수근 씨가 갔으나 돌아오지 못하였다고 한다. 그러나 여자들이 근로대나 일본군위안부로 끌려가지는 않았다고 한다.

북해도 탄광으로 징용 갔던 분의 구술에 의하면 이렇다. 징용에서의 생활은 혹독하여 한 달에 세 번만 쉴 수 있었고, 그나마 쉬는 날에는 점심으로 고구마나 감자만 삶아주어 배가 고파 허덕였다. 탄광에서의 일은 매일 조별로 할당된 책임량을 마쳐야만 끝이 났다고 한다. 북해도에서의 혹한과 굶주림은 해방이 되고도 5개월이 지나서야 끝이 났고, 집으로 돌아온 후 북해도에서 얻은 동상 때문에 31세에 다리를 절단해야 했다.

일제 강점기 공출은 섬 지방이라고 해서 예외일 수 없었다. 원산도에서도 마찬가지로 벼, 보리, 놋그릇 등을 공출해갔다고 한다. 벼와 보리는 소유한 땅에 비례하여 공출해 갔지만 놋그릇은 무작위로 집 안을 뒤져 숟가락까지 챙겨갔다고 한다. 공출로 빼앗긴 원산도 사람들의 굶주린 배는 배급소에서 나누어주는 싸래기와 콩깻묵으로 채워야 했다. 원산도의 배급소는 점촌에서 김승태 씨 점방에 있었다. 김승태 씨는 당시 점촌에서 농지도 많이 소유하고 있었으며, 점방도 운영하였으며 진흥회 회원으로 활동한 인물이다.

또한 일제는 조선청년단을 결성하여 일제의 이데올로기로 모든 젊은 세대를 교육하고자 하였다. 일제에 의한 청년층 조직화는 1938년『개정 청년훈련소규정』을 통해약 4~7년간 심상소학교 졸업자와 상급학교에 진학하지 않은 모든 졸업자를 거의의무적으로 입소시키는 방침을 추진하였다. 그리하여 1941년에 조선청년단을 조직하여 재학 중이지 않은 모든 청소년, 청년을 단원으로 포괄하려 하였다. 특히 1942년 11월 이후 청년특별연성소를 설치해 17세 이상 21세 미만의 미취학 청년층에게 농한기에 일본어와 정신훈련, 교련 등 연간 600시간 이상의 교육을 시켰다. 그리고 농사기술교육과 더불어 생활 속에서 철저하게 황국신민으로 만드는 이데올로기적

생활교육을 중요시하였다.[15]

이러한 일제의 정책은 섬마을까지도 영향을 미쳐 원산도에도 역시 청년단이 조직되었다. 1925년생 주민의 기억에 의존하여 보면 만 16~17세의 청년들이 청년단에 가입하여 광명보통학교에 가서 제식훈련을 받았다고 한다. 청년단은 호당 1명씩 거의 의무적으로 참여해야 했는데 그 수가 원산도 전체 100명이 넘었다고 한다. 주민들은 청년단의 구체적인 활동 · 교육내용에 대한 기억은 없고 다만 학교에 별도의 훈련교사가 있어 제식훈련과 정신교육을 받았다는 기억만을 가지고 있다.

이 외에 일제 강점기에 원산도에서 일엉났던 사건 사고는 신문자료를 통하여 확인할 수 있었다. 신문자료에 나타나는 원산도 기사는 두 건에 불과하다. 하나는 1930년 9월 26일 오전에 원산도 부녀자 29명이 배를 타고 해산물을 채취하러 나갔다가 풍랑을 만나 14명이 몰사하고, 나머지는 천북면 사호리의 고깃배가 발견하여 구조한 사건이 있다. 이 사건으로 죽은 14명의 명단을 보면 부녀자가 대부분이고 엄마 따라 나선 어린 아이(남, 13세)도 있고 시집 안 간 어린 여자 아이(9세, 12세, 19세)도 포함되어 있다. 이 사건을 기사화한 당시의 신문에 몰사한 사람들의 사체를 찾지 못해 애태우고, 부녀자의 죽음으로 남겨진 유아들을 구호할 도리가 없어 그 참혹한 사정은 목불인견이라 전하고 있다.[16] 그 후 참사 1주기를 맞이하여 1931년 9월 20일에 원산도 해안광장에서 윤영중 면장의 사회로 회원 5백여 명이 참석한 가운데 사망자 추도회를 열었다. 이 추도회는 딩시 오천면 윤영중(尹英重) 면징과 유지 고인제(高麟濟) 씨의 발기로 각 리 구장, 진흥회원, 각 어업 조합과 기관 단체들이 총망라하여 협의하여 이루어진 것이다.[17] 그리고 1940년 3월에는 원산도에 천연두가 창궐하여 총 15명이 병에 걸렸고 이 중 3명이 사망하였다고 한다.[18]

조선시대 이후 광천은 충청도 서해안의 대장시로 서해도서지역의 관문인 옹암포구를 통하여 물류가 집산 · 배분되는 곳이었다. 광천장 전날 옹암포구는 백여 척의 장배들로 장사진을 이루었다고 한다.

원산도에서 광천시장(廣川市場)으로 드나드는 장배는 5일마다 범선(帆船)으로 다녔고 마을마다 장배가 있었는데 원산도 전체에 7척 정도가 있었다고 한다. 1960년부터는 발동기를 단 통통배를 타고 광천장을 보러 다녔다. 그리하여 그날 날씨에 따라

바람이 잘 불 때는 풍선을 타고 광천으로 가고, 바람이 잘 불지 않을 때는 통통배로 갔다고 한다. 대개 장배가 광천장 전날에 독배마을에 배를 대면 장꾼들은 그날 독배 장을 보거나 독배마을에서 하룻밤 묵은 후 그 다음 날 광천장을 보고 배를 타고 다시 섬으로 돌아왔다고 한다. 그러나 1980년대부터 원산도 대천간 여객선이 다니면서 광천 장배가 완전히 없어지고 대천으로 장을 보러 다니고 있다.

교육: 용광학당에서 광명공립보통학교로

일제 강점기는 근대교육과 재래의 한문교육이 병행되었다. 집안 형편이 좋은 집은 자녀들을 보통학교에 보내 근대교육을 시킬 수 있었으나, 여유가 없는 집에서는 꿈도 꾸지 못할 일이었다. 이에 1920년대에 뜻있는 인사들이 사립학원을 세워 조선어독본, 초등역사, 산술, 천자문, 한자습자, 체조, 창가 등을 교육하여 후진을 양성하였다고 한다. 이러한 양상은 원산도의 경우도 마찬가지였다. 원산도를 조사하기에 앞서 '섬'이기 때문에 교육 여건이 낙후되었을 것이라는 막연한 선입견이 있었다. 그러나 원산도에 교육기관이 설립된 시기는 뭍과 비교하여 볼 때 늦은 시기는 아니었다.

원산도에서 처음 확인된 교육기관은 사숙 용광학당(私塾 龍光學堂)이다. 용광학당은 선촌의 김창민 씨가 1925년 5월 1일에 원산도리 선촌 577번지에 설립하여 1937년까지 학생들을 가르친 학당이다. 당시 학생 수는 20여 명이었다.[19]

김창민(1895~1977)[20] 씨는 원산도에서 태어나 한문서당을 다니다가 13세부터 서울에서 보통학교를 다니면서 서울생활을 시작하였다. 그는 서울에서 공부를 하고 잠깐 취직을 하였다가 25세에 고향인 원산도로 내려와 1919년에 원산도 강습소를 차려 교육활동을 시작하였다. 김창민 씨의 이력서와 『보령군지(1971)』의 기록을 종합하여 보면 대개 강습소나 서당이 학당으로 발전하였듯이 원산도 강습소도 1925년경에 용광학당으로 발전한 것으로 생각된다. 용광학당 부지(선촌 577번지) 원 소유주는 점촌에 살던 전용석 씨이다. 전용석 씨는 김창민 씨와 절친한 사이로 점촌에서 선촌으로 옮겨 살면서 배를 부렸다고 한다. 전용석 씨의 처남 김계옥 씨 역시 김창민 씨의 친구이며 종친이고 해방 이후에 이장을 지낸 인물이다. 이들의 관계를 통하여

용광학당 터(선촌 577번지)

전용석 씨가 용광학당의 물적 토대를 마련해주고 그 토대 위에 김창민 씨가 학동들을 모아 한문 등을 가르친 것으로 추측해볼 수 있다.

용광학당[21]은 1925년에 김창민 씨가 설립하여 1937년 사립 광명학교가 공립학교로 전환될 때까지 존재하였고, 김창민 씨는 1930년에 사립 광명학교가 개교하면서 교원으로 부임하였다. 그렇다면 용광학당은 사립학교 개교 이후에는 집안형편이 어려워 광명학교에 다니지 못하는 학동이나 배움의 시기를 놓친 마을주민들을 가르치는 야학이었을 가능성이 높다. 이때 김창민 씨는 낮에는 광명학교 교원으로 밤에는 용광학당 선생님으로 활동한 것으로 추측할 수 있다.

원산도 사람들이 본격적인 근대교육을 받게 된 것은 1930년에 사립 광명학교가 설립되면서부터이다. 사립 광명학교는 당시 원산도의 진흥회에서 진흥회원을 중심으로 설립하였다고 한다. 원산도의 진흥회원은 김진옥, 김승태, 고영감[22](본명은 고문택), 김창민, 박평운, 최학진, 하익환 등으로 이들이 운영위원회를 조직하여 설립하였다고 한다. 학교 부지는 여러 사람이 땅을 희사하여 조성되었고 학교 위치는 진흥회원들이 서로 자기 마을에 설립하려고 하였다. 그런데 점촌이 원산도 8리의 중간지점이고 어느 마을과도 통할 수 있는 위치라는 이유로 점촌에 설립되었다고 한다. 한 때 교장은 윤헌모 씨였고, 그의 아들 윤부길 씨가 음악교사로 재직한 바 있다고

광명국민학교 11회 졸업사진 학교 건물의 지붕을 주시하면 왼쪽 건물이 광명공립보통학교 건축 당시 교사(校舍)이고, 오른쪽 기와 건물은 해방 이후 증축한 교사이다.

광명국민학교 제8회 졸업사진 앞줄 왼쪽부터 최영섭 선생님(최학진 씨 아들, 원산도 출신), 김창민 (사친회장), 이석선 교장선생님, 하익환(마을 유지), 김두백 선생님(원산도 출신), 전수영 선생님(원 산도 출신)이다.

한다. 윤부길 씨는 '부길부길쇼단'을 이끌어 일세를 풍미했던 유랑극단 단장이자 원맨쇼의 일인자이며 '처녀뱃사공'이라는 노래를 작사한 인물이며 윤항기 · 윤복희의 아버지이기도 하다. 윤헌모 교장과 윤부길 씨는 1937년 광명학교가 공립학교로 전환되어 일본인 교장이 오면서 원산도를 떠났다고 한다.

현재 마을사람들 중에서 강습소와 용광학당을 기억하는 분은 없고 모두 사립학교 시절만 기억하고 있다. 광명공립보통학교 1회 졸업생이 현재 원산도에 5명이 생존해 있는데 이들은 입학은 사립학교로 하였고, 졸업은 공립보통학교로 졸업한 분들이다. 사립학교를 다녔던 분은 초전의 김갑봉 옹, 전춘산 옹이다. 당시는 가난하고 학력을 중요시하지 않아 보통학교에 다니지 않는 사람이 더 많았다. 당시 1회 졸업생 또래 아이들이 60여 명 있었는데 1회 졸업생은 10~20명에 불과할 정도였다.

광명공립보통학교는 1937년 5월 7일 4년제로 인가를 받아, 5월 18일에 개교하였다. 1938년에 조선교육령이 개정됨에 따라 심상소학교로 개칭되었으며, 1941년부터 6년제를 실시하였고 소학교령을 국민학교령으로 개정함에 따라 다시 국민학교로 개칭되었다.

이렇게 어렵게 보통학교를 졸업한 이후에는 섬이라는 지형적 한계로 인하여 중학교 진학은 극소수에게만 열려 있었고, 대다수에게는 멀고도 먼 꿈이었다. 중학교 진학의 꿈은 접었지만 배움에 뜻이 있는 학동들은 서당을 다니며 한문을 배웠다고 한다. 당시 원산도에는 자연마을별로 서당이 있었는데 진촌에는 최형관 씨가 한문을 가르치는 서당과 박평운 씨 집에 선생님을 모신 글방이 있었다. 누구나 중학교 진학이 가능하게 된 것은 1964년 원의중학교가 개교하면서부터이다.

현대사의 전개와 새마을운동

해방 이후~1950년대

1945년 8월 15일 해방을 맞이하였다. 해방의 기쁨은 잠시였고 보이지 않는 이념 갈등과 치안 부재 등 풀어가야 할 숙제가 한 둘이 아니었다. 특히 치안의 부재는 심각하였다. 해방 이후 원산도는 일제 경찰이 물러가자 경찰력의 부족으로 인하여 잠깐 동안 치안 유지를 위해 자체적으로 청년단을 조직하여 운영하였다고 한다. 그러나 곧 1945년 지서가 생기면서 청년단의 조직은 축소되었다. 그렇지만 당시 원산도는 여전히 경찰력이 부족해 섬 전체의 치안을 유지하기 어려운 상황이었기 때문에 의용소방대를 조직하였다. 의용소방대는 국가에서 강제적으로 가입을 시켜 대원이 전체 40명 정도였다. 대원들은 지서에서 근무하면서 치안 유지를 도와주는 역할을 수행하였다. 근무는 2명씩 초저녁~밤/밤 12시~아침까지 2개조로 나누어 하였으며 주로 밤에 근무하였다.

또한 해방 이후 지방자치법에 따라 지방자치가 시작되었다. 보령군 오천면에서도 민선으로 면장, 부면장을 뽑았는데 선촌의 김창민 씨는 1946~1948년에 부면장을 지낸 바 있고 초전의 정기린 씨는 1960~1961년에 민선 면장을 지낸 바 있다.

한국전쟁기에 원산도는 인민군으로부터 직접적인 피해를 입지 않고, 인민군을 본 적도 없는 사람들이 있을 정도로 조용히 지나갔다. 마을사람들의 구술에 의하면 인민군이 마을에 들어왔는데, 진촌에서 멀리 보이는 무인도를 보고 지나가던 아이에게 저것이 무엇이냐고 물으니 군함이라고 했다고 한다. 다시 저것이 여기까지 오는데 얼마나 걸리느냐 묻고 하루도 안 걸린다는 아이의 말에 화들짝 놀라 원산도를 빠져 나갔다고 한다. 인민군이 마을에 들어와 진촌 사람들한테 점촌에 모이라고 해서 점촌으로 갔더니 이미 육지로 나가고 없어 마을사람들 중에 인민군을 보지도 못한 사람이 많았다고 한다.

이처럼 한국전쟁기에 원산도는 전쟁터가 아니라 피난지였기 때문에 인민군에 의한 피해는 거의 없었다. 다만 인공치하에서 부역을 하였거나 잠재되어 있던 좌익성향이 드러나 9·18 수복 이후 다시 세상이 바뀌면서 복수와 무모한 희생이 있었을 뿐이다. 원산도 좌익성향의 인물들은 주로 일제 강점기부터 서로 통혼관계에 있던 유지급 집안의 아들로 고등교육을 받은 사람들이 대부분이다. 그들 중 몇몇은 광명국민학교 교사로 학생들에게 노래(군가)를 가르치기도 하였다. 한 주민은 "붉은 깃발……"이라는 노래를 배우고 지서장 집에 가서 부른 적이 있었다고 한다. 이 노래를 들은 지서장은 선생님께 배웠다는 말을 듣고 빙그레 웃기만 했었다고 한다.[23] 이

김창민 씨 부면장 재임 시절
앞줄 가운데 양복입은 분이
김창민 씨이다.

**원산도 지서 앞에서 지서장
과 마을 유지들과 함께** 앞줄
왼쪽에서 두 번째부터 김창
민, 지서장, 김계옥 당시 이
장이다.

들이 어떠한 경로로 좌익사상을 접하고 학습하였는지는 알 수 없다.

　좌익활동을 하였던 사람들은 월북하였거나 수복된 후 학살당하였다. 요행히 살아
남은 자는 정보부의 계속적인 감시와 심문으로 죽음을 선택하기도 하였다고 한다.
이 같은 고통은 부역자의 가족들도 마찬가지였다. 두 형이 부역의 누명을 쓰고 학살
되었던 김○○ 씨는 1974년 '승공지도자 연수'를 자진해서 다녀온 후에야 감시에서
벗어날 수 있었다고 한다. 이외에도 점촌의 김○○와 저두의 조○○가 간첩으로 왔
었다는 이야기, 이장 일을 보았던 전○○ 씨를 수장했다는 이야기도 전해진다.

1974년 승공지도자 연수회

　이처럼 원산도 역시 이념 갈등으로 인해 크고 작은 혼란을 겪었지만 비교적 평탄하게 보냈다고 할 수 있다. 한국전쟁 후 원산도는 분구되지 않은 채 '통이장', '독구장' 체제로 운영되었다. 당시 이장은 안면도 출신이면서 원산도에서 경찰생활을 하다 퇴임한 강범식 씨였다. 그는 인공 치하에서 경찰가족이라는 죄명으로 좌익세력들에게 자신의 가족이 피해를 입었기 때문에 철저한 반공정신의 소유자였다고 한다.

원산도의 새마을운동

　새마을운동기에 보령군은 13개의 유인 도서가 있는 오천면을 중심으로 도서낙도(島嶼落島) 개발사업을 벌였다. 섬주민들을 위하여 선착장, 방조제, 물양장 등 생활기반시설을 비롯하여 도로개설, 방파제 공사, 전화사업, 급수선 운영 등 편익시설과 각종 양식사업 등 소득증대 사업을 적극 추진하였다.

새마을운동 시기의 이장은 대개 30대 청년이었다. 진촌의 최종우 씨는 30세에, 점촌의 신용배 씨는 36세에 이장을 맡았다고 한다. 이렇게 청년이장이 등장하게 된 배경은 박정희 정권의 농촌시책에 있다. 당시 이장들은 호적, 산업, 총무 등 면사무소에서 지시가 내려오는 대로 모든 행정 일을 혼자 맡아 처리해야 했기 때문에 업무가 상당히 다양하고 과중하였다. 이러한 사정은 원산도도 마찬가지였다. 이렇다 보니 청년이장이 나올 수밖에 없었다.

이장은 ①법정리 단위로 분배된 잡부금을 각 가구에 할당하여 이를 걷어 납부해야 했다. 당시의 잡종금은 10여 가지로 충무체육관건립비, 적십자회비, 나병협회비, 결핵협회비, 산림조합비, 도로부역대 등이 있었다. ②비료 주문 분배, 추곡 수매를 담당하였다. 당시는 추곡 수매 값이 싸서 수매를 하려고 하지 않아 책임량 채우기가 어려웠다고 한다. ③기타 행정 ④출생신고, 사망신고 ⑤이름 지어주기 등등 이외에 다른 잡다한 일들도 많았다고 한다. 그러나 무엇보다 섬마을 이장으로 가장 힘들었던 것은 당시 여객선이 자주 다니지 않았기 때문에 군청이나 면사무소를 하루에 다녀오지 못하는 경우가 많아 여관에서 묵어야 했던 것과 반대로 면 직원이 출장을 오거나 무전여행을 온 사람들이 찾아오면 이장이 숙식을 해결해주어야 했던 것이다.

원산도에서는 1960년대 중후반 들어 새마을운동이 시작되어 부녀회, 청년회, 새

초전 선착장 공사 전 모습(왼쪽) "운영하는 선박들은 성착장이 없어 이렇게 불편이 막심하다."
현재 초전 선착장 모습(오른쪽)

사창에서 초전으로 가는 길(3Km, 왼쪽)과 점촌의 마을 안길(오른쪽)

마을 지도자 등이 생겼다. 부녀회는 회장이 명목상으로만 구성되어 있었고 활동은 거의 없었다.

원산도 8개 마을 가운데 새마을운동이 가장 활발하였던 마을은 초전이다. 당시 원산 3리는 4개 반으로 이루어져 있었는데 1개 반에 시멘트 80부대씩 나누어주는 것으로 새마을운동이 시작되었다. 초전이 가장 활발하게 사업을 펼칠 수 있었던 것은 적극적으로 사업을 이끌었던 새마을 지도자가 있었기 때문이다. 그는 최윤근[24] 씨로 당시 반장 일을 보면서 새마을사업을 주도하였다. 최윤근 씨는 처음 분배받은 시멘트로 새마을운동을 시작하여 이장으로부터 신임을 얻어 그 다음 해에는 500부대의 시멘트를 더 지원받았다고 한다. 그는 2차 시멘트 지원으로 수문 공사와 방파제 공사를 하여 인정을 받아 원산 3리 새마을 지도자가 되었다. 초전은 최윤근 씨의 주도로 1976년도에 600만 원을 보조받아 선착장 70m를 쌓았고 이어 다시 정부로부터 600만 원을 지원받아 사창에서 초전으로 가는 3km 길을 개설하였다고 한다. 당시는 사창에서 초전으로 가는 길이 없어 물이 빠지면 해면으로 다니고, 물이 차면 산길로 다녀 너무도 어려운 상황이었다고 한다. 도로 개설 작업은 취로사업(당시 노임 600~700원)으로 이루어졌지만 노동력이 턱없이 부족하여 원산국민학교와 원의중학교 학생들까지 동원되었다고 한다. 또한 당시 초전마을은 1~2채 외에 거의 다 초가

집이어서 지붕 개량 사업을 주도하였다. 최윤근 씨는 새마을사업을 성공적으로 이끌어 도지사와 군수로부터 표창을 받고 새마을 중앙연수원으로 새마을 지도자 원수를 다녀오기도 하였다.

또한 점촌에서는 새마을 가꾸기 사업의 일환으로 마을 안길 넓히기 사업을 주로 하였는데 안길 넓히는 공사는 주민들이 부역 나와서 일을 하였다. 그런데 이장은 길 확장으로 수용되는 땅에 대한 타협이 가장 어려웠다고 한다. 그리고 시멘트를 보조 받아 마을 하수구를 만들었다. 이렇게 원산도의 새마을운동은 워낙 열악한 환경으로 인하여 선착장 공사, 방파제 공사, 도로개설, 지붕 개량과 같은 생활기반시설이나 편익시설과 관련된 사업을 주로 하였을 뿐 소득증대 사업은 별로 없었다고 한다.

(이 연 숙)

주(註)

1) 보령시 홈페이지 사이버박물관(http://ubtour.go.kr/index.jsp) 지명유래 참조.

2) 『충청도 읍지』

3) 『승정원일기』 고종 29년 7월 18일.

4) 김재원, 『한국서해도서』, 국립박물관 특별조사보고, 1957.

5) 조선시대 공도정책에 관한 내용은 고동환, 「조선후기 도서정책과 원산도의 변화」, 충남대학교 마을연구단 심포지움 발표요지문 참조. 충청남도·한남대학교 충청문화연구소, 『도서지』 상, 1997.

6) 고름쟁이에 관한 한자표기는 각 성씨의 족보마다 다르게 되어 있다. 예를 들어 高陵山, 高林山 등.

7) 원산도 3구의 역대 이장명단은 한병윤(?~71.1)→박희갑(71.2~72.2)→강완택(72.2~74.5)→최종우(74.5~76.3)→박광규(76.4~78.2)→박광규(76.4~78.2)→강완택(78.6~80.2)→강택준(80.4~81.8)→김용남(81.8~83.3)→최윤근(83.3~85.3)→강완택(85.3~87.2)→조성길(87.2~89.3)→강완택(89.3~90.7)→김용길(90.7~93.2)→전배운(93.2~95.2)→박윤규(95.2~00.2)→박이규(00.2~02.2)→박윤규(02.2~현재)

8) 『세종실록』 권 74, 세종 7년 7월 무오.

9) 『세종실록』 권 74, 세종 18년 7월 무오.

10) 조선시대 관리 등용 방법의 한가지로 각 관아의 장이 자기 마음대로 관원을 임명하는 일.

11) 이상은 고동환, 「조선후기 도서정책과 원산도의 변화」, 충남대학교 마을연구단 심포지움 발표요지문 참조.

12) 『매일신보』 1932년 12월 25일.

13) 지리편 19쪽 〈일제 강점기와 1970년대 원산도의 갯벌 변화〉지도 참조.-

14) 대순진리회의 홈페이지(www.daesun.or.kr) 참조. 간사지제방에 관하여 무극도에서 실패하고 일본 마상회사가 마무리 지었다는 것은 마을주민들도 증언하여 주었다.

15) 이경란, 「총동원체제하 농촌통제와 농민생활 -마을 사회관계망을 중심으로」, 『동방학지』, 124, 805쪽.

16) 『동아일보』 1930년 10월 3일자.

17) 『동아일보』 1931년 9월 26일자.

18) 동아일보』 1940년 3월 14일자. 17일자.

19) 『보령군지』, 1971.

20) 김창민(1895~1977) 씨는 1902~1907년까지 한문서당을 다니고 1908~1912년까지 경성매동공립보통학교(京城梅洞公立普通學校)에서 수학하였고 1912년에는 서울 간이상업야학부에 입학하였고, 조선총독부 임시토지조사국 기수(技手)로 임명받고, 1913년에는 간이상업학교를 수료하였다. 1917년에는 문관분할령(文官分割令)에 의하여 토지조사국 기수를 퇴직하였다. 그 후 김창민 씨는 원산도로 돌아와 1919(1921년) 원산도 학술강습회 강사로 일하다가 1930년에 강사를 해임하고 1931년에 사립 광명학교 교원으로 1935년까지 재직하였다. 그후 가사형편 상 교원을 그만두고 보령군 어업조합 감사로 1941년까지 일하였다. 해방 이후(1946~1948)에 그는 보령군 오천면 부면장을 지냈다. 김창민의 이력서는 그의 아들 김일두 씨(선촌 거주)가 소장하고 있다.

21) 원산도의 인근 섬인 효자도에는 1890~1940년경까지 효명서당이 있었다고 한다. 효명서당은 최순혁(崔淳赫) 씨가 훈장으로 있었고 12명 정도가 배웠다.

22) 마을사람들은 이름보다 '고영감' 으로 기억하고 있다. 고영감으로 칭한 것으로 보아 원산도내에서 어느 정도 지도적인 위치에 있었던 인물인 것으로 추정된다.

23) 우리에게 국민학교 선생님께 배웠다는 노래를 들려주신 분은 "높이 들어라 붉은 깃발을 ……원쑤와의……" 이런 식으로 간헐적으로 기억하고 있다. 이 분의 기억을 토대로 조사한 결과 이 노래는 동북항일연구원 독립군가로 '적기가(赤旗歌)' 이며 영화 '실미도' 에 삽입된 노래이다. 다음은 적기가의 전문이다.
〈적기가〉
민중의 기 붉은 기는 전사의 시체를 싼다
시체가 식어 굳기 전에 혈조는 기발을 물들인다
높이 들어라 붉은 기발을 그 밑에서 굳게 맹세해

비겁한 자야 갈라면 가라 우리들은 붉은 기를 지키리라

원쑤와의 혈전에서 붉은 기를 버린 놈이 누구냐
돈과 직위에 꼬임을 받은 더럽고도 비겁한 그놈들이다
높이 들어라 붉은 기발을 그 밑에서 굳게 맹세해
비겁한 자야 갈라면 가라 우리들은 붉은 기를 지키리라

붉은 기를 높이 들고 우리는 나가길 맹세해
오너라 감옥아 단두대야 이것이 고별의 노래란다
높이 들어라 붉은 기발을 그 밑에서 굳게 맹세해
비겁한 자야 갈라면 가라 우리들은 붉은 기를 지키리라

24) 새마을 지도자 최윤근 씨의 활약과 새마을 사업과 관련된 구체적인 내용은 이 책 236쪽 참고.

섬 생활과 경제활동의 변화

지역 특성과 경제활동의 흐름

원산 1리·2리·3리에 있는 8개의 자연마을은 모두 농업과 어업을 겸업하는 반농 반어 촌락이다. 원산도는 일반 어촌과 마찬가지로 적지 않은 농경지를 확보하고 있어 농업이 활발한 편이다.

천수만 간척지구가 생기기 이전까지만 해도 광천과 오천은 이곳의 중요한 상권이 었으나 1980년대 후반 이후 이 마을의 주요 상권은 '대천'으로 옮겨갔다. 이에 따라 지속적으로 대천을 경유하는 여객선이 증편되어 왔다. 대천항에서 원산도와 안면도 영목을 거쳐 삽시도까지 가는 연락선이 하루 3편 다니고 있으며, 대천항에서 여객선 으로 불과 30분 정도 거리에 이곳이 있다.[1)]

1950~1960년대 원산도의 남자들은 바다 가운데 말뚝을 박고 주목망을 매 고기를 잡거나 배를 소유하지 못한 사람은 중선(中船)의 선원으로 고용되어 배를 탔다. 반면 여자들은 봄, 여름철에는 스스로 개간한 작은 다락논과 밭을 매고 겨울에는 김을 해 서 근근이 먹고 살았다.

1960년대를 전후하여 마을 군데군데 간척이 이루어져 농지가 확대되었지만 대다 수 주민들에게 경작지가 충분한 것은 아니었다. 그럼에도 불구하고 그 당시 주민들 상당수는 농업에 주로 의존하여 살았으므로 가난했다. 그러나 점차 다른 어촌에서 와 마찬가지로 이곳에서도 농업에 비해 어업의존도가 높아졌다. 오늘날 이곳의 상 당수 주민들은 농지를 임대하고 어업에 주력한다.

선촌의 전경

원산도 인근인 보령시 오천면에 화력발전소가 신설되어 가동되면서 1980년대 후반 이후 해양환경 변화가 급격하게 이루어져왔다. 이에 따라 마을의 주요 어업도 지속적으로 변화했다. 1960년대를 전후하여 원산도의 염전에서는 소금생산이 활발했다. 최근에 염전이 줄어들어 지금은 선촌의 한 염전에서만 소금이 생산된다. 1970년대 후반 무렵부터는 본격적으로 김 양식이 시작되어 1980년대에는 원산도의 모든 가구가 김 생산에 종사했을 정도로 김 양식이 활발하였다. 그러나 1980년대 후반부터 김 생산이 줄기 시작하여 지금은 아예 하지 않는다. 겨울철임에도 불구하고 날씨가 따뜻하여 김이 나지 않기 때문이다. 1990년대 중반 무렵부터 최근까지는 바지락과 가두리 양식이 활발한 편이다.

최근에는 원산도해수욕장, 오봉해수욕장 등의 개발과 홍보활동으로 원산도의 명성이 전국에 알려지고, 여객선의 증편과 대형화로 여름철 관광객의 유입이 활발하게 이루어짐에 따라 순수한 농·어업에서 횟집, 민박, 낚싯배 등 서비스업으로의 확대가 이루어지고 있는 추세이다.

이렇듯 시간의 흐름에 따라 원산도의 주민 대다수는 농업과 함께 마을의 공동어장에서 어선 어업, 바지락 양식, 가두리 양식에 종사하고 있으며, 일부 가구는 관광객을 대상으로 하는 서비스업에 종사한다.[2]

마을 어업의 역사

김 양식

원산도에서 김 양식은 1970년대부터 시작되어 후반 무렵에는 가장 활황을 누렸다. 1980년대에는 원산도 전체 가구가 참여할 정도로 활발하게 김 생산이 이루어졌다. 김은 대개 음력 8월부터 이듬해 2월 말까지 생산된다. 가을이 되면 바다에 김발을 넣고, 11월부터는 김을 뜯고 이를 빨아서 건조하는 과정을 몇 차례 반복한다. 다음에는 틀(Frame)에 김을 뜨고 이를 양지바른 곳에 옮겨 건조시킨다. 김 농사를 크게 하는 가구에서는 겨울철이면 여자 인부들을 사서 손으로 김 뜨는 일을 시켰다.

김을 양식하는 방식에는 지주식과 부류식(일명 뜰발)의 양식법이 있는데, 대부분의 가구는 지주식으로 김 양식을 하였다. 지주식이 소요 자금의 규모가 작고 자금회전이 빨라 비용의 부담이 적기 때문이었다. 1985년 무렵부터 일부 가구를 중심으로 부류식이 도입되었으나 마을 전체적으로 보았을 때 부류식 양식을 하는 가구가 많은 편은 아니었다.

지주식은 갯벌에 박은 말목(대나무)에 걸린 김을 가위로 채취하는 데 비해 부류식은 배로 다니면서 기계로 김을 채취하기 때문에 생산을 많이 할 수 있다. 지주식 양식을 하는 가구는 평균 15책 규모를 생산하였으나 부류식 양식을 하는 가구는 평균 50책 이상의 규모를 생산하였다. 이렇게 부류식의 생산 규모가 크기 때문에 이들은 지선어장에까지 어장을 확대하였다. 따라서 부류식은 배를 소유하고 대규모로 김 생산을 할 수 있는 자본력을 가진 사람들 일부만 참여할 수 있었다.

당시 대다수의 가구가 지주식으로 김 양식을 하였기 때문에 어촌계는 해태 어장의 총면적에 의해 입어 행사량을 정하였다. 김 생산을 준비해야 하는 가을철에 어장을 상·하지로 나누어서 각각 2회 추첨을 하도록 하여 어장을 성원들에게 분배하였는데, 가구별 15책 수준의 규모를 분배하였다. 나아가 매년 어장의 위치를 바꾸어 성원 간에 평등하게 어장이 분배되도록 하였다. 이처럼 대다수의 가구에서 김 양식이 이루어지던 시기에 어장의 운영은 공동 이용과 평등 분배를 원칙으로 하였다.

다만 부류식으로 양식을 하던 가구들은 지선어장에서 나아가 외곽까지 어장을 확대하였으나 이들은 김 생산을 지속하지는 못했다. 1980년대 김의 대일수출 감소와 과다한 김 공급으로 인해 가격이 하락하고, 김 생산의 기계화로 인해 소규모 혹은 손으로 김을 생산하던 가구는 가격과 상품의 질 모두에서 경쟁력을 상실하였기 때문이다.

원산도에서 생산된 김은 처음에는 조합(어항)에서 판매되었다. 그 당시만 해도 배가 5일 만에 한 번씩 들어왔기 때문에 주민들이 생산한 김의 판로는 제한될 수밖에 없었다. 그 이후에는 점차 대천과 광천에서 들어오는 상인들에게 김을 판매하였다. 주민 중에는 이들 상인들과 김 생산자를 중개해주는 위탁상이 있었다.

일부 가구에서는 상인에게 선돈을 받아 김을 생산하는 데 드는 비용을 조달하고 대신 생산한 김 대부분을 그 상인에게 넘겼다. 이러한 제약 속에서 김 생산자보다는 상인들이 많은 이득을 챙겨갔다. 또한 대다수의 가구가 가을부터 봄까지 김을 생산하여 소득을 얻었지만 김 생산의 계절성으로 인해 안정적인 소득을 얻은 것은 아니었다. 그럼에도 불구하고 상당수의 주민들은 이때가 원산도의 전성기였다고 회고한다. 이 시기에 원산도의 인구는 가장 정점을 이루었다.

김 생산이 쇠퇴함에 따라 이 마을의 젊은이들 상당수는 마을을 떠났고 일부 주민들은 다른 생업을 모색하게 되었다.

……시골에서 농사짓는 것처럼 바다에서는 김 농사를 지었다. 나는 60책 정도의 김 생산을 했다. 당시 선촌에서 두 번째 규모였다. 작업량에 따라 2~4명 정도 사람을 썼

다. 김 농사는 10년 정도 했는데 수입이 좋았다. 그런데 점차 김을 수동식으로 떠서는 가격 면에서 맞지 않고 남해안에서도 김 양식을 많이 했기 때문에 인건비나 수지타산이 맞지 않아 김발을 그만두게 되었다. 그 후 정육점과 동시에 횟집을 시작하고 가두리 양식에 종사하였다. ─손영선, 52세

주목망

원산도는 섬 둘레가 모두 주목망을 설치하기에 좋은 입지조건을 갖추고 있다. 1970년대 원산도 어부들은 주목망으로 0.8~1.2톤 급의 어선(뗏마)를 이용하여 멸치, 갑오징어, 까나리, 실치, 뱅댕이 등을 잡았다.[3] 뱅댕이는 1990년대 초반까지 어획되었으나 최근에는 많이 나지 않는다.[4]

1960년대는 안강망을 하는 가구가 원산도 전체에서 4~5가구에 불과했다. 그 당시 대형어선은 10~15톤 규모에 돛을 달고 8명이 노를 젓는 형태였다고 한다. 대형어선은 15~30일에 걸쳐 연평도나 제주도까지 출어하여 조기, 민어, 광어, 도다리 등을 어획하였고 이를 광천에서 팔고 돌아왔다. 원산도에서 어선 어업이 활성화된 것은 1980년대 중반경인 것 같다.

…1970년대는 뗏마로 1980년대 초에는 일명 '착착이(자동차엔진동력장치)'를 달아 조업하였고(1~3톤 급), 1980년대 중반에 이르면 동력선이 일반화되었는데, 이때부터 비로서 어선 어업이 본격화되었다. 1980년대 농·어촌 정책은 지금보다 양호하여, 1983년부터 배를 구입하는 데 정부지원이 이루어졌다. ─박윤규, 54세

1970년대부터 1980년대 초반 무렵, 고대도나 삽시도에 주목망을 매고 고기를 잡을 때는 선원 공동으로 조업하는 배가 많았다. 대개 5인이 한 팀이 되어 임선(賃船), 유류비용은 팀원들이 공동 부담하고 구역을 나누어 그물에 걸린 고기를 각각의 그릇에 담는 방식으로 조업하였는데 팀원 간의 어획량 차이가 컸다. 이러한 어획고의 차이는 완전히 개인적인 운에 달려 있는 것이었다. 이렇다보니 1983년 무렵부터 공동으로 조업하는 배는 자취를 감추게 되었다. 어장에 따른 이해관계의 차이가 많은

저두 선착장 입구

폐단을 가져다주었기 때문이다.

1983년 이후에 연안어장의 고갈로 주목망이 끝나갈 무렵 일부 젊은 어부들은 마을을 떠났다. 주목망 어업은 낭장, 연안 안강망의 도입과 더불어 급격히 쇠퇴하였다.

1980년대 후반까지만 해도 지금처럼 정부에서 '어선 관리와 통제'를 하지 않았다. 따라서 가고 싶은 곳으로 가서 고기를 잡을 수 있었다. 물때를 맞추어 아무 곳이나 갈 수 있었고 출어를 할 때마다 출항신고를 하지 않아도 되었다. 중선은 중국이나 동지나해로 출어를 하였는데, 동지나해에서 어족이 고갈되어 갈치와 조기가 잡히지 않자 이들도 연안에서 멸치와 실치 잡이에 주력하게 되었다. 이리하여 연안에서는 급속히 어족이 고갈되었고 이에 따라 어부들은 점차 어선을 대형화하면서 대응하였다. 가령, 1시간 거리의 해역에서 5톤 급의 배로 조업하다가 어족이 고갈되면, 어선 규모를 늘려 점점 더 먼 거리로 나가 조업을 하는 것이다. 이렇게 5톤 급의 어선을 6

톤 급으로 늘리고 이를 다시 8톤 급으로 늘리게 된 것이다.

1980년대 중반 이후에는 초소가 생겼고, 1990년대 중반 무렵에는 이 마을에도 해양경찰서 출장소가 생겨 어선을 관리하고 통제하게 되었다. 나아가 이 무렵부터는 연근해 어업의 허가권에 따라 어선의 조업경계는 규제를 받게 되었다.

최근 어선 어업에 대한 정부 규제는 더욱 심해졌다. 어선 어업을 하기 위해서는 개인허가를 얻어야 하는데, 어자원이 고갈됨에 따라 정부에서는 현재 연안, 근해 모두 신규 허가를 내주지 않는다. 따라서 어선 어업을 새로이 하기 위해서는 기존 허가권을 사야 한다. 정부에서는 신규 허가를 허용하지 않기 때문에 기존의 어선이 폐업을 해야만 허가를 얻을 수 있다. 이에 따라 기존 어선의 권리금은 하늘 높이 치솟고 있다. 근해 안강망의 권리금은 1억 원을 웃돌며, 잠수기의 권리금은 5억 원에 달한다.[5]

한편, 1980년대만 해도 어선 어업에 각종 금기들이 존재하였다. 풍어제는 10년 전까지만 해도 마을 곳곳에서 이루어졌다. 또한 대부분의 어가는 선원을 고용하여 고기를 잡았다. 그러나 육지와의 왕래가 빈번해지고 기독교가 마을에 도입됨에 따라 미신들이 점차 깨졌다. 아울러 수익성이 감소하면서 부부가 배를 타는 어가가 늘어났다.

염전과 소금생산

염전의 형성 과정　원산도에서 생산되는 천일염은 맛이 좋아 한때 임금님에게 진상하였다고 전한다. 약 70년 전 원산 1리에 제방이 축조되면서(1920~30년대로 추정) 간사지마을이 생겨났다. 당시 제방 축조로 인해 새로이 형성된 땅은 10만 평 규모에 이르렀다. 제방을 쌓은 주체는 전라도 사람인 것으로 전하지만 새롭게 형성된 토지는 결국 정부의 허가를 얻지 못해 극히 일부분의 땅을 제외하고 모두 국유지가 되었다. 국가는 새롭게 형성된 간척지를 원산도 주민들에게 싼 값에 불하하였지만 아직도 간사지마을의 땅 대다수는 여전히 국유지인 상태이다.

새롭게 형성된 간척지에 염전이 들어선 것은 지금으로부터 60여 년 전으로 추정된다. 염전 1세대는 박종석(간사지 2필지), 이익상(간사지 2필지), 추갑문(구치 2필지) 씨이다. 이들은 정부로부터 염전 터를 불하받았는데, 이곳이 간척지어서 매우 헐

간사지 염전 모습

값으로 부지를 매입할 수 있었다.

원산도에서 염전을 처음 시작한 박종석 씨는 안면도에서 염전기술자로 일하다가 이 마을에 들어와 염전을 시작하였다고 한다. 처음 투자할 때 얻은 빚으로 처음 몇 년간은 고전하였으나 점차 큰 부를 쌓았다고 전한다. 그의 뒤를 이어 추갑문 씨가 구치에 2필지의 염전을 개발하였다.[6]

현재는 간사지의 1곳 염전에서만 소금이 생산된다. 국내에 수입소금이 들어오게 되자 정부에서는 염전에 대하여 폐업보상금을 지급하는 정책을 수행하였는데(2003 ~2005년) 이 정책으로 두 곳의 염전은 폐업신고를 하였다.[7] 이 과정에서 '구치' 에 있던 염전은 2003년에, '간사지' 에 있던 염전은 2004년에 폐업을 하게 되어, 현재는 간사지에 있는 염전 1곳만 남게 되었다.[8]

1978년 기준으로 이곳의 소금 생산량은 염전 20,000평에서 연간 60kg들이 약 9,000 부대에 달했고 당시 소금 60kg의 가격은 1,200원이었다. 2005년 현재 소금의 생산량은 연간 5,000부대(60kg)에 달해 과거에 비해 생산량이 감소하였다.[9] 소금 값은 시기에 따라 가격 변동이 심한 편인데 수입소금의 양, 기후 조건에 따라 변동한다.

염전에서 채취한 소금은 1일 1회 화물선을 빌어 광천과 대천항에 팔았다. 최근 신안해운(여객선)이 생기면서부터는 자동차로 직접 소금을 나른다. 따라서 비교적 다양한 곳에 소금을 판매할 수 있게 되었다. 생산량의 일부는 농협에 위탁하여 판매하고, 일부는 마을에 들어오는 관광객이나 단골고객에게 판매한다. 마을주민들에 대한 판매량은 많지 않은 편이다.

현재 염전에 고용된 인부는 남자 3명, 여자 2명이다. 남자 인부는 상용고용이며 염전 주인이 숙식을 해결해주고 있다. 반면 여성 인부는 마을에서 조달하며 시간제 고용이다. 이를 1970년대와 비교해보면 노동력도 줄어든 셈이다. 1978년 당시 염전의 노동력은 중간 책임자인 소장(1명)과 잡부(5명), 그 밖에 일일단위로 고용하는 여성 노동자(2명) 등 총 7명 이상이었다.

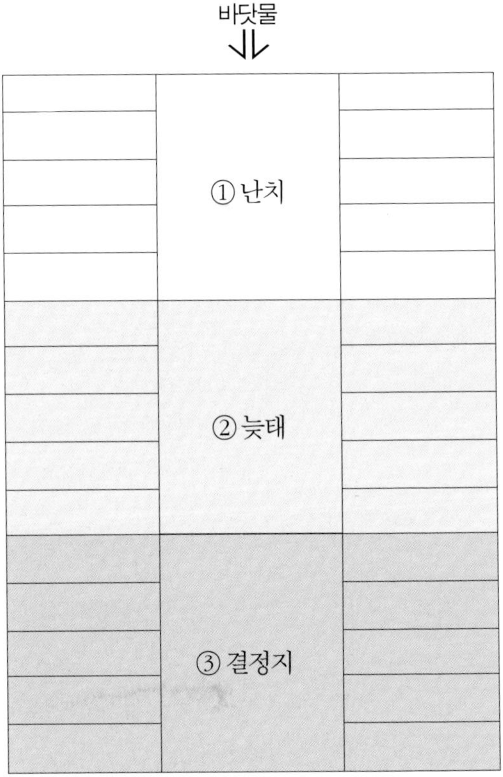

소금 생산 과정

염전구조는 가로 3×세로 5×3로, 총 15줄로 이루어진 직사각형 형태이다. 저수지에서 바로 바닷물이 들어오는 ①을 난치, ②를 늦태, ③을 결정지라 부른다(그림 1 참조).

소금 생산은 매년 2월 초부터 준비 작업을 시작하여 3~10월에 걸쳐 생산을 하는데 소금을 만드는 구체적인 과정은 다음과 같다. 우선, 사리 때 바닷물을 저수지에

그림 1. 염전구조도

비축해두고는 저수지에서 염전까지 이어둔 도랑을 통해 염전에 소금물을 넣는다. 즉, 0℃ 저수지 물(바닷물)을 난치에 넣고 이곳에서 햇볕에 물을 증발시키면서 수온이 5℃로 올라갈 때 이를 늦태로 옮겨 넣는다. 날씨가 좋다면 1일 정도 증발시킨다.

둘째, 늦태에 있는 물을 다시 증발시킨다. 그리고 수온이 16℃로 올랐을 때, 이를 다시 결정지로 보낸다. 좋은 날을 기준으로 3일 정도 증발시킨다.

셋째, 결정지에 있는 물을 다시 증발시켜, 수온이 25℃가 되도록 한다. 이 역시 좋은 날씨 기준으로 평균 2일이 소요된다.

넷째, 늦태의 물과 결정지의 물을 적절한 비율로 섞으면 소금결정이 생겨난다. 이 비율이 맞지 않으면 소금결정이 만들어지지 않는다. 이러한 비율을 잘 맞추는 데도 기술이 필요하다. 좋은 날씨라면 저수지 바닷물에서 소금결정을 만드는 데까지 드는 총 기간은 7일 정도이다. 날씨가 흐리거나 비가 내리면 난치, 늦태, 결정지의 물은 각각의 저장고에 넣어둔다.

끝으로, 생성된 소금결정을 날씨가 좋은 날 바닥에서 긁어 모은다.

오늘날의 어업활동

어선 어업

현재 원산도에는 초전, 선촌, 저두항 등 3개의 선착장이 있는데, 항구에 정박하는 어선 수는 총 100여 척에 달한다. 이들 선박의 규모는 0.5~22톤 급에 이르고 있다. 대개 10톤 급 이상의 어선은 덕적도, 전라도의 연도 등으로 출어하고,[10] 7톤 급 이하의 어선들은 연안에서 조업한다.

원산도에 있는 대다수의 선박은 0.5~2톤 미만 급으로 일명 선외기라고 부른다. 0.5~2톤 급의 소형 선박은 통발이나 자망을 이용하여 박하지(돌게), 주꾸미, 아나고, 우럭 등을 어획하며 대개 부부가 조업한다. 겨울철에는 대다수 어선이 조업하지 않지만 일부의 선외기는 사리 때를 틈타 3~4일간 출어하며, 성게나 해삼, 전복, 패류 등을 채취하여 겨울철 생계비를 벌충한다.

소형정치망 어선

　다음으로 많은 어선 규모는 7.31, 7.93톤 급이다. 7.31과 7.93톤 급 어선은 대개가 개량안강망 어선으로 이들은 연안에서 주로 조업한다. 개량안강망 어선들은 3월 10일부터 조업을 시작하여 실치, 까나리, 꽃게, 주꾸미, 잡어 등을 어획하는데, 이들은 원산도에서 서남방 10마일 해상인 명덕도, 외길산도에서 조업하며 이곳을 기준으로 약간씩 이동하면서 6월까지 조업한다. 3~6월 조업이 끝나면 7.15~8.15 금어기에는 조업을 중단하고 이 기간 동안은 그물 및 어구를 정비한다(이영수, 47세).

　가을철이 되면 충남해상 전역에서 멸치잡이를 하는데 멸치가 조류를 따라 회유하므로 그물을 싣고 어군탐지기(魚群探知機)로 멸치를 쫓아, 5~6시간 걸리는 격렬비열도까지 나가 조업을 하고 날씨가 추워지면 수심이 깊은 곳으로 이동해야 하기 때문이다. 출어는 새벽이나 밤에 하고 어획한 고기는 대천항 수협에 위탁 판매한다.

원산도 내에 형제가 없는 선주들은 대개 1~2명의 선원을 고용한다. 이들은 5~8시간 걸리는 곳에서 조업을 하기 때문에 여성과 함께 다니기는 어렵다고 한다. 따라서 고기잡이철에는 대부분 노동력 1~2명을 상시 고용한다.

7톤 급 이상의 어선을 소유하고 어장을 하기 위해서는 많은 자본금이 요구된다. 가령, 7.93톤의 배로 낭장을 하기 위한 자본금은 1억 원을 웃돈다. 1억 원은 단지 중고 배를 구입하는 데 드는 돈이다. 이 밖에 고기잡이에 필요한 기구(그물)와 노동력을 조달해야 한다. 그물은 대개 10년 정도 사용 가능하지만 큰 배(장애물)에 의해 혹은, 바람이 불면 파손되는 경우가 있다.[11] 또한, 선원을 고용하는 데 드는 임금도 120~200만 원까지 다양하다. 이들은 비용을 절감하기 위해 어한기에는 선원을 집으로 보내고, 조업을 시작하면 다시 부르거나 직업소개소에서 다시 소개를 받는다. 선원은 군산이나 부산 등의 직업소개소에서 구한다(박윤규, 54세).

10톤 급 이상의 대형어선으로 어선 어업을 하는 어가는 6호에 이른다.[12] 대형어선으로 조업하는(근해 안강망) 어민들은 금어기의 제한 없이 사계절 내내 조업을 할 수 있고, 전국 어디서나 어획을 할 수 있다는 특징이 있지만 이를 제외하면 7톤 급 어선의 어로활동과 대체로 비슷하다. 근해 안강망으로 조업하는 어부는 본인의 어장 경험을 다음과 같이 진술하고 있다.

…나의 어장 경험은 14년에 이른다. 10톤 급 어선을 구입한 지는 9년이 되었고, 구입할 때 약 1억 5천만 원이 들었다. 그 밖에 안강망은 그물 크기에 따라 가격이 다양한데, 그물 한 통을 구매하려면 8~9백 만 원이 추가로 든다. 봄철에는 2명이 조업(선원 1명)하며, 여름철인 4~6월까지는 3명(선원 2명)이 조업한다. 선원은 군산에 있는 직업소개소에서 소개받는다. 근해 안강망은 금어기가 없어 사시사철 조업을 할 수 있다. 비수기인 겨울철 2달 정도는 쉬엄쉬엄 조업을 한다. 1월에는 배를 정비하며 그물손질을 한다. … 6월부터 겨울까지는 멸치를 어획하는데 인천의 영종도까지 출어한다. 원산도에서 안강망을 하는 5가구가 함께 인천 영종도를 가는 경우가 많다. 겨울철 11~12월에는 원산도 인근에 위치해 있는 '용도'에서 김장새우를 어획한다. … 과거에는 어망

을 선주가 희망하는 대로 설치할 수 있었다. 따라서 30~40통씩 그물을 설치하였으나 점차 고기가 고갈됨에 따라 정부의 규제가 강화되고 있다. 2003년부터 규제가 생겼으나 2006년부터 그 규제가 강화되었다. 1~6월 말까지는 그물 10통, 7~12월까지는 그물 5통만을 설치하도록 제한하고 있다. 그래서 겨울철에는 노는 게 낫다.

—한철수, 45세

어민의 진술에서처럼 어업에 대한 규제는 지속적으로 확대되어왔다. 1998~2002년 사이에 연안 안강망 어선을 정부가 사들이는 이른바 '연안 안강망 어업의 구조조정'이 시작되었다. 연안 안강망은 그물코가 세망(細網)으로 이루어져 치어를 남획하게 되는 결과를 낳았고 이 때문에 구조조정이 이루어지게 된 것이다. 구조조정을 하기 전에는 보령시 전체에 76척의 연안 안강망이 있었으나 최근에는 12척(원산도 2척)만이 남아 있다. 반면 개량 안강망 어업은 망목이 내경 25mm, 절수는 13절로 치어가 많이 걸리지 않으며 남획률이 13%에 그친다. 따라서 실치나 까나리 어종을 어획하기 어렵다.

어선 허가권에 따라 그물 틀 수도 제한된다. 개량 안강망과 연안 안강망은 각각 5틀, 근해 안강망은 1~6월에는 10틀을, 7~12월엔 5틀을 설치하도록 제한하고 있다. 겨울철에는 어한기이므로 틀 수를 엄격히 제한하는 편이다. 그러나 성수기가 되면 이러한 규제는 다소 완화되며 각자의 사정에 따라 규정보다 많은 그물 틀 수를 설치하여 조업한다. 이러한 제한은 자원보호의 차원에서 이루어지는 제한이다. 그러나 어부의 입장에서 보면 실치, 까나리 등 회유하는 어군을 때맞추어 잡게 해주어야 하는데 어획을 규제하니까 불편한 점이 많다.

이렇듯 정부에서는 점차 환경과 어자원을 보호하기 위해 어선에 대한 규제를 강화하고 있다. 어선에 대한 신규허가 금지, 어구의 규제 및 그물 수 제한 등이 그것이다. 7톤 급 이상의 어선에 대한 규제가 2006년부터 급격히 강화되어 (겨울철) 일손을 놓고 있는 어가가 많은 상태다.

어선 어업을 하는 어가(漁家)의 어려움이 가중되고 있다. 어족은 점차 감소되거나 고갈되고 있지만 어구의 가격과 유가, 선원의 임금은 모두 상승하였다. 게다가 고기 값은 오르지 않아 10여 년 전의 가격과 같다. 최근 그물 틀 수를 제한하고 있어 고기 잡이가 매우 어려운 상황이다.

그럼에도 불구하고 어부들이 어선 어업을 쉽게 포기하지 못하는 이유는 부채가 많기 때문이라고 한다. 상기한 것처럼 배를 짓거나 사들이는 데 많은 돈을 투자하였기 때문에 대부분 어장을 하는 주민들은 부채를 안고 있다.

가두리 양식

원산도에 가두리 양식이 시작된 것은 1980년대 후반 무렵이다. 가두리 양식을 처음 시작한 주민은 원산 1리의 김용명 씨다.[13] 그는 처음 2년 동안 무허가로 양식을 하다가 1990년경 개인면허를 내어 양식을 시작하였다.[14] 1990년대 중반 무렵부터는 가두리 양식에 종사하는 마을주민들이 늘어났다.

가두리 양식을 하기 위해서는 면허가 필요하다. 면허는 자치단체에서 타당성 조사를 실시하여 적지로 판단되면 허가해준다. 현재 가두리 양식어장은 원산 1리의 선촌에 4ha, 진고지에 1ha, 원산 2리의 저두에 2ha가 있다. 가두리 양식에 종사하는 가구는 1리에 31호, 2리에 14호가 있다.

원산도의 가두리 양식장은 처음에는 개인이 점유했다가 점차 공동 점유로 운영이 바뀌었다. 원산 1리의 가두리 양식장 총 5ha 중 4ha는 어촌계 공동면허 구역이고 1ha는 개인면허 구역이다. 원산 1리의 1ha에 해당하는 이강만 개인허가권이 만료되지 않아 아직 개인면허 구역으로 남아 있다. 점치 어촌계(원산 2리)의 가두리 양식장도 처음에는 개인 점유였으나 1997년경 허가권이 어촌계의 공동면허로 바뀌었다.

개인면허권의 시효가 만료함에 따라 다시 면허권을 발급받아야 했던 시점에서 이 어장이 보상지역으로 포함될 가능성이 있다고 판단한 주민들이 어촌계 공동면허를 요구한 것이다. 이에 따라 현재는 어촌계에서 가두리 양식 행사계약을 한다.

개인은 어촌계에 행사료로 칸당 3~5만 원을 지불하고 양식장을 이용한다. 신규로 양식허가를 얻기 위해서는 우선 어촌계에 신청해야 한다. 그러면 어촌계의 총회를 통해 기존 구성원의 동의와 조율이 이루어진다. 어촌계는 개인들에게 대개 3년의 기간을 주고, 이를 다시 연장하는 방식으로 행사를 허가한다. 이는 치어가 성어로 자

원산 2리의 가두리 양식

라는 데 보통 3년이 걸리기 때문이다. 처음에는 본인이 원하는 대로 행사료만 계약하고 공동 분배했는데 지금은 하고 싶어 하는 사람이 많아져서 경쟁이 치열한 상태이다.

> …1리에서 내가 제일 먼저 가두리 양식을 시작하였다. 원래 1988년 전에는 고기 잡는 어부가 활어를 보관하기 위해 1~2칸 정도 가두리 시설을 만들어 이용하였다. 원산 2리에서 제일 먼저 외지인이 개인면허를 얻어서 하고 있었고, 그 다음 내가 허가를 내어 가두리 양식을 시작하였다. 한때 80칸 규모의 시설투자를 했는데(원산도에서는 가장 큰 규모), 양식 초기에는 고기 값이 좋아 수지가 맞았다. 그러나 1994~1995년에 수온상승으로 고기가 많이 죽어 실패를 했다. 그 후 규모를 축소하여 현재는 20칸을 하고 있다.
>
> —김용명, 48세

어류 양식 과정　일반적으로 어류 양식에 요구되는 기간은 2년 6개월에서 3년인데, 경우에 따라서 치어는 3~8년간 기르기도 한다. 가두리 내의 어류는 성장단계에 따라 치어, 중기 육성어, 성어(3년 이상 성장한 고기)로 구분하며, 대개 치어가 3년이 지나면 성어로 자라고, 성어로 자라면 내다 팔게 된다. 매년 출하량을 고려하여 판매한 만큼의 치어를 다시 구매하여 가두리에 넣게 된다.

가두리에 어류 양식을 하려면 개인적으로 시설을 설비하여야 한다. 가두리 시설의 설비에는 주로 나무와 플라스틱이 사용된다. 이 밖에 쇠파이프와 부자 스티로폼, 기타(줄, 추, 덮개 등) 부대시설이 필요하다. 시설 비용은 재료에 따라 차이가 있다. 플라스틱 소재로 설비를 하면 두 배의 비용이 든다. 최근 이곳에서도 남해에서 주로 사용하는 플라스틱 소재인 내파성(耐派性:배 따위가 파도의 충격을 견딜 수 있는 성질)시설이 도입되고 있다.

그 밖에 가두리 양식을 하기 위해서는 배(sheep)가 필요하다. 마을에서 어장까지의 거리는 약 0.5~1km이기 때문에 어장의 그물을 손질하거나 먹이를 줄 때 배를 이용해야 한다. 양식에 종사하는 가구는 대개 선외기나 중형급 선박을 소유하고 있다.

가두리 양식과 관련한 일련의 작업과정을 살펴보면 크게 치어구입, 먹이공급, 그물교체, 고기선별과 소독으로 구분할 수 있다. 치어는 어류종묘를 하는 업자에게 사오는데 대부분 안면도, 서산의 간월도와 부석, 천북, 남해의 상인에게 구입한다. 치어는 크기별로 가격이 다양하다. 작은 치어는 관리하는 데 어려움이 따르기 때문에 대개 적당한 크기의 치어를 구매한다. 한 번에 대개 2~3만 미를 한꺼번에 구입하고, 이를 크기별로 선별하여 각 칸으로 분배한다. 치어가 작을 때는 1칸에 넣고 밀식하는 것이 가능하지만 점차 성어가 되면서는 다른 칸에 나누어 밀식한다.

가두리 어류(우럭)의 먹이로는 생 사료와 제조 사료(인공 사료)를 동시에 사용한다. 생 사료로는 주로 뚝새우, 미꾸라지, 생선(멸치와 까나리)이 활용되는데 이것들이 많이 어획되는 시기에는 이것들로 먹이를 쓰고 사정이 여의치 않을 때만 제조 사료를 쓴다. 보통 생 사료의 비용이 인공 사료 비용에 비해 저렴한 편이기 때문에 생 사료를 많이 쓴다. 먹이는 치어의 크기에 따라, 계절에 따라 달리 공급한다. 치어 때는 작은 물고기를 갈아서 주고, 중간 규모의 치어로 성장하면 사료 크기가 다른 것을 쓴다. 또한 3~6월에는 매일 1~2회 먹이를 공급하지만 수온이 높은 7~9월 초에는 3일 1회, 아침에 먹이를 주고, 고기가 움직이지 않는 겨울철에는 가끔씩, 비교적 따뜻한 날을 택하여 먹이를 준다.

가두리의 그물은 연간 2~3회 교체한다. 그물 교체는 봄, 여름, 가을철에 주로 하며, 작업은 대개 주민들의 품앗이를 이용하는데 노동력이 부족한 가구에서는 인부를 동원하기도 한다. 해상노동에 동원되는 인부의 임금은 대개 10만 원 수준으로 농업에 동원되는 인부들의 임금 7만 원에 비해 높다. 그 밖에 어병이 발생하기 쉬운 하절기, 여름에서 가을로 가는 시기에는 소독이 필요하다.

치어가 0.5~1kg 수준으로 자라면 상품으로 판매하게 되는데, 성어(成魚)는 일반적으로 수협 어판장에 위탁 판매하거나 안면도의 영목이나 송도(고정리)에서 들어온 중개인에게 판매한다. 일부는 마을횟집에 직접 판매하기도 한다.

양식한 성어(우럭)의 가격은 1990년대 초반 무렵 1kg에 1,8000원에 달했으나 1999년에는 7,000원으로 급락하였다. 이는 5~6년 전부터 중국산 고기가 국내에 유입되고 전국적으로 가두리에서 생산되는 어류 공급이 많아졌기 때문이다. 그러나 최근 양식어의 판매가격은 다시 상승하여 2005년 현재 1kg당 13,000원 수준이다.

…초창기에 소규모로 가두리 양식을 할 때는 재미를 보았다. 그러다가 자본투자를 늘렸던 1994년에 갑자기 수온이 상승하면서 고기가 죽었다. 처음 가두리 양식을 한 사람들은 돈을 좀 벌었다. 그러나 1990년대 중반 이후부터 말까지 환경오염에 따른 어병으로 고기가 죽고, 설상가상으로 외국 수산물의 수입으로 고기 값이 형편없이 폭락했다. ……1998년에는 우럭 1kg당 가격이 6,000~7,000원에 불과했다. 2005년 들어서는 다시 어류 값이 상승하여 1kg당 10,000~14,000원이다. 이렇게 고기 값이 오름세로 돌아선 것은 몇가지 이유가 있다. 2003년에 경남과 전남지역을 강타한 태풍 매미가 가두리 양식장을 파괴시켜 2004~2005년 어류 공급량이 많지 않았기 때문이다. 그러나 2006년부터 남도의 양식장이 복귀되면 과잉생산이 예상된다.

　　　　　　　　　　　　　　　　　　　　　　　　　　　－김용명, 48세, 김황곤, 45세

이렇듯 중국산 고기 유입과 양식어의 공급 과잉, 설상가상으로 화력발전소에서 배출되는 온배수 영향으로 인한 수온 상승과 적조 현상 등 가두리 양식에 종사하는 이곳 주민들의 어려움이 증가하고 있다.

바지락 양식

원산도의 부지런한 여성들은 1980년대만 해도 개인적으로 바지락을 캐서 조개젓으로 가공하였고 이를 '광천장' 에 갖고 나가 팔았다. 이때만 해도 바지락으로 인한 벌이는 매우 보잘 것 없는 것이었다. 그러다가 마을에 김 양식이 끝나던 1990년대 중반 무렵부터 마을별로 앞 다투어 바지락 양식을 시작하였다.

서산 간척지구와 화력발전소가 들어서면서 한때 바지락이 사라졌으나 주민들은 마을 갯벌에 바지락 치패가 들어 있는 모래를 여러 차례 객토하였고 이에 어린 치패가 적응하여 살아나면서 마을의 바지락 양식이 본격적으로 이루어지게 되었다.

현재 8개 마을에서 바지락 양식이 이루어지고 있는데, 8개 마을 모두 공동생산과 균등분배의 원칙을 따르고 있다. 바지락 양식이 가구에 많은 소득이 되면서부터[15] 어촌계는 마을 '부녀회' 에 바지락 어장의 관리를 맡겼다. 마을별 부녀회는 '공동기금' 을 만들어 연간 2~3차례 갯벌에 종패를 뿌리고 어장을 관리한다. 아울러, 마을별로 월별 작업횟수, 일일 채취한도는 다르지만 가구별 1인 참여, 개인별 일일 채취한도량을 정하여 가구별로 균등한 소득분배가 이루어지록 하고 있다. 개인별 채취한도를 초과할 시 초과량은 부녀회의 기금으로 뗀다.

이처럼 바지락 어장의 경제적 가치가 높아짐에 따라 주민들은 어장 운영을 둘러싼 공동규정을 만들고, 나아가 어장경계를 수립하는 등 공동체 운영을 강화했다.[16]

원산도의 자연마을 중 진고지는 다른 마을에 비해 바지락을 채취하는 연중 일수와 가구당 채취량이 가장 많아 바지락으로 버는 소득이 가장 높다.

…진고지마을의 갯벌에도 바지락이 많이 서식하지 않았고, 갯벌은 빠져 패류를 채취하기에 좋은 조건이 아니었다. 주민들은 동네회의를 통해 안면도 근처의 상플에 가서 바지선을 이용하여 6~8회에 걸쳐 모래와 종패를 함께 진고지 갯벌로 가져오는 작업

종패를 뿌린 마을갯벌(위)
바지락 채취 모습(아래)

(객토)을 거듭하였다. 이렇게 갯벌을 돋우고 조개 서식지를 만들었다. 진고지마을 갯벌은 지형적으로 높아져서 사리·조금 때를 불문하고 물이 빠져 바지락을 캘 수 있다. 처음에는 1가구 1인이 참여하여 지정한 날짜에 공동작업을 하였다. 개인 능력껏 바지락을 캐고 전량(全糧)을 팔아 개인별로 똑같이 몫을 나누어 주다가 점차 개인당 채취량(量)을 제한하기로 하였다. 처음에는 1인당 40kg로 채취량을 제한하다가 2002년부터는 1인당 60kg로 늘렸다. … 2005년에는 한 달에 7~10일 정도 작업을 했지만 그 이전에는 15~16일 정도 채취를 했다. 2005년에 작업량이 적었던 것은 조개가 적었기 때문이다. 진고지는 원산도의 다른 마을에 비해 바지락을 채취하는 연중 일수와 가구당 채취량이 가장 많아 바지락으로 벌어들이는 소득도 가장 많다. 바지락 채취로 2004년 벌어들인 가구수입은 연간 2천만 원, 2005년에는 1천 6백만 원 정도다.

— 희곤 엄마, 54세

마을 여성들은 대개 보름과 그믐, 조수간만의 차이가 클 때(사리 때) 바지락 채취를 한다. 남자들은 대개 여성들이 채취한 바지락 망태를 나르는 일을 돕는다. 2004년까지만 해도 월별로 비교적 활발하게 바지락 채취가 이루어졌으나 최근 들어 부쩍 바지락이 폐사율이 높아지면서, 2006년 들어서는 매우 드물게 채취를 하고 있다. 주민들은 "바지락의 폐사가 환경오염 때문" 이라고 주장하지만 달리 대응방안이 없는 실정이다.

채취한 바지락의 판매는 부락별로 공동 판매한다. 안면도 영목에서 들어오는 상인에게 전량을 판매한다. 바지락의 판매가는 2005년 현재 1kg당 2,200원으로 2004년에 비하면 다소 하향세이다. 중국산과 북한산 바지락이 국내에 유입되면서 값이 하락하고 있다. 이렇게 수산물 수입개방으로 인한 가격하락, 환경오염으로 인한 바지락의 폐사로 바지락 양식으로 벌어들이는 가구소득이 감소하고 있다. 이에 따라 주민들은 대안적 생계수단 모색에 부심하고 있다.[17]

수산물 가공

까나리 액젓　대다수의 원산도 주민들은 계절에 따라 다양한 부업을 하고 있다. 예

까나리 액젓의 발효광경

컨대, 계절에 따라 까나리 액젓(일명: 젓국)과 실치의 가공, 그 밖에 갯벌에서 다양한 해산물을 채포한다.

원산도에서 잡히는 주요 어종 중 까나리와 실치가 있다. 이 마을에서는 선조 때부터 대대로 까나리를 가공한 액젓을 간장으로 이용하여 왔다고 한다. 이는 처음에는 바닷가 사람들만 아는 물건이었으나 하선정 식품회사 등에서 대중에게 홍보를 하여 상품화되면서 까나리의 가공은 원산도 주민들의 부업거리가 되었다.

섬 곳곳의 양지바른 곳에는 빨간색의 고무 통이 놓여 있다. 까나리를 발효하는 것이다. 까나리를 가공하는 액젓공장이 원산도에 본격적으로 들어서기 시작한 것은 10년 남짓 되었다.[18] 까나리 액젓공장이 가장 많았던 때는 1993~1995년경으로 이 당시 11곳이나 있었다고 한다. 주민들은 시설이나 공장을 갖추지 않은 채 식품허가를 얻어서 집 주변에서 액젓을 가공한다. 액젓은 까나리를 햇빛에 1~3년 동안 자연 발효시킨 다음, '융(천의 일종)' 에다가 3~4회 걸러내는 과정이므로 대개 집 주변 양지바른 곳에서 발효시켜 가공한다.

액젓의 가공과정은 5~6월 사이에 까나리와 소금을 각각 70 : 30으로 해서 버무린 다음 9~10월경에 지난해에 버무렸던 까나리의 액을 걸러낸다. 가공작업은 대개 부부가 한다. 까나리 70kg와 소금 30kg를 넣어 젓을 담그면, 10kg들이 6~7통 정도의 액젓이 나온다.

어선을 소유한 집에서는 까나리를 직접 잡기도 하지만 대부분은 안강망이 까나리를 잡아오면 원료를 사서 가공한다. 옛날에는 100% 까나리만 활용했으나 지금은 까나리만으로 가공하지 않고 실치나 새우 같은 것을 섞는다. 까나리의 어획이 급격하게 감소되어 값이 비싸기 때문이다. 서산 천수만 간척지구가 생겨나고, 최근에는 새만금까지 막혀서 물의 흐름(유속)이 5~10㎞로 줄어들게 됨에 따라 최근 까나리는 잘 잡히지 않는다고 한다. 반면 액젓을 가공하는 데 드는 소금가격은 상승했다. 그럼에도 불구하고 액젓 값은 변동이 없기 때문에 순수익은 감소한 셈이다.

이처럼 원료 값이 상승하고, 대규모로 가공을 하는 사람들이 값싸게 액젓을 공급하면서 상업적으로 까나리 액젓을 가공하는 가구는 줄어들었다.[19] 그러나 김장을 하거나 집에서 먹기 위해 액젓을 가공하는 집들은 여전히 많은 편이다. 현재 원산도에서 대규모로 액젓을 가공하는 가구는 소수에 불과하다.

까나리 젓의 판매가격은 용기에 따라 다르나 15,000~35,000원 수준이다. 비싼 상품은 순수한 까나리로 가공을 한 것이고 좀 싼 상품은 실치나 새우 등 잡어가 섞인 것이다. 또한 대규모 가공업을 하는 가구는 '하선정'과 '고향' 등 식품회사로 납품하고 소규모로 가공하는 사람들은 모임이나 인맥을 통해서 액젓을 판매한다. 예컨대, 관광객이나 낚시손님들에게 판매하기도 하며, 중간상인이나 부녀회, 농협에 납품을 하기도 한다.

실치 및 멸치 가공 원산도에 있는 중·대형 선박은 봄철에 실치를 잡는데, 어린 실치는 보통 뱅어포로 가공하여 판매한다. 큰 실치는 멸치와 섞어 액젓으로 가공하기도 한다. 4~5월 말 사이에는 어장을 하는 가구뿐 아니라 대다수 가구가 뱅어(실치)포를 가공하여 판매한다. 이들은 선박으로 직접 실치를 잡거나 실치를 잡아오는 선박에서 실치를 사다가 김처럼 얇게 뜨고, 이를 건조해서 뱅어포로 가공한다. 일기(日氣)때문에 실치를 구하지 못할 때를 대비하여 실치 일부는 냉동시켜 사용한다. 대개 부부끼리 작업을 하지만 대규모로 실치를 가공하는 일부 가구는 실치를 뜨는 작업에 인부를 고용하기도 한다. 건조시킨 뱅어포는 10장씩 묶어 중간상인에게 판매한다. 이 기간 동안 마을에는 실치를 팔거나 뱅어포를 사기 위해 들어오는 중간 상인들로 북적인다. 뱅어포의 판매가격은 해마다 약간의 등락이 있으나 2006년 5월 1묶음에 2,000~3,000원 수준이다.

일반적으로 한 달 동안 실치 가공을 통하여 벌어들이는 소득은 가구별로 차이가 있지만 평균 300~500만 원 수준이다. 대개 한 달 동안 집중적으로 실치 가공이 이루

실치를 뜨는 과정(왼쪽)
실치를 발에 걸어 건조시키는 과정(아래)

어지기 때문에 대규모로 실치를 가공하는 가구에서는 날씨가 좋으면 밤까지 작업을 한다. 2006년 가구별 바지락 소득이 감소하면서 마을 전체적으로 실치 가공이 급격히 증가하였다.

한편, 금어기(7.15~8.15)가 지나면서 중형선박과 대형선박들은 멸치잡이에 주력하는데 어획한 멸치는 삶고, 건조하고, 선별하는 간단한 가공과정을 거쳐 판매된다. 이러한 가공과정은 대개 어선 어업을 하는 어가의 여성이 담당한다.

농업생산의 변화

원산도는 다른 일반 도서지역과 마찬가지로 많은 농경지를 가지고 있다. 대다수의 주민들이 농업과 동시에 어업을 하는데, 최근으로 올수록 농업을 전업으로 하는 주민들이 감소하고 있다. 마을에 바지락 양식이 본격적으로 시작되기 전만 해도 전업농가가 많았다. 그러나 최근 어업소득이 농업소득을 크게 상회하고 마을별로 바지락 양식을 함에 따라 어업 종사자가 급격히 증가하였다. 2005년 원산도 전체 가구에서 3명이 전업농으로 등록하였으나, 2006년에는 전업농은 1명에 불과하다.

한편, 안면도와 보령을 잇는 연륙교 건설계획이 가시화되면서 마을의 지가가 상승하고 외지인의 투기가 이루어져, 마을 전체 토지 중에서 외지인의 토지소유 비율이 급격히 증가해왔다. 1995년도에 교량건설 붐이 일었을 때 많은 토지가 외지인에게 매매되었다고 한다. 이에 따라 임차지와 휴경지도 급격히 증가해왔다.

원산도에서 가장 크게 경작하는 가구의 경지규모는 18,000평이고 12,000평 상당의 경지를 경작하는 가구는 7가구이다. 대다수 주민들은 평균 2,000~3,000평 수준의 경지를 경작한다.

마을별 경지 규모를 보면 2리가 가장 많고 다음으로 3리, 1리 순이다.[20] 마을별로는 원산 2리의 구치와 원산 3리의 진촌이 다른 마을에 비해 농업이 활발한 편이다. 원래 1리엔 농지가 얼마 되지 않았다. 그러나 일제 강점기를 전후하여 간사지 제방이 축조되었고 이것이 1960년대 말~1970년대 초 사이에 개인에게 불하되고서야 상당수의 주민들이 벼농사를 지을 수 있게 되었다.

현재 1리에서는 약 20호가 벼를 경작한다. 상당수의 주민들은 논을 직접 경작하지 않고 전업농에게 임차한다. 혼자 사는 고령자들이 늘어나고 외지인의 토지점유율이 높아짐에 따라 임차지는 늘고 있다. 임차료(賃借料)는 경작지의 위치나 특성에 따라 다르나 보통 200평당 쌀 80kg 수준이다.[21] 외지인에 대한 임차료는 다소 싼 편이다.

한편, 소규모 경작을 하는 가구들은 농기계를 소유한 농가에 위탁하여 경작을 한다. 경작 과정 일부를 위탁하는 경우 비용이 정해져 있다. 가을철 추수를 기준으로 200평당 콤바인 대여는 3만 원, 트랙터 대여는 2만 5천 원이다. 주로 콤바인 탈곡, 운송, 건조까지의 과정을 맡기면 5만 원이다.

원산 2리의 농경지는 원산도에서 가장 크며, 특히 논이 많다. 2리에서 가장 크게 경작을 하는 추경일(49세) 씨는 총 18,000평을 경작하는데, 트랙터, 콤바인, 승용 이앙기, 건조기, 경운기 등의 농기계를 보유하고 있다. 임차지는 약 8,000평에 이르고 있는데, 이는 고령의 마을주민과 외지인 소유의 토지이다. 추씨는 봄철에는 품앗이 형태로 노동력을 조달하고 필요한 경우 인부를 사서 노동력을 조달한다. 여름철 모심기는 기계로 직접하며, 가을철 추수기 한 달간은 소농가의 농기계 위탁주문이 많아 일부 노동력을 사서 작업하고 있다.

마을에서 수확한 쌀은 개인소비에 10%를 소비하고, 정부수매 20%, 개인정미소에 70%를 판매한다. 2005년부터 정부수매가가 감소하였지만 개인정미소 판매에 비하면 아직도 정부수매가 나은 편이다. 도서(島嶼) 지역이라 운송비에 대한 부담이 있기 때문에 원산도에서 생산한 쌀은 대개 먼 곳에 팔지 못하고 대부분 보령시 대천으로 나간다.

원산도 주민들이 고령화됨에 따라 밭은 휴경을 하는 곳이 많으며, 경작을 한다고 해도 야채나 고추, 마늘 등 주민들의 자급을 위한 수준이다. 최근 2리에 사는 추경일 씨는 배추 1,000평을 경작하여 절인 배추상태로 서울에 직판하여 쏠쏠한 재미를 보았다. 배추는 소독약 및 거름 등 비용이 적게 들고, 노지에서 재배하므로 시설비가 없는데다 수확한 배추를 바닷물을 이용하여 절이기가 용이하므로 이익을 보았다. 그러나 비닐하우스를 하거나 상업 작물을 재배하여 소득원을 늘리려는 주민들은 거

저두마을의 논(위) 모내기를 준비하는 논
추곡수매 광경(아래)

의 없다. 이는 아마도 농업 외의 바다라는 대안적인 생계수단이 존재하기 때문일 것이다.

일반적인 농촌에서 겪는 쌀값 하락에 의한 소득감소 외에도 원산도에서 농업을 하는 데는 추가적인 어려움이 있다. 우선 토질의 염기 때문에 농기계가 잘 부식되는데, 중형급 농기계의 경우는 3년에 한 번씩, 대형급 농기계는 5년 간격으로 교체를 해야 한다는 점이다. 또 다락 논이 많고 경지정리가 되어 있지 않아서 농기계 사용과 경작이 어렵다는 점, 섬 지역이라 쌀 수매 시 운송비를 추가로 부담해야 한다는 점이 그것이다.

관광 어촌으로의 움직임

원산도는 휴양지로서 일찍이 명성을 얻어 관광객의 발길이 끊이지 않는 곳이다. 바다낚시, 원산해수욕장과 오봉산해수욕장을 찾는 관광객들이 많다. 한여름에는 10만 명 이상의 피서객이 원산도를 찾는다. 원래 원산도해수욕장의 이름이 먼저 알려졌으나 최근 오봉산해수욕장이 개발됨에 따라 이곳은 관광지로 본격적인 변화를 겪고 있다.

오봉산해수욕장은 전체가 개인 소유지였는데, '모래 채취 광권'이 소멸되면서 1990년대 중반 무렵 지주가 토지 일부를 주민들에게 매각하였고, 최근 5~6년 전부터는 지방자치단체의 지원을 받으면서 집중적인 개발이 이루어졌다. 반면 원산도해수욕장은 국유지로서 원칙적으로 개인에 의한 개발이 제한되어 왔다. 이에 원산도해수욕장번영회는 국유지를 임대하여 원산도해수욕장의 민자 개발을 위해 노력하고 있는 중이다.

원산도가 관광지로 발전해가면서 기존의 농업과 어업 외에 낚싯배, 민박업(펜션), 횟집(식당)에 종사하는 주민들이 점차 늘고 있다. 어선을 소유한 일부 가구에서 봄과 가을철 주말에는 낚싯배 조업을 한다. 현재 1리에서 11호, 2리에서 6호, 3리에서 5호가 낚싯배를 허가하여 조업하고 있다. 원산도에서 낚싯배 조업이 시작된 것은 1994

년인데 이후 점차 확대되어왔다. 선주들은 낚시 손님들을 대천항이나 안면도 영목에서 싣고 오며, 낚시꾼 10명을 기준으로 가까운 곳으로(원산도, 삽시도 근방) 나가면 30~35만 원 정도를 받고 먼 바다로 나가면 40~50만 원을 받는다. 대개 5~11월의 주말을 중심으로 조업을 하는데, 5~6월과 9~10월은 낚시 인파가 가장 많은 성수기이다.

현재 원산도에 있는 숙박업소는 원산해수욕장 근처에 10여 개, 오봉산해수욕장 근처에 11여 개가 있다. 이들 숙박업소 중 일부는 관광객에게 회 및 식사를 제공하기 위해 식당을 겸하기도 하며 일부 주민들은 관광객들을 대상으로 횟집(식당)과 상가를 운영한다. 물론 이러한 형태의 생업은 대부분 여름철에만 이루어진다.

발전소 가동과 마을경제의 변화

원산도 인근에는 화력발전소가 위치해 있다. 이 발전소는 1979년 1·2호기 착공을 기점으로 1984년 1·2호기, 1993년 제 3·4호기, 1994년 제 5·6호기가 준공되었고, 2002년에는 복합화력발전소(열병합발전소)가 준공되어 가동되고 있다.[22] 최근 기력 7~8호기가 착공중이다. 이에 따라 원산도 연안의 환경오염은 지속적으로 확대되어 왔다.[23] 한편, 화력발전소 본부는 이러한 어업피해에 대한 대가로 인근의 피해지역에 대해 지역발전기금 및 장학금, 온배수 피해지역을 중심으로 두 차례에 걸친 피해보상을 하였다. 우선, 화력발전소 측은 원산도 주민들의 자녀에게 연간 1회의 장학금(중·고등·대학생 중 1명)을 14년 동안 제공하여왔다. 나아가 매년 100억에 이르는 지역발전기금을 보령시에 지불하고 있다. 이는 인근 피해지역의 인구 및 면적 대비로 분할 지급되며, 원산도에는 약 1억 7천만 원이 배정된다. 이는 다시 3개리로 분할 지급되어 마을별로 기반시설, 하수구 정비, 도로 포장, 의료기구 구입 등에 사용되었다. 최근에는 가구별 소득증대사업에 이 기금을 쓰자는 주민들의 여론이 높아져 이 기금의 일부로 바지락의 종패를 구입하기도 하였다. 일부 주민들은 이러한 지역발전기금이 마을을 발전시켜준 측면이 있다는 점을 부분적으로 인정한다.

한편, 화력발전소에서 배출되는 온배수로 생태계 변화의 징후들이 나타남에 따라 마을주민들은 인근의 도서지역과 연합하여 1995년 어업피해 보상투쟁을 전개하였다. 이에 따라 화력발전소 측은 온배수 피해범위 지역에 포함된 지역에 대해 2차례의 피해보상을 하였다.

이러한 일련의 보상을 전후하여 원산도의 어업생산은 변화를 겪고 있다. 보상으로 인해 어민들의 어장권이 약화되고 있다. 원산 2리 점치어촌계에 대한 어업피해보상은 어장권의 소멸 보상이 아니었는데 면허 기간이 완료되는 기존의 어장에 대해 보령시는 일반 면허가 아닌 소위 고시면허(한정면허)를 발급해주고 있다. 주민들에 따르면 "이는 어장권을 둘러싸고 제한보상만을 해주고 아예 어장권을 말살하려는 태도"라고 불평한다. 더욱이 온배수 피해조사 결과 피해범위 밖으로 인정된 어장에 대해서조차 고시면허를 주고 있는데, 이는 부분적으로 보령시가 피해주민과 발전소

원산도해수욕장

원산도 인근에 위치해 있는 화력발전소

측의 공정한 중재자로 역할을 하기보다는 발전소 측의 편의를 우선적으로 고려하는 태도라 주장한다.[24]

사치단체 측에서 일부 어장에 대해 고시면허를 발급하는 것은 어장에서 주민들이 지속적으로 생계활동을 할 수 있도록 기회는 주겠지만 어상에 대한 권리는 인정하지 않겠다는 것에 있다. 화력발전소가 연안의 생태계에 지속적인 영향을 미치는 점을 고려하면 고작 일회성 보상을 하거나 혹은 보상을 하지 않고 어장을 중심으로 생계활동을 지속할 수밖에 없는 어민들에 대해 보상권을 제한하려고만 하는 태도는 논란의 여지가 있는 것으로 보인다.

결과적으로 원산도의 일부 주민들에 대해 화력발전소로부터 두 차례에 걸친 어업피해보상이 이루어졌지만 피해 어민들에게 충분한 보상이 되지도 못한 데다, 바다일에 전념하던 사람들이 보상을 받는다 해도 추진할 수 있는 일이 별로 없다.[25] 결국 주민들은 발전소의 가동에 따른 환경오염으로 어업활동을 제한받으면서 손해를 감수할 수밖에 없는 상황이다.

경제적 전망

다른 어촌마을에서와 같이 원산도 대부분의 가구는 복합적으로 수입을 창출하는 겸업구조를 갖추고 있다. 한 가지 업종으로 전업해서는 수입이 안 되므로 대다수 가구가 다양한 어업생산과 노동을 하고 있다. 그러나 정부의 어업 규제와 생태 환경의 변화로 인해 어업소득은 전반적으로 감소추세에 있다.

원산도민들은 화력발전소의 가동에 따라 좀더 직접적인 환경 피해에 노출되어 있다. 그러한 불리한 여건 속에서도 이 마을주민들은 개인적·집단적 협력을 통해 공동체적 어업기반을 형성하면서 다양한 도전과 응전을 경험하여왔다. 원산도 마을의 어업공동체적 특성은 아직도 매우 강력하게 작동하고 있다.

이는 부분적으로 원산도에서 행해지는 양식어업(해조류 및 패류양식업) 특성에 기인하는 것이지만 부분적으로는 어업피해보상 지역이라는 지역적 특수성에서 기인하는 것 같다. 마을의 강한 어업공동체적 특성은 일정한 정도 화력발전소를 대상으로 어업피해에 대한 공동대응과 어장의 보상에 대한 공동 권리를 추구하는 과정에서 형성된 것이다. 그러나 1990년대 들어서 관광지 개발 붐에 따른 외지인의 토지점유 확대와 향후 관광 어촌으로의 본격적인 개발은 기존 마을공동체의 유지에 위험요인이 될 수도 있을 것이다.

충청남도에 따르면 원산도는 종합 휴양단지로 대단위 개발계획이 추진될 예정에 있다. 숙박시설로 콘도미니엄, 가족호텔, 유스호스텔, 임대별장, 여관 등이 들어설 전망이며, 섬 전체가 해양스포츠 단지로 조성될 계획이다. 아울러 다목적 운동장과 테니스장, 사이클링 코스, 심신단련장이 들어서며, 소나무숲과 백사장 사이로 산책로가 이어지고 전망대도 세워질 예정이다.

이렇게 원산도가 종합 휴양단지로 개발되면 기존의 순수 농·어업에서 관광객을 대상으로 하는 서비스업으로의 비중은 더욱 확대될 것이다. 이에 따라 원산도 마을에는 자본력을 가진 외지인의 유입이 증가하고 계절적으로 인구변동이 심한 마을로 변해갈 수도 있다.

원산도 마을의 미래는 주민들이 집단적인 협력을 통하여 장기적으로 지속 가능한 어업의 터전을 어떻게 유지해갈 것인가에 달려 있다. 개발과 환경 간의 균형을 유지하고, 아울러 개발에 따른 혜택에서 주민들이 소외되지 않기 위해서는 마을주민들의 공동의 노력과 대응이 필요할 것이다.

(유보경)

주(註)

1) 연락선은 원산도에서 저두와 선촌(1리) 두 곳에 정박한다.

2) 저두에서는 어선어업 종사자를 포함하여 전업 어가가 다소 많은 편인데 비해 점촌과 구치는 농업 규모가 큰 편이다.

3) 주목망은 말뚝을 세워 그물을 매고 조류를 이용하여 고기를 잡는 방법.

4) 어획한 뱅댕이는 건조해서 닭 사료 등으로 활용하였는데 어가의 여성들은 남자들이 어획한 뱅댕이, 고등어, 멸치 등을 건조하여 광천장과 오천장에 나가 팔았다. 여성들은 이것들을 판 돈으로 장(場)에서 쌀과 보리, 고무신, 옷가지 등을 사오곤 하였다.

5) 잠수기는 현재 원산도에는 없고, 원산도 인근에 위치해 있는 오천에 잠수기조합이 있는데 20~30척 정도 된다.

6) 면담에 응해준 심영권(남, 47세)은 20세 되던 해부터(1978년) 이익상의 밑에서 염전 일을 하기 시작하여 오늘날까지 염전을 하고 있는데 1990년 박종석 씨에게 염전을 임대하였고, 1998년 3월에 염전을 매입하여 오늘에 이르고 있다. 얼마간 민박업과 실치 가공업에 손을 대기도 하였으나 형이 사망하면서 김영권 씨는 2005년부터 다시 간사지의 염전을 운영하게 되었다.

7) 이 정책은 사실상 염전의 폐업을 유도하는 것이었다. 폐업신고를 하면 1ha(3,000평)당 1,200만 원의 정부보상이 이루어졌는데, 염전을 운영하던 업자가 고령화되고, 염전의 대를 이를 사람이 없는 이유로 폐업보상금을 신청하여 각각 약 1억 정도의 보상금을 받고 폐업하였다.

8) 염전업의 허가는 금광채굴권(광산)으로 발급(發給)되며, 만료시기가 정해져 있지 않은 평생면허권이다. 면허권에 대한 세금은 당시 연간 10원 수준이었으나 오늘날에는 연간 200만 원에 달한다.

9) 1980년대에는 3월 초부터 10월까지 소금을 생산했으나 현재는 7개월간 채취한다. 이에 따라 채취량도 감소하였다. 이는 부분적으로 환경오염과 관련이 있다고 한다.

10) 근해어업이란 8톤 이상의 동력 어선 또는 수산자원의 보호와 어업조정을 위하여 특히 필요하여 대통

령령이 정하는 총톤수 8톤 미만의 동력어선을 사용하는 어업을 말한다.

11) 통당 그물 가격은 600~800만 원이며 그물의 사용 기한은 대개 10년이나 태풍이나 해일에 일찍 망가지는 경우도 있다. 자연재해로 그물이 상하게 되는 경우 그물과 닻에 대해 보상을 받는다. 융자 40%, 보조 40%, 자담 20%.

12) 이 마을에서 어장을 하는 주민의 가장 큰 선박은 19~20톤 급이다. 또한 어선어업을 하는 주민들 일부는 대천항 주변에서 어장을 하는데 이들은 대체로 대형 어선을 소유하고 있다.

13) 김용명 씨는 원산 1리의 어촌계장이다.

14) 김용명 씨보다 약 2년 먼저 2리에서 어류양식이 시작되었으나 그는 원산도 사람이 아닌 외지인이었다.

15) 2004년 현재 원산 2리의 바지락 소득은 10억 원에 이르고 있다. 마을별 소득액은 저두 3억, 구치 2억5천, 점촌 4억5천만 원 수준에 달했다. 바지락을 채취하여 얻는 소득은 전체 가계수입 중 약 50%를 차지할 정도로 바지락 양식은 최근까지 마을의 주요어업이다.

16) 부녀회의 공동기금이 축적됨에 따라 마을별 부녀회는 주민총회를 통해 바지락 채취와 관련한 마을규정을 만들었다. 이는 1990년대 중반 이후 바지락 공동어장의 경제적 가치가 높아지고, 부분적으로는 보령화력 측의 피해보상금 분배와 관련하여 주민(성원)의 범위를 명확하게 할 필요성 때문이었다. 이에 따라 마을에 이주한 외지인이 바지락 채취권한을 얻기 위해서는 5년 이상의 거주와 자가소유의 조건을 충족해야 하며, 이 밖에도 따로 입회비를 내야한다.

17) 2006년 4월 이후 원산도 가구별 실치 생산이 급격히 활발해진 것도 바지락 생산 침체에 따른 하나의 변화이다.

18) 김정석 씨는 1987년도에 처음 가공공장을 시작하였는데 그 당시 선촌에서는 1호, 원산도 3리에 있는 진창에서 2호가 액젓을 가공하고 있었다.

19) 2·3리에는 액젓 가공을 대규모로 하는 가구가 아직 있다.

20) 원산 1리의 농지는 논 60ha, 밭 40ha에 달한다. 마을 전체의 경지 중 외지인(서울사람)의 점유율이 다른 마을에 비해 특히 높은 편이다. 논은 10% 정도가 외지인 소유인데, 논은 밭과 달리 투기목적으로 사용하기가 어렵기 때문에 외지인의 점유율이 낮은 편이다.

21) 임대료의 차이는 경작지의 위치에 달려 있다. 가령 도로에서 가까워 접근하기 쉬운 땅은 임대료가 상대적으로 비싼 편이다.

22) 복합화력은 천연가스나 경유 등의 연료를 사용, 1차로 가스터빈을 돌려 발전을 하고 가스터빈에서 나오는 배기 가스열을 다시 보일러에 통과시켜 증기를 생산해 2차로 증기터빈을 돌려 발전을 하는 것이다. 복합화력은 두 차례에 걸쳐 발전을 하기 때문에 기존화력에 비해 열효율이 10% 정도 높고, 공해가 적고, 건설기간이 유연탄화력에 비해 짧다는 장점이 있다.

23) 7, 8호기는 2005년에 착공하여 2008년 준공 예정에 있다.

24) 2차 피해 조사 결과 점치 어촌계의 가두리 양식장은 피해범위 밖으로 판정되었는데도 기존의 고시면 허를 일반면허로 바꿔주지 않았다고 한다.

25) 보상을 받은 주민들은 대개 빚을 갚는 데 보상금을 지출했다.

사회 생활과 문화

원산도에 들어가기 위해서는 대천항에서 페리를 이용하여 선촌과 저두항으로 입항하는데, 선촌은 오천면사무소 원산도출장소를 비롯한 여러 행정기관이 입지하면서 원산도의 중심을 이루고 있다. 선착장으로부터 관광객들을 호객하는 식당과 민박들이 늘어서 있어 그 위상을 짐작할 수 있다. 반면 저두는 예전에는 어항으로 제법 호황을 누렸던 곳이지만, 선촌에 비해 다소 덜 붐비는 편이다. 어쨌든 원산도는 이 두 곳을 통해 다른 마을들이 연결되고, 각각의 마을들은 사람들이 모여 공동체를 이루고 있다.

인구 구성과 변화

한 지역의 인구는 그 지역의 공간 조성과 경제활동을 규정하는 요소로, 기후나 지형 혹은 토양과 같은 자연환경과 정치, 경제, 종교 등의 사회적 환경에 따라 변화하기도 한다. 우리나라 대부분의 도서지방도 이러한 경향을 반영하는데, 원산도는 육지와 격리되어 있는 섬마을로 그 인구도 오랜 세월 동안 다양한 요인에 의해 변화해 왔다.

1910년에 작성된 『한국수산지(韓國水産誌)』에 기록되어 있는 원산도의 인구는 큰 마을을 중심으로 하고 있어, 전체 인구를 가늠하는 데는 한계가 있지만 원산도의 인구를 비교적 자세히 기록하고 있다. 당시 진촌은 원산도 가운데 최대의 부락으로 전체 호구는 76호에 394명이 살고 있었는데, 어업에 종사하는 가구가 20호, 선승업이 35호, 주막이 12호, 목공이 1가구이며, 주민들은 주로 농업에 종사하지만 농어업을 겸하고 있는 가구도 적지 않은 것으로 기록되고 있었다.

두 번째로 큰 마을인 선촌은 섬의 북동쪽에 위치하며, 호구 수는 55호에 254명이 살고 있었으며, 점촌이 23호 104명, 구치가 27호 138명, 진고지는 23호에 87명, 저두에는 18호로 87명이 거주하고 있었다. 여기에 사창, 초전, 개경의 인구를 합하면 훨씬 더 많은 인구가 거주했을 것으로 추측되지만, 정확한 기록은 발견되지 않고 있다.

2005년 12월 현재 원산도에는 494가구에 1,193명의 주민이 거주하고 있다. 행정리 단위별로는 원산 1리가 132세대 304명, 원산 2리는 171세대 441명이고, 원산 3리가 191세대 448명으로 가장 많다. 그러나 이 수치는 주민등록에 근거한 인구로 실제 인구는 이보다 적다. 주민들의 이야기에 따르면, 최근 원산도의 연륙교 사업에 대한 정보가 발표되면서 토지거래를 위한 위장 전입자가 늘어 약간의 인구증가현상을 보이고 있다고 한다.

원산도리는 3개의 행정리와 10개의 관할구역인 자연마을들로 이루어져 있지만, 하나의 법정리로 분류하고 있기 때문에, 오천면에서도 가장 큰 마을에 속해 왔다.

그러나 〈그림 1〉에서 보듯이 1980년대 이후 원산도의 인구는 급격하게 감소한다.

그림 1. 원산도의 인구 변화

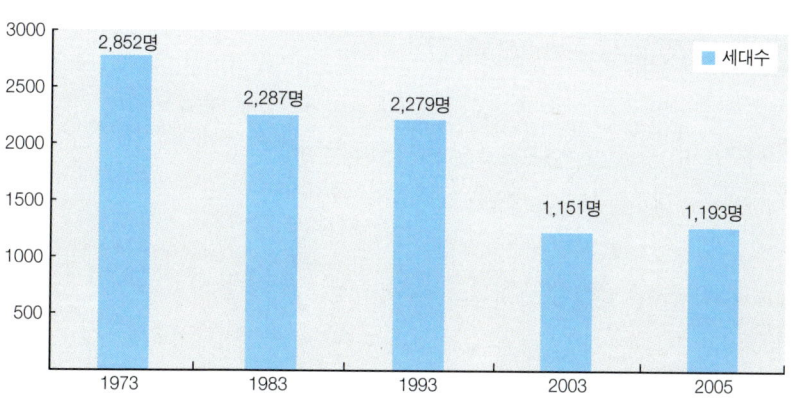

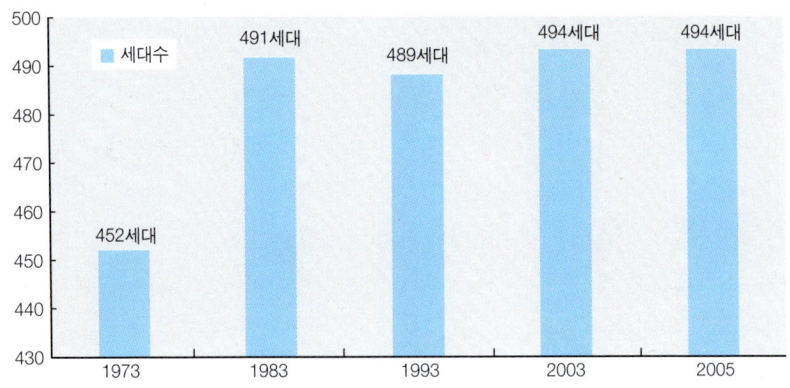

그림 2. 원산도의 세대 수의 변화

특히 1990년대를 거치면서 원산도의 인구는 현저하게 줄어드는데, 인구의 정점을 이루었던 1973년을 기준으로 볼 때, 원산도 인구는 2005년까지의 32년 사이에 1,659명이나 감소했다. 이를 구체적으로 살펴보면, 1973년에 2,852명이었던 인구가 1983년에는 2,287명으로 19.8%가 감소했으며, 1983년에서 1993년간의 10년 사이에는 미미한 감소 경향을 보이다가, 1993년에서 2003년 사이에 다시 49.5%의 급감현상을 나타낸다.

세대당 인구를 살펴보면, 1973년에는 452세대에 2,852명이 거주하고 있어 세대당 평균 인구는 6명을 상회하고 있어 가구규모가 꽤 컸음이 확인되지만, 이 수치는 1983년에는 약 4.8명으로 감소한다. 또 1993년에는 4.7명, 그리고 2003년에는 약 2.4명으로 10년 사이에 또 다시 현저하게 줄어듦으로써, 도서지방의 일반적 경향과 맥을 같이하며, 그 결과 원산도 인구의 고령화와 이로 인한 마을의 공동화 현상이 급격하게 진행되고 있음을 읽을 수 있다.

이런 현상이 초래된 원인으로는, 상대적으로 우세했던 농업 생산성이 감소하면서 자녀 교육과 생계를 위해 도시 사람들에게 농지를 팔고 타지로 전출하는 인구의 증가와, 1983년 이후 연이어 건설된 화력발전소로 인해 생태계의 교란이 일어나면서, 어업 여건이 변화함에 따라 마을주민들의 이주가 늘어난 점 등이 지적된다. 게다가 원산도에서 초등학교와 중학교 과정을 마친 학생들이 상급학교에 진학하기 위해 서울, 대천, 홍성, 대전 등지로 떠나면서 인구유출이 발생했고, 오랜 기간 사망률이 출생율을 초과한 데서도 그 원인을 찾을 수 있다. 이러한 생계 유지형 전출 인구의 증가는 도서지역에서는 흔히 나타나는 현상이다.

한편, 인구의 감소에 비해 세대수는 비교적 완만하게 감소해왔다. 이는 젊은 자녀들을 도회지로 보내고 빈 집을 지키고 있는 독거노인 세대가 마을의 중심을 이루고 있음을 반증하는 것이다. 이러한 현상은, 마을에 거주하는 주민들의 연령대가 60세를 넘긴 노인들로 이루어져 있으며, 오늘날 원산도의 노동력 수급에도 상당한 영향을 미치고 있음을 나타낸다.

친족조직과 활동

친족관계는 입도조(入島祖)에서 비롯하여 거미줄처럼 얽혀 있는 자손들의 구성을 통해서만 확인할 수 있다. 우리나라의 집성촌은 친족간의 관계망을 확인하는 데 유용한 정보를 제공하며, 동시에 마을의 형성에서부터 다양한 전승과 삶의 양식이 어떻게 변화해왔는가를 밝혀주는 중요한 모델이기도 하다.

역사 편에서 살펴보았듯이, 원산도는 임진왜란을 계기로 사람들이 정착하기 시작하면서 마을을 이루고 삶의 터전을 마련해 왔는데, 그 가운데서도 김해 김씨와 밀양 박씨, 평산 신씨, 한양 조씨, 진양 하씨, 청주 한씨, 인동 장씨들이 이곳과 연고를 맺어 온 것으로 파악된다. 원산도의 성씨별 세대구성을 보면 김해 김씨, 한양 조씨, 평산 신씨, 밀양 박씨가 주축을 이루는데, 그 가운데 김해 김씨가 90여 세대이고 그 중에서 삼연파가 65호에 이른다. 또한 밀양 박씨가 43가구, 한양 조씨가 28가구, 평산 신씨가 22가구를 이루어, 원산도에는 이 네 성씨가 세거해 왔음을 알 수 있다. 이 밖에 진양 하씨 8가구, 청주 한씨 6가구가 살고 있다.

김해 김씨는 원산도 전체에서도 단연 많은 친족들이 거주하고 있으며, 김해 김씨 삼연파 대종회와 소종회 활동도 왕성한데, 이들은 10대조부터 시제를 모시고 있다.

시제는 10월 15일을 전후하여 조상의 묘를 찾아가 직접 봉사하는 문중행사로, 6월 중순경에 문중회의를 개최하여, 문중의 재산 상황을 점검하고 시제 준비를 논의한다. 시제에 대한 논의는 시제 일정과 제수품의 준비나 친계와 방계의 시제 참여를 독려하는 일이다. 시제의 비용은 종토로 마련된 논 2,200평, 산 4,000여 평에서, 논은 소작을 주고 마지기당 쌀 한 가마를 도지로 받아 적립된 것과, 자손들이 낸 기금으로 이루어진다. 김해 김씨의 종친회칙이나 규약 등은 발견되지 않지만, 문중의 재산현황과 그 변화를 기록한 식리 대장을 총무가 관리하고 있다. 결산은 연 2회(음력 6월 25일, 12월25일) 이루어지는데, 식리 장부에는 지출과 수입내역 및 문중재산을 대출한 대출금의 이자액 등이 기입되고 있어, 문중재산을 한눈에 확인할 수 있다. 특이한 점은 종친회의 회장이나 부회장과 같은 직책을 선출하지 않고 총무에 의한 장부정리만이 이루어진다는 점이다. 이들은 문중 결산이 끝나면 음식을 나누고 술을 마시며 우의를 다진다. 2006년에는 그 동안 모아진 문중기금을 털어 문중 전원이 제주도 여행을 다녀오기도 했다.

김해 김씨의 친족활동을 조사하기 위해 만난 문중 어른댁에는 김해 김씨 삼연파 중앙 총회로부터 시제에 참석해 달라는 안내장이 도착해 있으며, 이를 조심스럽게 보관하고 있는데 그 내용을 소개한다.

복유시하 국추에 존체도 금안하시고 택내 제절이 금경하심을 축원 드립니다. 취송 저산서원 추모제를 아래와 같이 봉해하오니 경건하신 마음으로 참제하여 주시길 앙망하나이다.

아　　　래

일시: 2007년 11월 12일(음력 10월 3일)

장소: 저산서원

한편, 한양 조씨는 절반 이상이 저두에 거주하는데, 이들은 원산종친회를 조직하여 1년에 두 번씩 회합을 갖는다. 모임은 주로 대천에서 갖는데, 원산도에 살다가 대천으로 이주한 사람들이 많기 때문이다. 종친회에서는 종친회장을 중심으로 시제 날짜를 논의하여 정하고, 종친회원들로부터 돈을 갹출하여 종친회의 운영기금으로 활용할 뿐 아니라, 종친회의 회식비용을 충당한다. 또 선조들의 유훈집을 만들어 그 가르침을 계승하고 있다.

이 밖에도 원산도에는 평산 신씨들이 종친회를 만들어 운영하고 있으며, 천안 전씨, 제주 고씨, 진양 하씨들이 원산도에 터전을 마련하고 활동하고 있다.

주민 편의를 도모하는 공공기관들

원산도에는 다양한 기관들이 입지해 있다. 공공기관들이라면 보통 면 소재지에 입지하지만, 원산도는 육지로부터 떨어져 있기 때문에, 세 개의 행정리에 거주하는 주민들의 편의를 도모하기 위해 여러 기관들이 입지해 있는 것이다.

원산도에 이들 기관이 입지하기 시작한 것은 1970년대 이후의 일이다. 가장 먼저 원산도에 들어온 기관은 원산도의 치안과 방위를 담당하기 위한 보령 경찰서 소속

해경 저두출장소의 전경

의 파출소이다. 파출소가 입주하기 이전에는 원산도의 치안과 해안경비는 국방부에서 파견된 현역군인이 담당하였지만, 그 후 해양경찰대로 업무가 이관되는 과정을 밟는다. 물론 1970년대에는 지역방위를 담당하는 향토예비군이 창설되면서 보조적으로 그 역할을 수행하기도 했다.

해경출장소는 선촌과 저두, 초전에 설치되어 있다. 이들의 주된 업무는 원산도에 출입하는 모든 선박의 출·입항 기록부를 작성하고, 어선을 통제하며 불법어뢰를 금지시키는 일이다. 뿐만 아니라 원산도에서 낚시를 즐기는 낚시꾼들이 구명조끼를 제대로 착용하여 사전에 안전사고에 대비하고 있는지를 확인하며, 서해안으로 숨어드는 조선족이나 중국인들의 밀입국을 감시하기도 한다.

출장소는 단층 콘크리트 건물로 지어졌는데, 선촌출장소는 1972년 12월 31일 보령경찰서 선촌선박 출입항신고소로 출발하여, 1989년 1월 21일에 한홍지구해양경찰대에서 인수하였다가, 2002년 7월 8일에 태안해양경찰서 선촌파출소로 개칭되었다. 저

오천면 원산도출장소 전경

두의 경우도 마찬가지다. 현재 각 출장소에는 전투경찰요원 2명과 직원 1명이 근무하고 있는데, 초전의 경우에만 민간인에게 이관되어 관리되고 있다. 선촌과 저두 출장소는 어선 36척, 낚시 배 8척, 기타 1일 9회를 왕복하는 여객선들을 관리하고 있다.

80년대에 들어오면, 다양한 공공기관들이 속속 원산도에 설치되기 시작하는데, 이들 기관의 입주는 마을사람들의 생활에 커다란 변화를 가져왔다. 점촌에 설치된 원산도 보건진료소는 원산도 주민들의 1차 진료를 담당하는데, 방문의료상담을 실시하며 신경계용 의약품이나 기관계용 의약품, 응급치료약 등을 상비하고 있어 주민들의 응급처치에 요긴하게 활용되고 있다. 직원이라야 간호사 1명이 마을 전체를 관할하는데, 설치 초기에는 대개 근무 대기자나 초임자를 발령하였으나, 최근에는 지원에 따라 근무자를 발령하고 있다. 보건소 내에 숙소를 마련하여 취사가 가능하도록 조치하고 있어, 이들의 근무는 상주라고 하는 편이 적절하다.

선촌에 있는 오천면사무소 원산도출장소는, 저두방향의 왼쪽비탈에 위치하고 있다. 이곳은 원산도와 효자도 주민들에게 여러 가지 편의를 제공하는데, 전출입신고, 사망신고 등 주민등록에 관한 업무를 포함한 다양한 민원업무가 주를 이룬다. 오천면사무소까지의 거리나 배의 이동 시간 및 비용을 감안할 때 주민들에게 큰 부담을 덜어주는 셈이다.

출장소가 설립되기 이전에 면사무소의 업무는 주로 마을의 이장이 담당하였는데, 1994년에 현 출장소가 건립되면서 이장의 역할이 많이 완화된 것이다. 또, 현재 출장소에는 권호식 소장 이하 두 명의 직원이 민원업무를 담당하고 있는데, 개청 이후 2006년 7월 현재까지 여덟 명의 출장소장이 업무를 관할해 왔다. 출장소장들의 재임 기간은 평균 1년 6개월 정도로, 제3대 임양빈 소장만이 부임 후 3년 3개월 동안 출장소장직을 맡아 최장기 근속 기간을 자랑하고 있다.

출장소에 오르기 전 오른쪽으로는 원산도 우체국이 위치하여 주민들의 저축과 우편업무를 수행한다. 우체국은 1987년에 설치되었는데 현재 두 명의 비정규직원과 외부로부터 출근하는 세 명의 정규직원이 업무를 담당하고 있다. 비정규직원은 원산도 주민가운데서 채용된다. 섬의 지리에 정통하고 마을주민들과 자유로운 업무추진을 위해서 불가피한 선택인지도 모른다.

표 1. 역대 원산도 출장소장의 명단

출장소장 명	재직 기간	근무 기간
오성연	1994년 2월~1995년 12월	1년10개월
윤병두	1995년 12월~1996년 7월	7개월
임양빈	1996년 7월~1999년 10월	3년3개월
정경훈	1999년 10월~2001년 1월	1년3개월
김응집	2001년 1월~2002년 9월	1년8개월
신양호	2002년 9월~2003년 10월	1년1개월
이모영	2003년 10월~2004년 12월	1년2개월
권호식	2005년 1월~ 현재	

그 외에도 원산도의 중요기관으로는 오천농협 원산도 지소, 한전 태안지점 원산도 주재소가 있으며, 매사를 오천면이나 대천에 의존했던 과거의 생활에 비추어 보면, 이들은 주민들의 시간을 단축시키며 삶의 질의 향상에 크게 기여하고 있는 것이다.

마을의 사회조직과 공동체 생활

이러한 공공기관의 도움을 받는 한편, 원산도 주민들은 자발적으로 삶을 개척하고 환경에 능동적으로 대처하기 위해 행정리 또는 자연마을 단위로 여러 자치 조직들을 마련해 왔다. 주민들은 이를 통해 마을 공동의 문제를 해결하고, 생활 리듬을 조절하며, 공동 생산활동에 질서를 부여하기도 한다. 행정리 단위로 존재하는 이장과 개발위원회, 각 자연마을에 기초를 두고 있는 마을회(동계), 부녀회, 노인회 및 그 임원들이 이런 역할을 수행하며, 행정리 단위로 조직되어 있는 세 개의 어촌계가 주민들의 바다와 관련된 생산활동을 조율하고 있다.

이장과 마을 임원들
이장은 마을의 대표자로, 조선시대에는 이정(里正)이나 촌장, 일제 강점기에는 구장으로 불리다가 해방 이후 이장으로 개칭된 뒤 오늘에 이르고 있다. 이처럼 이장의 명칭이 시기에 따라 변화해왔 듯이, 이들의 역할도 세월에 따라 변화되어왔다. 일제 강점기의 구장은 호적정리나 세금징수, 징병조사 등 식민지정책에 부응하는 역할을 수행했는데, 해방 이후에도 이장의 이런 역할은 커다란 변화 없이 60년대까지 유지되었다. 당시의 이장은 주로 행정기관으로부터 문서를 수발하여 그 내용을 마을사람들에게 전달하거나, 마을의 각종 사안에 대한 문서를 꾸려 상부기관에 보고하는 일을 담당하였다. 따라서 이장은 학식을 겸비하고 주민들로부터 덕망이 있는 사람이 선출되었다. 또 이장은 적십자회비, 결핵협회비, 나병협회비, 체육관 건립비 등 12가지에 이르는 각종 잡부금을 걷거나, 마을주민의 사망신고부터 출생신고는 물론, 해상관리까지도 담당하였다. 마을에 찾아오는 손님의 접대도 마을 이장의 몫이었는데 마을주민에 따르면, 이장 한 번 하면 그 사람은 망할 것을 각오해야 했다고 술회한다. 그것은 당시 이장이 원산도 3개 리 전체를 관할하기 때문에 정작 자신의 일을 소홀히 하게 되고, 마을에 찾아오는 손님들 섭내를 위헤서는 돈을 써야했던 관행을 비정하는 것이다. 특히, 면사무소 직원이 마을을 살펴보기 위해 원산도에 들어서면, 이장은 그 직원이 배를 타고 원산도를 떠날 때까지 식사는 물론 술을 대접하기 위해 어쩔 수 없이 돈을 써야 했다고 하니 마을을 위해 봉사하겠다 나선 이장의 고충이 어느 정도였느지 짐작할 만 하다.

새마을운동기에 들어오면서부터 이장은 마을 도로확장, 지붕 개량사업 등을 추진하면서, 새마을운동 관련 사업에 대한 선전활동, 영농교육, 농촌지도소의 업무를 담당하게 된다. 게다가 토지 특별조치법 관련 업무는 물론, 마을회관, 마을창고 등 마을의 공유재산을 관리하고 마을의 생업환경이나 생활환경을 조성하는 것도 이장의 중요한 역할이었다. 최근 마을의 이장은 도서지역의 개발 사업과 관련된 사업비를 받아오는 것은 물론, 마을의 독거노인의 부양까지 담당한다.

원산도 이장은 농협이 설립되던 1964년경까지 원산도 3개리를 관할하는 통합이장 체제를 유지했는데, 당시에는 자발적으로 마을을 위해 봉사하려는 사람이나, 면사무소에서 지명하는 방식으로 이장을 선출하였다. 그러나 이장이 거주하는 마을에 군이나 면의 지원이 집중되고, 행정업무가 복잡해지면서 행정리별로 3명씩의 이장을 선출하게 되었다. 이때의 이장은 마을 어른들의 추천이나 권유에 의해 선출되거나 자연마을 단위로 교대로 선출되었는데, 최근 들어서는 선거에 의해서 이장을 선출한다. 현직 이장은 임기 말이 되면 자동적으로 사퇴를 하고, 주민 대표들로 선거관리위원회를 구성한다. 이장에 입후보하려는 사람들은 주민들의 추천을 받아 선거관리위원회에 후보등록을 해야 하며, 마을주민 가운데 선거관리위원장으로 선출된 사람은 후보등록 기간, 구비서류, 선거일, 선거장소를 기재한 공고문을 게시한다.

투표는 대개 마을회관에서 실시하는데, 원산 1리는 선촌회관에서, 2리는 점촌회관, 3리는 진촌 마을회관에 모여 무기명 비밀투표로 진행된다. 섬마을이라는 특성때문에 주민들은 육지와 다양한 인맥을 가지고 있는 이장을 선호한다. 선출된 이장의 임기는 2년으로 하지만, 주민들의 요청에 의해 연임되기도 한다. 그러나 최근 들어 이장선거에서 경합이 치열해졌다. 상부기관에서 이장에 대한 다양한 지원제도가 신설되고, 농협의 업무를 대행하면서 늘어난 지원금, 게다가 면의 행정업무상 이웃이장들과 회합이 증가하여 다양한 인적네트워크의 형성이 용이해지면서 생겨난 현상이다. 이 때문에 이장 선거는 때때로 마을 대항 선거의 양상을 띨 때도 있고, 그 결과 작은 마을들이 연합해서 특정 후보를 지지하는 경우도 나타나고 있다.

원산 3리의 이장 선거 공고

표 2. 원산도리의 역대 이장 명단

원산 1리		원산 2리		원산 3리	
이장명	재임 기간	이장명	재임 기간	이장명	재임 기간
김길두	1973.11~1975.3	신선득	1971.2~1972.2	강완택	1978.6~1980.2
신인철	1975.3~1981.5	전제민	1972.3~1974.3	강택준	1980.4~1981.8
안성길	1981.5~1985.7	김준섭	1974.3~1975.1	김용남	1981.8~1983.3
김용성	1985.7~1987.8	김용체	1975.1~1977.2	최윤근	1983.3~1985.3
김일두	1987.8~1989.10	신용배	1978.3~1982.5	강완택	1985.3~1987.2
신인철	1989.10~1990.1	김사진	1982.5~1985.8	조성길	1987.2~1989.3
하석제	1990.2~1991.12	김용후	1985.8~1990.1	강완택	1989.3~1990.7
김용명	1992.1~1994.1	김창석	1990.1~1994.3	김용길	1990.7~1993.2
신봉근	1994.1~1996.1	김종득	1994.3~1996.3	전배윤	1993.2~1995.2
안성길	1996.1~1998.1	김창석	1996.3~1998.3	박윤규	1995.2~2000.2
박영제	1998.1~2006.3	김용후	1998.4~2002.3	박이규	2000.2~2002.2
최상철	2006.3~현재	조동의	2002.3~현재	박윤규	2002.2~ 현재

〈표 2〉는 원산도리의 역대 이장들과 그들의 재임 기간을 나타내는데, 원산 1리의 신인철 씨나 안성길 씨의 경우는 비록 연임은 아니지만, 두 번씩 마을 이장으로 봉사 했으며, 원산 2리의 김용후 씨나 김창석 씨의 경우도 마찬가지다. 또 원산 3리의 강 완택씨의 경우는 세 차례나 마을이장을 역임하였다. 주민들은 이장에 대하여 수고 료에 해당하는 이장조를 지불한다. 이장조는 이장모조 혹은 모조라고도 하는데, 대 개 1년에 한 번, 가구 당 2~2만 5천 원씩을 추렴하여 지불한다. 과거에는 봄철, 가을 철로 나누어 보리쌀 한 말, 쌀 한 말로 지불하던 이장조를 최근 들어 현금으로 지불 하고 있는 것이다. 그 가운데는 각 반장들에 대한 다소의 수고비가 포함되어 있어 이 장조라야 연간 대천을 왔다 갔다 하는 경비에 불과하다고 한다.

각 이장의 휘하에는 보좌역으로서의 반장이 있다. 각 반은 자연마을을 중심으로 편성된다. 이에 따라 원산 1리가 4개 반, 원산 2리가 3개 반, 원산 3리가 4개 반으로 총 11반으로 11명의 반장을 두고 있다. 반장의 선출은 통상 이장의 지명에 의해 이루 어지거나 간혹 반원들의 모임을 통해서 선출되기도 한다. 반장은 이장의 지시에 따 라 상급기관의 홍보물을 돌리거나, 마을의 대소사를 치룰 때 인원을 동원하는 정도로 그 역할은 미미한 편이다. 다만, 마을의 반장은 당연직으로 개발위원회의 성원이 된다. 개발위원회는 대략 자연마을을 단위로 한 마을에 3명 혹은 4명으로 구성되어 주민을 대신해서 사업계획이나 사업내용을 이장과 더불어 논의하고 결정할 수 있다.

이 밖에 마을의 임원으로는 새마을 지도자가 있다. 새마을 지도자는 1970년대 새마을운동의 전개와 더불어 생겨났는데, 원산도 새마을 지도자는 당시 보령군청의 지명에 의해, 새마을 사업의 취지나 의의를 정확하게 이해하고 이를 마을사람들에게 전달할 수 있는 사람으로 선정되었다. 당시 새마을 지도자로 활약한 한 노인은 과거를 회상하면서 다음과 같이 말하고 있다.

누가 뭐래도 박정희 대통령 덕이여. 새마을 운동 없었어봐. 지금처럼 사는 것은 엄두도 못내. 이렇게 이뤄지지는 않았을 겨. 그때 당시에 관에서 강제로라도 마을을 개선하려고 했으니까 이 정도라도 되지. 안 그랬어 봐.

새마을 지도자는 무보수의 봉사직으로, 마을에 대한 봉사와 마을개발에 대한 강력한 의지를 가진 사람이 선출되었다. 이들은 마을의 지붕 개량이나 생활개선, 농지의 피해상황 등을 정리하여 보고하였으며, 농로확장이나 농지부토, 경지정리를 추진하는 역할을 담당하였다. 그러나 새마을운동이 퇴조하면서 새마을 지도자의 위상은 크게 떨어져 유명무실한 존재로 남아 있다. 물론 지금도 마을의 대소사에 관여하고는 있지만 의사 결정권이 없다는 점이 이를 증명한다.

한편 새마을운동이 추진되면서 남성측의 새마을 지도자에 대해 여성측에서 새마을 부녀회가 생겨났고, 그 대표자로서 부녀회장이 임명되었다. 부녀회를 중심으로 생활개선사업의 일환으로 절미운동이 전개되었는데, 식구당 끼니 때마다 한 숟가락의 쌀을 절약하는 운동이다. 이러한 운동은 그간 가난의 원인이 되어온 남자들의 노름과 술 등 발전을 저해하는 생활태도를 바꾸는 성격의 운동이었다. 그 후 새마을 부녀회는 새마을운동이 퇴조기미를 보이면서 유명무실했다가 재차 필요에 의해 부녀회로 다시 구성되어 활동하고 있다. 원산도의 경우, 부녀회는 강력한 권한을 가지고 운영되고 있으며 마을마다 중심적인 역할을 수행하고 있다.

마을총회와 동계

원산도의 마을 총회는 자연마을별 총회와 행정리별 총회로 나누어진다. 자연마을별 총회는 전통적인 동계를 그 모태로 하며, 대동계, 대동회라고도 부르는 마을 운영의 최고기구이다. 주민들은 동계의 유래나 기원에 대해서는 정확히 기억하지는 못하지만, 일제 강점기 이전부터 동사를 원만히 해결하고 마을의 안녕을 담보하기 위한 전통적인 조직이라고 증언한다. 이 동계는 자연마을별로 조직되어 있는데 동계의 개최시기나 계의 내용, 동계장의 역할에 대해서는 마을별로 큰 차이를 발견 할 수 없다. 점촌과 구치의 동계는 음력12월 10일에서 30일 사이에 개최하고 저두에서는 음력 1월 3일에 실시한다. 원산 3리의 동계는 진촌에서 음력 6월과 12월에 개최되는데, 다만 원산 1리의 동계는 과거에는 음력 6월15일과 12월 15일에 개최하였으나 최근 들어 양력 6월 15일과 12월 15일에 실시한다.

각 자연마을의 동계는 마을의 안녕과 평화를 기원하는 당제를 주관하여왔다. 당제를 대표할 당주를 선출하는 일이나 제수를 준비하는 일이 동계의 몫이었고, 당제를 지내는 날짜도 동계에서 결정하였다. 그러나 최근 원산도의 당제는 저두에서만 지내고 있어 수백 년, 수십 년을 고집해오던 전통적 관행이 마지막 명맥을 유지하고 있다. 이것은 마을주민들의 당제에 대한 관심이 줄어들고 마을마다 교회가 들어오고 교회가 그 역할을 대신하면서 나타난 현상인데, 당제를 일종의 미신으로 간주하는 데서 기인한 것으로 판단된다. 한 주민은 이에 대해 다음과 같이 증언하고 있다.

당제 지내는 날 당제 대신에 교회에 가서 예배를 드려. 처음에는 마을사람들이 반발도 하곤 했지만 지금은 다들 무반응여. 나하고 실제로 상관없으니까 관심들도 없구.

마을사람은 누구나 의무적으로 동계에 가입하는 것을 원칙으로 하고, 타지에서 이사 오는 사람도 마을에 들어오면 일단 동계에 가입하게 된다. 동계를 통하여 마을일에 참여하며 마을주민으로서 역할을 나누어 가질 수 있기 때문이다. 마을에서 발생하는 일상사의 중심에 동계가 있고, 동계를 토대로 당면하는 문제들을 해결해왔던 것이다. 과거의 동계의 활동에 대해서는 다음 항목에서 좀더 자세히 설명하기로 한다.

그러나 최근 들어 동계는 마을회, 대동회 혹은 마을총회라고 호명되면서 성격을 달리하고 있다. 동계와 마찬가지로 마을총회는 음력 6월 중순과 12월 하순에 전후반기로 나누어 실시하고 있는데, 동계장이 마을 총회의 의장으로 회의를 주관한다. 동계의 유사역에 해당하는 총무가 의장을 보좌하고 총회를 보조한다. 마을 총회의 사안에 따라 이장을 초대하여 행정업무에 대한 설명을 요청하기도 하지만, 이장이 마을총회를 주재하지는 않는다. 물론, 마을의 요청이 없어도 이장은 총회에 참석하여 현안에 대한 보고를 하기도 한다. 이 밖에 마을회는 긴급한 사안이 발생하여 주민들의 결정이 필요할 때에는 수시로 임시회의를 개최하여 문제를 해결하는 의결기관으로 기능한다.

마을 총회는 동계장 또는 반장의 개회선언과 개회사를 시작으로 진행된다. 그러고 나면 마을총무(동계총무)는 마을기금의 관리와 마을의 수입 및 지출내역, 마을회관 부지매입 관련업무, 마을의 공동작업, 공동사업 등을 주민들에게 보고한다. 또한 마을의 임원선출 건으로 진지한 토론을 벌이기도 한다.

마을 총회에는 마을주민으로서 가구당 1명의 참석을 원칙으로 한다. 이때 주민의 자격이나 주민으로서 역할은 마을총회 규약(총회칙)에 의해 정해진다. 원산 2리의 점촌 총회칙에 의하면, 마을주민은 첨마지 개경 일원에 거주하는 조건을 갖춘 자로 규정하고 있으며, 주민은 마을회, 상조회, 청년회, 부인회에 의무적으로 가입해야 하고, 모든 마을 행사에 참여해야 한다고 적시하고 있다. 이들이 마을총회에 참석하여 마을 일에 대하여 논의할 경우, 회의가 원활하게 진행되는 경우도 있지만, 사안에 따라서는 난상토론을 벌이기도 한다. 그러나 마을총회의 막바지에는 주민들이 합의를 도출해 내고, 이어 음식이나 술을 나누는 교류의 장으로 마을 총회를 통하여 풀뿌리 민주주의의 원형을 감상할 수 있다.

반면에 행정리별 마을총회가 개최될 때는 당연히 이장이 의장으로 회의를 진행한다. 행정리별 마을총회는 전 주민이 참석하는 것이 아니고 마을을 대표하는 개발위원들이 주민들을 대신해서 참석하는데, 반장, 동계의 계장과 총무가 당연직으로 개발위원이 된다. 이들은 마을의 사업계획이나 집행현황 등의 안건을 가지고 모이며 여기서 결정된 사항을 마을주민들에게 전달하여 시행하게 된다.

마을의 모든 일을 주관했던 예전의 동계

이렇듯 오늘날 동계는 기능이 많이 축소되고, 마을회란 이름하에 통합되어 유명무실화 되는 경향을 보이지만, 예전의 동계의 활동은 매우 활발했다. 원산도에서 발견되는 가장 오래된 동계장부는 소화 15년(1940)부터 기록되어 있는 선촌의 동계장부인데, 이 동계장부의 내용을 통해 우리는 과거 동계가 마을의 자산을 관리하거나 마을의 공동사업을 추진하는 중추기구였음을 잘 알 수 있다.

마을의 자산 중에는 장사를 치르기 위해 마련된 상여와, 전통 혼례에서 신부를 모시던 가마가 포함되어 있었으며, 장사와 혼례를 치르는 가정에 이를 대여해주는 대가로 대여비를 수납토록 하는 일도 동계의 역할이었다. 또 마을을 에워싸고 있는 산림의 나무를 관리하는 일도 동계의 소관이며, 동산에서 산출되는 목재를 매각하여 얻는 수입도 동계의 관할에 속한 일이다. 뿐만 아니라, 가을철에 수확한 벼를 도정하던 정미소의 임대료가 동계의 수입원을 이루고 있다는 점에서 정미소도 동계가 관할했던 것으로 추측할 수 있다. 동계장부에 의하면, 마을을 돌며 풍물을 치고 각 가정의 안녕과 평화를 기원하는 걸립의 조직도 동계가 주관하고, 쌀이나 현금으로 지불된 걸립비를 동계 자산으로 활용하였다는 점도 엄연히 기록되어 있다. 아울러 동

선촌의 동계장부

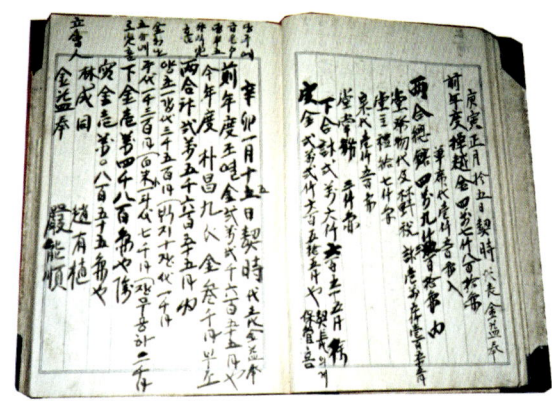

선촌의 동계장부에 기록된 내용

계기금을 계원이나 비 계원에게 대출하여 이자를 받는 식리사업을 하기도 했다.

식리 사업에서 돈을 빌려주는 사람이 동계성원에만 국한된 것인지는 확인할 수 없지만, 현재와 비교해볼 때 상당히 높은 이율을 적용하고 있다. 그 외에도 장부에는 마을의 부역에 사용한 비용이나 부역 내용들이 기록되어 있으며, 당제를 주관했던 예에 비추어 당주의 보수나 관리도 역시 동계의 역할이었다.

동계장은 마을총회에서 성원들의 추천에 따라 대개 거수로 선출되며 동계는 마을에 이사 오는 것까지도 제한할 수 있었다고 한다. 50여 년 전까지만 해도 마을의 망나니에 대해서는 멍석말이를 하여 혼을 내기도 했다고 하니 과거 동계의 위세를 짐작할 수 있다.

옛날에 동계는 무서웠어. 마을에서 불량한 짓을 하면 어른들이 불러다가 혼을 내기도 했는데, 동계에서는 등에 북을 지게하고 뒤에서 북을 치며 마을을 돌게 했어. 말하자면 그 정도로 창피를 주고 못된 짓을 못하게 한 게지.

이러한 옛날의 기억은 동계가 마을의 질서를 유지하거나 상존하애(上尊下愛)의 전통과 마을의 미풍양속을 유지하는 역할을 담당해온 중요한 조직이었다는 점을 의미한다. 동계 당일이 되면 계장은 계금의 현황, 기금의 사용내역 등 계의 현황을 계원들에게 보고하고, 신임계장과 총무를 선출한 후 새로이 선출된 동계장에게 전년도의 마을사업이나 동계장부를 인계한다.

원산도의 동계는 이제 마을회 또는 대동회라는 명칭으로 그 명맥을 유지하며 마을의 일들을 계획하고 추진하고 있지만, 주민들의 기억 속에 살아 있는 마을의 미풍양속을 유지하는 옛날의 역할과는 동떨어진 것 같다. 단지 섬마을에서 살아가기 위해서는 다양한 협력관계를 유지하고 상호작용하면서 공동체에 적응해야 한다는 강한 인식과 동계의 사적 역할이 오늘날에도 재생산되고 있는 것이다. 이것은 동계에서 관리하던 마을의 재산이 없어지고 남아 있는 자산이라야 불과 얼마의 동산이나 마을회관이 고작이다보니 그만큼 동계의 역할도 축소된 결과인 것이다.

뭐 동계가 할 일이 없어졌어요. 마을재산이라야 뭐 남아있는 게 있어야지. 옛날이야 동계장이면 최고였지. 동계가 마을일을 전부 주관해서 했으니까. 그런데 지금은 아무 것도 남아 있지가 않아. 산 조금하고 마을회관 정도니 뭐. 새로 일을 벌이면 몰라도 아무 것도 없어요.

그러나 원산도 사람들은 여전히 다양한 형태로 협력을 조직하고 상부상조하는 관행을 유지하고 있다. 농사일에 동원되는 두레를 구성하는 일은 없지만 간혹 품앗이를 엮어 노동력을 얻어 농사일을 해결하는가 하면, 해태 양식이나 주목망을 설치할 때 어장을 하지 않는 사람들을 노동력으로 활용하고 물품으로 품을 되갚는 호혜성(互惠性)에 기초한 협력관계를 유지하고 있는 것이다.

부녀회

부녀회는 행정리 단위의 부녀회와 자연마을별 부녀회가 별도로 조직되어 있다. 행정리 단위의 부녀회는 대표부녀회장과 총무를 선임하고 있으며, 이장의 행정업무를 보조하는 역할을 한다. 그러나 자연마을별 부녀회의 성격은 사뭇 다르며, 그 역할은 특히 바지락 양식이 일반화되면서 강화되어 왔다. 부녀회원 대부분은 어촌계원으로, 어장관리는 물론 어촌계의 신규가입 여부를 결정하거나 바지락 환경을 조성하는 일, 바지락 채취를 허가하는 일 등이 부녀회의 권한에 속한다. 바지락 채취는 부녀회에 가입한 자로 제한하며, 타지에서 들어온 사람의 경우 수년이 경과해야 자격이 부여되는데, 이 점에 대해서는 마을회칙에 잘 명시되어 있다.

점촌회칙에 의하면, 바지락 채취권한은 자식이 혼인하여 분가할 시에는 3년 동안 바지락 작업을 할 수 없으며, 또 3년이 경과한 후 바지락 작업을 시작할 때는 부담금 300만 원을 마을에 납부해야 한다. 또 외지에서 점촌으로 이주할 경우, 이주자는 5년 동안 바지락 작업을 할 수 없으며, 부담금 500만 원을 마을회의에 납부해야 바지락 채취권한이 주어진다. 외지에 나가 살다가 다시 돌아오는 사람도 4년 동안 바지락 작업을 할 수 없으며, 마을 부담금 400만 원을 마을회의에 납부해야 바지락 채취가 가능하다고 규정하고 있다. 자식이 부모와 동거하다가 부모가 사망할 경우, 바지락 작업은 자식들에게 허용되지만, 부모가 사망한 후에 외지에서 부모의 집으로 들어오는 자식들에게는 바지락 작업을 허락하지 않는다. 부모가 사망하기 전에도 남녀 공히 부모와 동거한 자식들만이 바지락 작업을 할 수 있다고 규정하고 있는데, 이는 바지락 채취가 마을주민들에게 얼마나 중요한 일인지를 단적으로 보여주는 것이다.

바지락 채취를 위한 부담금액은 마을별로 100~500만 원까지 다양하게 책정되는데, 바다를 통하여 생계를 유지하는 원산도 주민들에게 바다에 대한 권리나 어장의 관리는 무엇보다 중요한 생계유지 수단이기 때문이다. 바지락을 통해서 얻어지는 소득이 점촌의 경우 5억 원을 상회하며, 저두가 2억 2~3천만 원 정도, 구치가 3억 원 정도에 이른다고 하니 저간의 사정을 짐작할 수 있다.

원산도 부녀회원들은 새벽부터 물때를 기다려 바다에 들어가 바지락을 채취한다. 바닷바람을 막기 위해 점퍼를 입고 토시를 하며 장화로 무장한다. 저두에서 바지락 채취에 동원되는 가구는 총 32가구, 가구당 여성 1명이 바지락을 채취하는데, 여기서 이들의 바지락 작업과정을 개략적으로 소개한다.

여성들은 갯벌에서 빠른 손놀림으로 손 쇠스랑을 놀리고 바지락을 망태자루에 담아 놓으면, 남자들이 지게나 물지게를 지고 들어가 채취한 바지락을 지고 나온다. 채취한 바지락을 지고 나오면, 인공으로 조성된 둠벙에서 흔들어 바지락세척을 하고, 어촌계에서 공동으로 제작한 망태에 옮겨 담는다. 그리고 수평저울에 달아 망태 입구를 묶어 차에 실으면 작업은 끝나는데, 하루의 채취량은 바지락상인들이 결정한다. 예를 들어, 바지락 상인들이 10월 28일의 채취량을 정해주면, 마을주민들은 그

바지 채취 도구들(손 쇠스랑)

바지락을 담는 대야와 망태, 호미

채취한 바지락을 손질하여 저울에 다는 광경

작업에 참가하는 가구 수로 나누어 할당한다. 가구당 당일 채취량이 할당되면 여성들은 열심히 바지락을 캐고 남자들은 그 바지락을 지고 나와 세척 후 일정량을 저울에 달아 차에 싣는다. 그리고 마을에 할당된 일일 채취량을 달성하면 가구당 채취량을 기록한 전표와 함께 바지락은 상인에게 인도된다.

바지락의 운반은 전통적인 지게를 주로 이용하고, 더러는 물지게로 운반하기도 하는데, 남성은 자기부인이 채취한 바지락만을 운반하는 가족 간 협업을 원칙으로 한다.

과거의 바지락 채취는 개별적으로 이루어졌고 개별판매를 해왔으나, 8년 전부터 공동으로 채취하고 공동판매를 시작했다고 한다. 바지락을 담는 망태도 어촌계 공동으로 제작하고, 바지락을 운반하는 차량도 공동으로 이용한다. 이렇게 해서 일일 약 10만 원의 소득을 올리고 있으니 바지락 채취는 마을주민들의 중요한 소득원이 되는 셈이다. 눈여겨보아야 할 일은 1일 할당량을 초과하여 바지락을 채취한 경우 초과량은 채취자 개인의 몫으로 전환되는 것이 아니고, 마을 공동으로 판매되어 마

채취한 바지락을 물지게로 운반하는 광경

을 수익금이나 부녀회의 수입으로 계상된다는 점이다. 철저한 공동노동과 공동판매·공동수익의 원칙을 유지하고 있는 것이다.

부녀회의 정기총회는 매년 양력 6월과 12월 말에 개최된다. 선촌의 경우를 예로 들면, 총회의 진행은 회장의 개회사, 총무의 예·결산 보고와 이에 관한 논의, 후임회장 선출, 전·후임 회장의 인수인계 등으로 진행된다. 총회가 끝나면, 마을사람들을 초대하여 식사를 대접하는 것이 보통이다. 부녀회의 수입은 마을에서 공동으로 사용하는 그릇을 바꾸거나 보충하는 데 쓰이며, 기타 마을회관에 필요한 소소한 경비로 사용된다.

선촌에서 정기총회 때마다 부녀회장을 선출하는 것은 회장의 임기를 1년으로 하기 때문인데, 한 사람이 오래 할 경우 부정이 생길 소지를 방지하자는 차원에서 결의된 사항이다. 또 마을 여성들이 골고루 한 번씩 부녀회장을 해보면, 회장의 마음을 알고 상호 협력이 이루어지기 때문이라는 얘기도 하고 있다. 한편 총무는 보통 회장이 추천하고 회원들의 동의를 얻어 임명하며, 더러는 총무의 자발적 지원에 의해서 임명되기도 한다.

저두 부녀회는 양력 6월과 12월에 총회를 개최하여 결산보고를 하며 총회가 끝나면 간단한 다과를 준비하여 같이 먹기도 하지만, 부녀회장의 임기는 선촌과 달리 2년으로 하며 마을주민들의 요청이 있을 경우에는 연임도 가능하다.

어느 마을을 가나 부녀회원들은 마을의 대소사를 위하여 팔을 걷어 부치고, 부지런히 손을 놀려 먹을거리를 준비한다. 마을에 애사나 경사가 발생하면 부녀회원들은 바지락 작업을 중단하고 애경사에 협력하는데, 자녀 결혼과 같은 경사 때는 하루, 장례와 같은 애사의 경우에는 사흘간 꼬박 협력을 아끼지 않는다. 또 마을에서 경로잔치를 하는 날이면 열 일 제쳐두고 나와서 음식을 장만하고 노인들 접대에 정성을 기울인다. 간혹 마을회가 끝나고 음식을 준비해야 하는 경우에도 부녀회가 동원된다.

노인회

원산도 노인회는 회칙의 규정상 65세 이상의 남자 노인들로만 조직되어 있다. 65세 미만일 경우에는 준회원으로 가입할 수 있는데, 회원들은 마을회관에 모여 이런저런 잡담을 하거나 간단한 놀이를 하면서 여가를 보낸다. 때때로 노인들은 바다 바람과 더불어 살아온 인생을 무용담처럼 이야기하거나 고된 삶의 경험을 풀어내곤 한다.

원산 2리 노인회는 2000년 3월에 발족되었는데, 할머니들을 제외한 50여 명의 할아버지들로 구성되었다. 저두, 구치, 점촌, 진고지에 거주하는 할아버지들이 노인회의 주요 구성원들이다. 진고지는 원산 1리에 해당하지만, 거리상으로 점촌에 가까워 입회를 허용하고 있다. 새로 노인회에 가입하는 것은 개개인의 자의에 따라 가능하고, 신입회원은 원칙적으로 정해진 회비는 없지만, 본인의 성의대로 노인회비를 내며, 노인회의 운영기금으로 활용한다.

회비는 일정치 않아, 워떤 사람은 2만 원도 내고 워떤 사람은 3만 원도 내지만, 여유 있는 사람은 5만 원, 10만 원도 내지, 자기 형편에 따라서 하는거, 워치 캬, 할 수 없지, 형편 따라 사는 거지 뭐.

원산 2리 점촌노인회관의 노인들

노인회는 회장1명과 부회장 2명, 총무 1명, 감사 1명 등을 임원으로 두고 있다. 이들 임원은 총회에서 선출하고, 임기는 4년으로 규정하고 있으며, 연임이 가능하다. 총회는 회원 과반수 이상의 출석과 출석회원 과반수 이상의 찬성으로 의결하는데, 정기총회는 연 1회 개최하여 사업계획 승인과 예·결산 심의를 하고, 임시총회는 의결사항이 있을 때 회장이 소집함으로써 이루어진다.

옛날 노인회관이 건립되기 전에는 노인들이 사랑방에 모여 누룽지를 나눠 먹고, 새끼를 꼬거나 신 삼기, 소쿠리 매기 등을 하면서 노인회 모임을 대신했다. 그러나 지금은 대부분의 마을에 마을회관을 겸하여 노인회관이 있거나 점촌 같은 경우 단독의 경로당이 있는데, 겨울철이 되면 마을회관은 마실꾼들로 북적댄다. 회관의 겨울철 심야 보일러는 정부에서 유류지원비로 120만 원과, 한전에서도 유류보조금 명목으로 지원되는 50만 원으로 해결한다. 부족한 부분에 대해서는 노인회가 약간씩 추렴하여 충당하기도 한다. 노인들은 근자에 발생한 일이나 가정사, 진로문제, 노후

마을 노인들의 관광

대책 등을 주된 관심사로 각자의 입장이나 처지를 이야기한다.

원산도에서는 매년 노인들을 위한 경로잔치를 개최하여 음식을 대접한다. 비록 원산도가 여러 개의 자연마을들로 나누어져 있지만, 각 마을에서 경로잔치를 개최할 때면 원산도 전체에 거주하는 노인들을 초대하여, 어른들을 공경하고 감사하는 예를 표시한다. 경로잔치는 1년에 한 번 개최한다. 주로 농한기나 어한기를 택하여 봄 2~3월 사이에 이루어지는데 청년회나 부녀회, 마을 이장이 주선하고 동계나 어촌계 등에서 찬조하여 치뤄진다.

경로잔치가 벌어지면, 원산도를 떠난 출향인들도 때로는 금전으로, 때로는 음료수나 술, 돼지고기 등의 물질적으로 지원을 아끼지 않는데, 이날 하루는 노인들에게 즐거움을 선사하며 어르신들의 노고를 달래고 감사를 전달하는 자리가 된다. 경로잔치는 먼저 주최 측의 안내로 식장을 정돈하고 나면 식순에 따라 진행된다. 안내말씀 → 내빈소개 → 국민의례 → 감사패 수여 → 식사 → 격려사 → 축사 → 다과연 순으로 진행된다. 경로잔치에 참석하는 내빈으로는 오천면장, 농협조합장, 파출소장 등이 소개된다. 안내말씀이나 잔치진행은 주최측으로서 청년회에서 담당하며, 갖은 식재료로 조리를 담당하는 것은 역시 부녀회의 몫이 된다.

관광은 노인회의 중요한 연중행사 가운데 하나이다. 물론 관광 기금은 노인회에서 매월 각출하는 기금과 마을동계나 어촌계, 청년회, 부녀회의 지원금으로 소요된다. 이때도 이 마을 출신 출향인들이 고향을 찾거나 지인을 통하여 부조하기도 하는데, 관광은 노인들이 공식적으로 섬을 벗어나는 기회이며 가슴 설레며 기다리는 외출이다. 더 나이 들면 가고 싶은 곳이 있어도 갈 수 없을 뿐더러, 지난 세월을 돌아다 보면 아쉬움 뿐, 거동이 불편하더라도 노인들은 즐거운 마음으로 채비를 차리고 관광길에 나선다고 한다. 최근 지역의원의 지원으로 노인회관에 컴퓨터가 들어오면서 원산도 점촌의 노인들은 인터넷을 배우고 인터넷을 통하여 다양한 세상일들과 접하고 있다.

어촌계

어촌계는 원산도 주민들의 생업과 밀접한 관계를 가지고 있는 중요한 조직이다. 어촌계는 행정리 단위로 조직되며, 중심 역할을 하는 3개 마을의 이름을 따서 선촌어촌계, 점촌어촌계, 진촌어촌계로 불린다. 정관에 따르면, 어촌계의 가입은 섬에서 1년 이상 거주한 사람으로 총회의 의결을 거쳐야 하고, 정회원은 수협조합원임을 원칙으로 한다. 그러나 이 계의 설립 또는 사업을 방해한 사람이나 계의 명예 또는 신용을 현저히 손상시킨 자는 어촌계 가입이 원칙적으로 금지되고 있으며, 계원의 경우에도 1년 이상 정당한 사유 없이 이 계의 사업을 이용하지 않거나, 경비의 납입 기타 계에 대한 의무를 이행하지 않을때, 그리고 법령에 의한 행정처분, 정관 기타 제규약에 위반하거나 고의 또는 중대한 과실로 인하여 이 계의 명예 또는 신용을 현저히 손상한 자에 대해서 계원의 자격을 박탈하고 있다. 또 어촌계는 준계원 제도를 두고 있다. 계의 사업을 이용함에 결격 사유가 없는 사람에 대하여 가입신청서를 제출케 하고, 총회의 심사를 필한 자를 가입시키고 있다.

어촌계의 업무를 관장하는 어촌계장은 선거를 통해서 선출되는데, 수협에 가입한 사람을 중심으로 선거인 명부를 작성하고 각 마을별 회의를 통하여 선거를 치른다. 각 마을의 선거인들은 마을 회관에 모여 투표를 실시하는데 선거에서 최다득표자를 계장으로 결정하며, 동점자가 발생했을 때는 연장자를 계장으로 선출한다. 이러한 과정을 거쳐 선출된 계장의 임기는 4년이며 계장 밑에 간사 2명과 감사 1명, 위원 15명을 총회의 의결을 거쳐 임명한다.

정기총회는 매년 1회 회계연도 경과 후 2월 이내에 계장이 소집하며, 임시총회는 계장이 필요하다고 인정할 때나, 계원 5분의 1이상이 회의의 목적으로 하는 사항과 소집의 이유를 기재한 서면을 계장에게 제출하고 소집을 청구함으로써 개최된다.

어촌계가 담당하는 사업내용을 살펴보면, 어촌계는 시청의 수산과(水産課)와 연계하여 어업권의 취득 및 어업의 경영에 대한 전반적인 업무를 담당하고, 어업에 종사하는 사람들의 생활필수품과 어선 및 어구의 공동구매는 물론, 어촌 공동시설의 설치 및 운영, 어획한 수산물의 간이공동제조 및 가공사업을 실시한다. 이런 점으로 미루어 볼 때, 어촌계는 바다를 자원으로 활용하는 제반사항에 대한 권한을 소유하며, 원산도 주민들의 삶을 조율하는 대표적인 조직이라고 할 수 있다.

어촌계 자산은 여름철에 운행하는 유람선, 숙박시설(2층 건물) 등이며, 양식장을 관리하고 여기서 나오는 수익금으로 운영경비를 충당한다. 또 공동으로 굴, 조개를 양식하고 선박임대, 종자구입, 유류구입도 공동으로 하며 여기서 발생하는 수입을 어촌계의 수입으로 한다. 계원 개개인은 각 가구별로 징해진 일정량의 바지락을 채취하여 판매하거나 가두리 양식 등을 수입원으로 한다. 이렇듯 어촌계는 바다에서 발생하는 전체 소득에 대한 통솔권과 관리권을 갖고 있다. 다만 바지락 채취에 관해서는 실질적인 관리 통제권이 마을 단위의 부녀회에 위임되어 있는 셈인데, 이는 최근 부녀회의 권한이 많이 강화되어 있음을 보여준다.

마을 안팎의 비공식 조직들

이상과 같은 마을 자치조직과는 별도로 주민들은 회원간에 친목을 도모하면서 공동의 문제를 해결하기 위해 다양한 자발적 결사체들을 만들고 있다. 대부분의 조직들은 생업과도 긴밀한 관계를 갖는 것들인데, 그 가운데서도 상사가 발생했을 때 주민간의 협력을 통하여 장의를 처리하는 상주계나 어선을 갖고 있는 선주들의 모임인 선주회, 지역 발전을 도모하려는 번영회 등이 대표적인 것이다. 이 밖에도 주민들은 각자의 연고나 취향에 따라 다양한 친목 모임을 갖고 있기도 하다.

상주계

원산도의 상주계(喪主契)는 상사(喪事)를 원활히 치르기 위하여 마을주민들끼리 구성한 계로, 마을에 따라 상포계, 상여계라고도 부른다. 원산도에서 상사란 다른 마을들과 마찬가지로 임종에서 발인, 하관, 봉분조성까지의 전 과정을 이르는데, 전 계원이 임종이나 수시(收屍: 사자의 손발을 주물러 반듯하게 하는 일)까지 참석하는 것은 아니다. 상이 발생하면 상주나 상가 인근에 사는 계원이 계장에게 알리고 계장은 이를 계원들에게 통지하기 때문에, 대처에 나가 있는 계원들은 발인 전날부터 참석하는 것이 보통이다. 그러나 상가 근처에 사는 계원들은 사망소식을 접하면서부터 불을 피우고 음식 장만을 거들거나 염습을 하기도 한다.

원산 1리의 상주계는 1972년에 15명의 선후배가 함께 모여 결성하였다. 결성당시에는 재정이 부족하여 계원들로부터 일정금액을 갹출하여 재정을 마련하고, 상이 나면 돼지나 막걸리 등으로 계를 태워 주었다. 뿐만 아니라 초상 전 기간을 자기 일처럼 헌신적으로 협력하면서 계를 키워왔다. 계를 설립하던 당시에는 개별적으로 큰일을 치르기가 힘든 상황으로 친족을 갖지 못한 사람들끼리 큰 일을 치러내기 위해 만들어진 것이다. 물론 상사는 계원들 힘만으로 치러내는 것은 불가능하고 마을주민이라면 모두 내일처럼 거들고 공동으로 협력하는 마을 공동의 일이다. 그러나 계원들은 상여를 매거나 산역에 종사하고, 마을주민들은 장례를 치르기 위한 제반준비에 매달리고 묘지조성에 팔을 걷어붙인다.

그러나 원산도의 상계도 이제 그 생명력을 다하고 계원들간의 결속력도 약화되고 있다. 대부분 계원들의 부모세대가 이미 다 세상을 뜨면서 상주계의 원래 목적이 그 효력을 다했을 뿐만 아니라, 계원들이 출어하는 경우에는 남자들이 섬에 남아 있지 않아 상사가 있어도 참석을 못하는 경우가 자주 발생하기 때문이다. 그래서 최근에는 이러한 상계를 지양하고 마을에서 상사를 전담해서 치러주기 위해 마을장으로 그 원칙을 바꾸었다.

상여는 마을마다 따로 마련되어 있다. 사창마을은 해변가 소나무숲 사이의 상여집에, 저두는 마을 농기계 보관창고에, 점촌은 개경 산 너머에, 그리고 구치는 해변가 상여집에 상여를 보관하고 있다. 발인 시 담꾼들이 상여를 매면, 고인의 직계 손을 제외한 사위나 친척들은 상여 줄에 노자 돈을 걸면서 망자의 안녕과 극락장생을 염원하는 길놀이를 한다. 만장과 영정이 앞서고 요량 잡이가 흥을 더한다. "배고파 못 간다", "노자 돈이 부족하다" 등의 실랑이를 벌이면 친족들은 다시 상여 줄에 노자 돈을 거는데, 그렇게 해서 모여진 돈의 일부는 마을기금으로 적립되고, 일부는 요량 잡이 일당의 수고비로, 일부는 장례 기간 동안 고생한 부녀회에게, 또 일부는 상주에게 돌려주어 장례를 정리하게 하거나 삼우제를 준비하게 한다.

상주는 장례에 협력한 마을사람들에게 운동화나 장화, 수건, 장갑, 담배 등을 지급한다. 여성들에게는 고무장갑, 수건 등을 마련하여 감사의 뜻을 표하기도 하는데 이러한 상계는 한 마을에 하나만 조직되어 운영되는 것이 아니라, 같은 마을에도 여러 상계가 조직되어 운영된다. 자연마을을 생활의 기본단위로 하는 섬마을이나 시골농촌에서는 흔한 일이다. 저두나 구치는 상포계 혹은 위친계라고 부르며 점촌은 상조회가 마을의 상사를 대신한다. 점촌 상조회는 마을에 유고가 있을 때 가구당 1명의 참가를 원칙으로 하고 있으며, 육지에 나가있는 사람도 필히 참석해야 하는데 불참할 경우 5만 원의 벌금을 내야 한다.

선주회

선주회는 점촌어촌계 산하의 점촌과 저두 출신 선주들로 조직된 친목 모임으로, 현재 회원은 26명이며, 저두의 조병석 씨(62세)가 회장을 맡고 있다. 선주회의 선주들이 소유한 배는 약 40여 척이 된다. 그 가운데 저두 배는 30여 척, 점촌 배가 약 10척으로 주로 어업과 가두리 양식에 활용된다. 선주회가 주관하는 주된 사업은 한 해의 풍어를 기원하는 풍어제를 지내는 것인데, 선주회장, 어촌계장, 이장의 합동 주관하에 정월 열 나흗날에 지낸다.

풍어제를 지낼 때는 3개 마을의 부녀회에서 제물과 음식물을 준비하여 제를 지낸 후 음식을 나누며, 진고지나 선촌에서도 사람들이 참석하여 한해의 풍어를 기원한다. 풍어제는 저두 선착장에서 이루어진다. 먼저 선착장에서 고사를 지내고, 각 배를 돌면서 뱃고사를 지내는데, 선주들이 5만 원 혹은 10만 원씩을 찬조하여 제수를 마련하고 남는 돈은 선주회의 기금으로 적립한다. 선주회의 정기총회는 1년에 한 번 풍어제가 끝난 후에 개최된다.

그 밖의 조직들

최근 해수욕장에서 장사하는 사람들끼리 원산도해수욕장 번영회가 조직되었다. 회원은 20여 명으로, 상거래질서의 유지와 손님맞이 해수욕장 청소 등 여름철 해수욕장 개장 준비를 공동으로 실시한다. 회비는 연회비로 30만 원이다. 적립된 회비는 1년에 2~3회 개최하는 총회 비용으로 지출하기도 하고, 일부는 초등학교나 중학교에 장학금으로 기부하고 있다.

2002년에는 원산도의 개발을 위한 원산도해수욕장 개발주식회사가 설립되었는데, 이 조직은 100여 명의 주민들이 100만 원씩을 출자하여 주주로서 참여하고, 원산도 발전계획을 수립·논의한다. 1년에 한두 번씩 회합을 가지는데, 주주는 나이 구분 없이 원산도에 사는 주민들로 구성된다. 주식회사란 이름을 갖고 있지만, 일반 회사와는 달리 사단법인으로 등록되어 있어 법으로부터 보호를 받고 있으며, 세무감사는 물론 세금신고도 한다. 출자금은 농협에 예치하고 이자는 그대로 적립하는 것을 원칙으로 하며, 대표이사와 부회장, 사무국장, 총무 그리고 11명의 이사를 선임하여 활동하고 있다. 총회는 매년 6월과 12월에 개최하고 번영회 사무실을 회의장으로 활용하며, 총회 때마다 회원 당 5만 원씩을 납부하여 운영비로 사용한다.

이 밖에 원산도에는 학교 동창들로 구성된 친목계나 자녀들의 결혼 자금을 준비하기 위한 혼인계, 부부동반의 등산모임 등이 다수 존재한다.

주민들의 종교생활

원산도 주민들은 다양한 신앙을 토대로 삶의 터전을 일구어 왔다. 해방 후까지 제주 고씨 성을 가진 형제무당이 주관하는 당굿이나 액막이굿을 흔히 볼 수 있었으며 마을별로 길옆에 성황당이 있어 마을의 안녕과 평화를 기원하기도 하였다. 얼마 전까지 각 마을에서 당제나 거리제, 우물제, 풍어제를 지내는 관습이 있었다는 것도 원산도 사람들의 삶이 다양한 민간신앙과 긴밀히 관련되어 있다는 증거이다.

마을주민의 증언에 의하면, 옛날에 진촌의 오봉산 자락에 절도 있었다고 하지만 현존하는 사람 중에 절을 본 사람은 없고, 단지 옛날 어른들의 전승만으로 이를 언급하고 있다. 또 1830년대 귀즐라프 선교사가 원산도에 상륙하여 주기도문을 전파하였다는 기록에도 불구하고, 원산도의 기독교 활동에 대한 기록은 찾아볼 수 없다. 현재는 선촌감리교회를 비롯하여 6개의 교회가 입지하고 있어 기독교 선교활동을 전개하고 있다. 육지와 격리된 섬마을로 인구가 점점 줄고 있다는 점을 감안할 때 일곱 개의 교회가 있다는 점은 놀라운 일이다. 원산도 교회 역사의 시초는 1957년에 들어온 선촌감리교회로부터 시작되는데, 그 전에 성결교회가 입지했다는 이야기가 회자되고 있지만 분명치 않다.

선촌의 김현두 씨에 따르면, 그 자신이 홍성에서 고등학교를 다니며 처음 기독교도가 되었고, 고등학교를 졸업하면서 원산도에 들어와 김정신 전도사를 모셔다 집회를 연 것이 계기가 되었다고 한다. 그 후, 마을 여자들이 모여 여름에는 모래사장에서, 겨울에는 남의 빈방을 얻어 예배를 보면서 신앙의 싹을 틔운 것이다. 선촌감리교회는 1958년에 정식으로 교회등록을 마치고 천막을 설치하면서 본격적으로 섬마을의 전도를 시작하였다. 현재의 교회는 1970년도에 신축하였는데, 원래는 점촌에 세우고자 하였으나 부지가 없어 선촌에 세웠던 것이다. 지금 교회 부지는 일제 강점기 주재소가 있던 곳으로, 과거 지하에는 고문실이 마련되어 있었다고 하며, 해방 후 지서로 사용되다가 그것이 폐지되면서 건물을 헐고 대지만 남아 있던 곳을 김계옥 씨가 구입하였고, 이를 교회가 다시 구입한 것이다.

교회 설립 초기에는 처녀 총각들이 몰려다닌다는 이유로 부모들의 반대가 극심하

선촌감리교회 전경

였다고 한다. 개경 출신의 김성월 씨나 진고지 출신의 하종연 씨, 김성희 씨 등이 초창기 교회에 열심이었던 사람들로, 이들이 원산도에 기독교를 보급하는 역할을 한 셈이다. 그러나 초창기에 교회설립을 주도했던 사람들은 결혼을 계기로 원산도를 떠났거나 이미 고인이 된 경우도 있다.

현재 선촌감리교회는 어른 40~50명과 청년 10여 명, 그리고 어린이 15명 등 70여 명이 재적하고 있어 원산도에서는 가장 왕성한 선교활동을 전개하고 있다. 연령별로는 60~70대가 대부분이며 80대는 7명, 나머지는 어린이나 학생들이다. 원산도 교회의 설립연도를 보면 다음과 같다.

선촌감리교회	1957년 설립
저두교회	1986년 설립
점촌성결교회(원의 제이교회)	1983년 설립
구치감리교회	1986년 설립
사창안식교회	1966년 설립
진촌감리교회	1970년대 초 설립
초전장로교회	1990년대 초 설립

이 교회들은 나름대로의 목표를 가지고 선교활동을 전개하고 있지만, 대부분의 교회가 열악한 재정 상황을 극복하지 못하고 있는 듯하다. 특히 일요일에 바지락을 캐는 작업이 있거나 마을주민의 결혼식이라도 있는 날이면, 교회에 출석하는 사람들은 대부분은 어린이들에 불과하다.

교회와 주민들 간의 관계를 살펴볼 때 교회가 주축이 되어 치루는 행사는 없고, 마을 노인잔치 같은 행사에 간접적으로 지원을 하고 있는데 주로 마을에서 큰일을 치루거나 단체여행을 갈 때 성금의 일부를 지원하는 정도이다.

원산도의 교육

원산도의 교육기관으로는 광명초등학교와 원의중학교가 있다. 광명초등학교는 원산도리 787번지에 위치하며, 원래 1937년 5월 18일에 4년제 광명공립보통학교로 개교하였다가 1950년에 광명국민학교로 개칭하고 추도와 월도에 각각 1968년과 1974년에 분교장을 설치하였다. 1982년 3월 1일에는 효자분교장을 설치하면서 광명국민학교는 원산도와 주변 도서 일대의 초등교육을 담당해왔다. 1984년에는 광명국민학교 병설 유치원을 개원하여 원산도 주민들의 일손을 덜어주기도 했다. 그러나 그 후 취학아동의 감소로 인해 1990년 월도와 추도 분교장을 통폐합했고, 1996년 3월 1일에는 광명초등학교로 교명을 개칭하였다. 광명초등학교는 2007년에 제68회 졸업식을 거행함으로써 개교 이래 총 2,601명의 졸업생을 배출하는 역사를 가지고 있다. 현재는 양달호 교장 선생님 이하 8명의 교사와 6명의 행정요원이 5학급 47명을 지도하며 그 명맥을 유지하고 있다.

광명초등학교 33회 졸업생 88명을 중심으로 구성된 광명초등학교 동창회는 정기적으로 30~40명 규모로 대천이나 경인지역에서 1년에 두 번씩 모임을 갖는다. 회비는 매번 5~6만 원이고, 별도의 기금을 마련하지는 않고 있지만 매년 광명초등학교에 '33회 장학금' 이라는 명목으로 33만 원을 기부하고 있다.

광명초등학교의 전
경

원의중학교

원의중학교는 학교법인 송죽학원에서 1964년에 설립하여, 원산도와 효자도 일대
의 학생들의 교육을 담당했다. 현재 학생 26명이 재학 중에 있지만 학생 수가 많았던
1983년 같은 경우는 86명의 졸업생을 배출하였다. 이 숫자는 원의중학교 개교 이래
가장 많은 졸업생수인데, 그 후 취학아동의 급격한 감소로 현재의 상태를 유지하고
있다.

현재 재학 중인 원의중학교의 학생들의 거주 지역을 살펴보면 선촌과 점촌이 각
각 4명으로 가장 많고, 진고지 2명, 구치 2명, 사창 3명, 진촌 3명, 초전 2명, 저두 3명
그리고 인근의 효자도에서 통학하는 학생이 3명이다. 학생들의 통학버스는 초등학
교 중학교 학생들이 공동으로 이용하는데 현재 두 대를 운행하고 있다. 이 버스는 효
자도 초등학교가 폐교되면서 원산도 초등학교 구역 내에 있는 학생들을 위해 지급
된 것이다.

2002년에 결성된 원의중학교 총 동문회는 어린 시절의 고향의 추억을 달래고 바
다와 더불어 살아온 유년시절의 꿈을 서로 나누는 교제의 장이다. 총 동문회는 주로
경인지역에서 개최된다. 2005년 인천에서 개최한 정기총회는 300여 명이 참석하여
성황리에 마쳤다. 1부에서는 한해의 동창회의 사업보고나 예·결산보고를 하고 새

원의중학교 전경

로운 안건을 채택, 의결하기도 한다. 2부에서는 식사를 하면서 친구나 선·후배들끼리 담소를 나누는 시간을 갖고, 3부에서는 각 기수별 노래자랑이나 장기자랑을 통해서 동문 간 우애를 다지기도 한다. 해마다 한 번씩은 체육관이나 운동장을 빌려서 동문체육대회를 개최하는데, 기수별로 돌아가며 개최를 하고 동문회에서 상품을 협찬하여 후원한다.

변화와 전망

원산도는 최근에 들어와 많은 변화를 경험하였다. 특히 정부의 에너지 다변화정책의 일환으로 1980년대 이후 보령화력발전소가 건설되면서 원산도가 겪은 변화는 상당한 것이었다. 무엇보다도 바다에 풍성했던 해초가 없어지면서 김이나 굴 양식이 어려워졌고, 미역 채취도 전혀 예전 같지 않다. 바지락 종패를 뿌려도 자생력이 없으며, 농작물의 작황도 그리 좋지 않다. 마을주민들은 이러한 농·어업의 피해가 전적으로 보령화력발전소의 설립에 따른 것으로 판단하고 피해보상 투쟁을 전개하여 발전소로부터 보상 명목으로 보상금을 받아냈다. 보상액은 인구와 면적에 비례하여 지급되었으며 그 자금으로 종패를 뿌리거나 하수도 공사, 마을회관을 신축하였다.

원산 2리의 경우는 보상금으로 종패사업, 의료기 사업을 실시하고 마을회관에 심야 보일러를 설치하였으며, 콤바인과 건조기를 공동으로 구입하였다. 원산 3리는 2005년에는 바지락 양식장 정화사업과 종패뿌리기를, 2006년에는 바지락 종패뿌리기, 농기계 구입, 노인 의료기 등을 구입하였다.

현재 계획되고 있는 원산도와 안면도를 잇는 연륙교공사 역시 원산도에 큰 변화를 초래하게 될 것이다. 주민들 대다수는 연륙교가 건설되면 배에 의한 운송수단의 한계를 극복하게 되고, 지역경제가 살아날 것이란 기대로 환영하고 있다. 한편으로 원산도의 특성상 레저사업의 가능성을 주장하는가 하면 다른 한편으로는 현재의 어장 황폐화, 자원 고갈, 어족 자원의 감소로 인한 젊은 인구의 유출을 걱정하면서 주민들은 정부의 적극적인 조치를 요구하고 있다. 개발 규제를 폐지 내지 완화하고 관광개발정책의 수립을 통해 지역경제의 활성화를 모색해야 된다는 것이다. 개발위주의 정책이 마을의 발전과 활성화를 초래할지, 아니면 정든 삶의 터전을 파괴하고 새로운 위화감을 조성할지 우려의 목소리들이 높아지고 있다.

여하튼 연륙교의 가설과 원산도의 관광레저단지 개발은 원산도 주민들의 생활을 크게 변화시킬 것이다. 그런 가운데 원산도 주민들이 원산도를 지키고 원산도를 더 나은 삶의 터전으로 만들어갈 수 있을 것인지 주목된다.

(권 병 욱)

근대 이후 일상생활의 변화

조선시대 충청수영에 소속되어 관청의 말을 키우던 섬으로, 조운의 중간 기착장이자 수군의 요충지로, 또한 귀츨라프 신부 등 서양인 및 중국 어부들이 잠시 체류하여 서학 등 동서 문물을 전파한 통로로 유명했던 보령시 오천면 원산도리는, 긴 역사를 지닌 섬마을이다. 유난히도 굴곡이 많았던 한국 근 · 현대기를 지나오면서 원산

원산도 염전

도는 다른 도서지역과 마찬가지로 가난하고 어려운 삶을 유지하였지만, 지금은 아름다운 서해안의 관광지이자 바지락의 생산지로 전성기를 맞이하고 있다.

전반적으로 볼 때 원산도는 전형적인 반농반어의 섬이며, 충청도 해안문화권에 속해 있다. 내륙과의 교류가 용이하지 않았던 지리적 조건 때문에 비교적 지금까지 풍어제, 당제, 용왕제 등 옛 문화가 잘 보존되고 있다. 해변가에 거주하고 있는 주민들은 거센 바다의 도전에 응전한 결과인지 거칠고 강한 인상을 주는데, 매사에 적극적이고 단결심이 강하며 생활력 또한 매우 강하다. 한편, 섬 내륙에서 농업에 종사하고 있는 주민들은 육지의 농경민처럼 온화하고 느긋한 인상이다. 본 장에서는 이러한 원산도 주민의 근 · 현대기의 일상생활과 그 이면에 흐르고 있는 섬 문화의 특징을 살펴보고자 한다.

교통체계의 변화와 근대문물의 유입

뭍으로의 장거리 여행길

일제 강점기 이래로 식량 자급자족이 어려웠던 원산도는 주민들이 필요한 생필품 구입하고, 자가 생산한 농 · 수산물을 판매하기 위해 태안반도 일대에 분포한 5일장들을 이용하였다. 주민들은 1970년대 중반까지 삽시도, 호도, 녹도, 외연도 주민들처럼 5일에 한 번 운행되는 장배를 타고 광천장(4, 9일장)을 주로 이용하였는데, 그것은 원산도 앞바다의 조수의 흐름이 광천 방향으로 흘러가고 있었기 때문이다. 원산도에는 자연마을마다 총 7척의 장배(돛단배)가 있었는데, 노 저어 가면 6시간, 운 좋게 조류를 이용해 가도 3~4시간은 족히 걸리는 먼 곳이었다. 이 장배는 60년대 발동기배가 도입되면서 통통배(동력선)로 바뀌었지만, 파도가 잔잔할 때만 동력을 이용하고, 대체로 바람과 조류를 함께 이용했다 한다. 즉, 오늘날의 신안페리호처럼 대천항에 수시로 드나들 수 있는 것이 아니라 썰 · 밀물 등 물때를 맞추어야 하는 것이었다.

광천읍 옹암포에 배로 도착하면 인근 광천역에서 장항선을 통해 서울로 연결될 수 있다. 그러나 광천시장이나 서울 모두 하루만에 다녀올 수 없는 곳이었다. 2~3일이 걸리는 것은 보통이었고, 바람이라도 불면 일주일 이상 걸리기 때문에 남자들이 다녔다. 그러다 몇몇 집이 교대로 공동 장보기도 창안해내었고, 연안 어업에 종사하는 남편들이 있는 부인네들은, 직접 시장 출입을 하기도 하였다. 이와 같이 주민들의 시장 출입은 시간과 비용이 많이 드는 먼 여행길이었다.

장사치들은 바구니, 포목, 화장품, 옹기, 과일, 꿀, 염료, 실, 바늘, 비누, 성냥 등 생필품들을 가득 싣고 와서 다음 장배가 출발할 때까지 5일간 섬에서 장기 체류하면서, 원산도 10여 개의 자연마을을 누비고 다녔다. 이들은 내륙에서 생산된 신기한 물품들과 함께, 중앙의 뉴스와 각종 소식들을 서비스로 전해주었고, 5일 후에는 물물교환하여 바꾼 원산도표 김, 팥, 콩, 생선 등을 가득 싣고, 육지의 시장으로 돌아갔다.

저두 선착장

대천항의 전경(위)
대천항의 어항 어시장(아래) 시장 출입은 시간과 비용이 많이 드는 먼 여행길이었다.

그 후 원산도 역사에 한 획을 긋는 사건이 일어났는데, 그것은 선촌에서 여객 사업 하던 김영희 씨가 '장성호'라는 동력 여객선을 운영하여 1972년부터 원산-오천을 하루에 한 번 왕래하게 된 것이다. 비록 하루에 한 번 사람만 수송하는 여객선이었지 만, 종일 걸리는 육지로의 긴 여행을 불과 30분 내로 단축시켜주어, 물류 및 인적 교 류에 일대 혁명을 가져왔다. 즉, 아침에 시장에 갔다가 저녁에 귀가할 수 있게 되자, 원산도 주민들의 시장권은 서서히 오천 쪽으로 바뀌게 되었다. 더욱이 1982년 서산 A, B지구 간척 물막이공사가 완공되면서 어천항이 폐쇄되었고, 조수의 흐름이 약해 지면서 어종 또한 달라졌다. 이제 조류를 따라 원산도에서 광천으로 가기가 어려워 졌고, 광천항으로 가던 장배도 역사 속으로 퇴장하였다. 1980년대 중반에 들어서면 서 오천항을 연결하는 '무궁화호'가 이틀에 한 번, 대천항을 잇는 '대성호'와 '새마 을호'가 하루에 한두 차례 왕래하게 되면서 육지와의 소통이 본격적으로 이루어지 게 되었다. 운행시간도 30~40분 정도로 대폭 축소되자, 주민들은 보령시의 대천 상 설시장과 병원, 기타 공공시설들을 애용하고, 대천에서 장항선 철도를 이용해 서울 로 왕래하게 되었다.

원산도는 비교적 큰 섬이지만, 섬 내에서의 상권은 그다지 발달하지 못하였다. 일 제 강점기 점촌에는 고무신을 팔던 김승태 씨의 신발 가게가 있었고, 봉초를 말아 피 우던 당시 마꼬담배(궐련)를 판매하던 김진욱 씨의 담배 가게가 있었다. 원산도에서 가장 성황리에 운영되어, 지점까지 둔 상섬은 바로 양조장이었다. 밀가루, 보리, 옥 수수 등의 원료로 주조한 막걸리 양조장이 선촌에 본점을 두면서, 진말에 한 곳, 점 촌에는 두 곳의 지점을 두었다. 추운 겨울에 바닷바람을 맞으며 조업하려면 알코올 의 도움을 받을 수밖에 없었던 섬마을 환경 탓이라 하겠다. 대부분의 집에서도 밀주 를 만들었는데, 양조장의 제보를 받은 장항세무서에서 밀주 단속을 나올라치면, 막 걸리 독을 짊어진 남정네들의 행렬이 들판이나 산속으로 줄을 이었다. 해방 이후, 원 산도에 세 개의 정미소가 들어섰는데, 논이 많았던 진촌에 제일 먼저 생겼다 한다. 한편 낚시꾼이나 여름 휴양객들을 위한 음식점은 1980년대부터 선촌에 생기기 시작 하여, 현재 원산도 출입 항구의 경관을 형성하고 있다.

근대문명의 환희와 의식주의 변화

문명의 총아, 전기 · 전화의 보급

전기가 없었던 어두운 시절, 어둠을 밝혀주는 것은 등잔이었다. 일제 강점기 여유
있는 사람들은 고가의 석유등잔과 남포등, 호야램프 등을 썼고, 외출 시에는 대한등
이라는 것을 손에 들고 다니거나, 탄광에서 쓰는 간드레(카바이드 등)를 사용하기도
하였다. 간드레는 거센 바닷바람에도 늠름하게 주위를 환하게 밝혀주었지만 가난한
이들에게는 그림의 떡이었다. 형편이 어려운 주민들은 배에서 얻어온 생선 창자와
간 등을 끓여 만든 기름에 심지를 박아 등잔으로 사용하였는데 구린 냄새 나 '구른
지름' 이라 불렀다. 그 밖에도 아주까리기름을 짜서 접시에 담아 심지를 박아 쓰기도
하였고 관솔불이라 하여 관솔(소나무)을 젓가락 모양으로 쪼개 녹인 황을 찍어 쓰기

마당에 설치된 전봇대

도 하고, 풀을 말려 비벼서 솜처럼
만든 후 부싯돌로 불을 붙이기도
하였다. 도시에서 즐겨 썼던 양초
와 통성냥, 곽성냥 등은 1960년대
이후에야 보편화되었다. 한편, 땔
감이 부족했던 원산도에서는 주민
들의 남벌로 인해 산이 벌거숭이가
되었다. 땔감을 자급자족할 수 없
었던 주민들은 자가 수확한 볏짚이
나 콩깍지 혹은, 안면도에서 나무
등을 사다가 사용하였다.

천 년 세월 동안 흐릿한 등잔불
아래에서 눈을 비비며 바느질하는
원산도 어머니들의 밤을 환하게 밝
혀준 것은 일명 '기계박사' 라 불렸
던 개인 사업가 추관식 씨가 자가

지하수를 품어 올리는 관정 모터

발전 발동기를 돌려 전기를 생산한 1972년경부터였다. 그러나 생산된 전기 양이 충분치 않아 한 집당 전등 1~2개 켤 정도로만 공급되었고, 그나마 시간제한까지 있어 11시경이 되면 소등해야 했다.

원산도에 본격적으로 전기가 들어오게 된 것은 1977년 새마을 지도자 이원득 씨가 당시 정권의 실세였던 김종필 씨에게 청탁하였고, 각 마을의 이장님들이 관계부처에 줄기차게 민원을 올린 덕분이었다 한다. 인부들이 산꼭대기까지 전주를 끌고 올라가 설치하는 것을 보고 감격한 주민들은 인부들에게 술과 밥을 대접하고, 심지어는 자신의 안마당에 전주를 세우겠다고 자원까지 한 주민도 나왔다. 물론 그 당시는 전자파의 위험성을 몰랐던 때였다. 드디어 1981년 7월 준공하여 섬주민들이 모인 가운데 점화식을 하였다. 감격스런 순간이었다. 이때 각 집당 전봇대 값으로 약 100만 원을 30년간 융자받았는데, 2005년 12월에 조기상환하여 끝이 났다.

전기의 개통은 원산도 역사의 한 획을 긋는 사건으로 꼽힐 만큼 중요한 의미를 지닌다. 육지와는 달리 원산도에서의 전기는 텔레비전, 냉장고, 세탁기 등 가전제품의

말끔히 포장된 점촌 원의중학교 앞 길

이용에 국한된 것이 아니라 식량증산과 직결되어 있다. 일제 강점기와 1960년대를 전후해서 개간된 세 곳의 간석지는 농업용수의 부족으로 농경지로 기능할 수 없었다. 그 밖의 원산도의 논들은 천수답이어서 풍흉을 가늠하기 어려웠고, 생산량 또한 적어 1마지기당 2섬밖에 소출이 나지 않아 식량의 자급자족이 힘들었다. 그러나 펌프를 설치하여 지하수를 품어 올릴 수 있게 하는 동력인 전기의 개통으로 인해 간석지와 내지의 천수답에서도 미작을 경작할 수 있었다. 이와 함께 1970년대 이후 통일벼라는 종자와 화학비료의 보급으로 인해 1마지기당 4섬까지 미곡 생산량이 증가하게 되었고, 원산도 주민들은 원산도표 쌀밥을 마음껏 먹을 수 있게 되었다.

원산도에는 전기보다 전화가 먼저 들어왔다. 물론 그 차이는 몇 개월밖에 되지는 않았지만 선촌은 1차에, 점촌은 2차에, 진촌은 3차에 개통이 되었다. 1차 때 들어 온 전화는 수동식 전화로 37대가 배당되었는데, 신인철 씨가 끝 번호를 배정받았고, 각 집당 14,500원을 냈다고 한다. 이제 주민들은 각지에 있는 자식들이나 친지들과 전

원산도 교통 수단 원산도에는 트럭이 눈에 많이 띈다.

화로 연결되었고, 정보를 교환할 수 있게 되었다.

이 마을의 부자들은 일제 강점기 유성기(축음기)를 구입하여 당시 유행하던 가수 김수남, 남인수, 고복수 등의 황성옛터, 백년설, 애수의 소야곡 등을 즐겨 들었다. 라디오는 배터리를 사용하는 광전식 라디오로 한 마을당 몇 집밖에 없었고, 1970년대 초반 처음 보급되기 시작한 텔레비전도 한 마을에 한두 집 정도밖에 없었다. 서울에 시집간 누나가 돈을 모아 친정 부모님 보시라고 보낸 텔레비전은 마을의 안방극장이 되어 저녁식사 후 옹기종기 모여 야심한 밤까지 영상의 세계로 인도하였다.

1970년대 후반기, 다른 지역에 비해 뒤늦게 시작한 새마을운동으로 도로가 확장 · 포장되면서 경운기, 오토바이 등이 원산도에서 서서히 모습을 드러내기 시작하였다. 1970년대 후반기부터 시작된 김 양식업과 1990년대 이후부터 지금까지 전개되는 바지락 양식업 및 가두리 양식업, 그리고 근해어업은 1980년대 이후 생선 가격의 상승으로 주민들의 경제적 상황을 호전시키고 있다. 경제적 이윤의 창출은 자녀들의

저두에서 점촌으로 가는 도로

외지 교육 확대와 주거, 교통·생활의 변화로 이어졌고, 생업부분의 지속적인 재투자로 이어지고 있다. 아울러 최근 보령화력발전소의 가동에 따른 환경피해와 어업피해로 인한 지역발전기금 유입은 마을 도로의 보수 및 포장, 항구의 정비, 마을회관 건설과 무료 버스의 운영 등으로 주민들의 생활환경을 편리하게 바꾸고 있다.

이 같이 도로환경이 변하고 생활이 윤택해지면서, 자가용도 바다 건너 들어오게 되었다. 현재 원산도 주민의 1/3 정도가 트럭이나 승용차를 소유하고 있으며, 40~50대 주민들 대부분이 트럭이나 자가용을 몰고 다닌다. 예를 들어 가구 수가 60호인 진촌에는 자가용 5대, 트럭 10대, 오토바이는 10대가 있으며, 초전의 주민의 2/3가 1톤 트럭을 소유하는 마이 카 족이다.

원산도 먹거리는?

원산도는 가난한 섬이었다. 새파란 보리 이삭이 나오면 영글기만 하염없이 기다리며, 보릿고개가 어서 지나가기 바랐다. 기다리다 못해 덜 영근 보리를 맷돌에 갈아 죽을 쑤어 먹으면서 하루하루를 연명하였다. 전기가 들어와 관정을 파기 전 70년대까지만 해도 보리밥이 주식이었고, 제사 때나 되어야 쌀밥을 구경할 수 있었다. 쌀밥이 먹고 싶던 아이들은 자정이 넘어서까지 밀려오는 잠을 쫓으며 기꺼이 기다렸다.

열일곱에 배 타고 가마 타고 원산도로 시집왔어. 고향은 안면도이고. 옛날에는 흉년이 계속 들어 보릿고개 지나가기만 바라보고... 보리 이삭 새파란 것이 나오면 그것이 영글기만 바라보고... 보리를 맷돌에 갈아서 죽을 쑤어서, 그것도 맛있게 먹었어. 보리가 적으니까 보리죽을 쑤어 먹고, 고구마도 먹었어. 열아홉에 큰 아들을 낳았어. 옛날에 얼마나 가난했었던지... 돈벌이는 없고... 바다에서 고기를 조금씩 잡아 그것을 팔아 보리를 조금 사고. 막걸리 찌꺼기 먹고 산 사람도 있어. 그 시절 생각하면 지금은 호사하는 거야.

섬마을이라는 자연환경이 가장 두드러지게 반영된 곳은 아마도 먹거리일 것이다. 섬마을사람들은 산에서 나는 나물들을 잘 모르기 때문에 거의 먹지 않는다. 육지의 대표적 나물인 고사리, 취나물, 버섯, 두릅 등은 원산도에 알려지지 않았다. 산에 도토리가 지천으로 널려 있어도 도토리묵을 해 먹을 생각조차 하지 않는다. 또한 쑥은

아이들의 간식인 대숙(왼쪽)과 지충(오른쪽)

갯벌에서 바지락을 채취하고 있는 원산도 여인들(위)
간사지 제방의 생(아래)

뱅어포(왼쪽)와 소라(오른쪽)

떡을 만들 때 이용할 뿐 국으로 끓여 먹을 줄도 모른다. 대신 여러 가지 해초를 재료로 육지 사람들이 먹는 나물을 한다. 육지 사람들에게는 매우 생소한 참말(참몰), 지충이, 남은툿, 청각 등을 끓는 물에 새파랗게 데쳐, 참기름 한 방울 넣어 나물로 무쳐 먹는다. 그 중 청각은 김장용으로도 쓰고, 듬북은 말려놓았다가 나물을 해먹는다. 그 밖에 몰을 가지고 말죽이나 말밥을 해먹기도 하고 김과 비슷하게 생긴 세비로 국이나 튀각을 해 먹는다. 참말로는 새파랗게 데쳐 겉절이 담듯이 김치도 만들고, 고춧가루를 넣어 나박김치처럼 물김치로 담그기도 한다.

원산도는 섬 둘레가 주목망을 설치하기 좋은 입지조건을 갖추고 있고, 연안 안강망을 하는 가구도 있어 멀리는 연평도나 목포 앞바다까지 나가서 조업하였다. 어업에 종사하는 주민이 많았기 때문에 여러 종류의 생선을 먹을 수 있었다. 원산도 주변 해안에서 잡았던 어종은 까나리, 실치, 빈댕이, 민어, 조기, 갈치, 홍어, 멸치, 병어, 가자미, 오징어, 꽃게, 대하, 광어, 도다리, 농어, 아나고, 갱개미(간재미) 등이 있었는데 최근에는 광어와 우럭 등을 양식하고 있다. 과거에는 냉장시설이 부재했기 때문에 대부분의 생선들을 원산도에서 생산된 소금에 절여 서늘한 바닷바람에 말려 저장하여 먹곤 하였다. 그래서 지금도 "트룸 해 먹자"라고 말하곤 하는데, 그것은 짜게 절인 생선에 호박을 듬뿍 넣어 조려먹는 것을 뜻한다. 김장을 담글 때에도 소금을 쓰지 않고 배추를 바닷물에 몇 시간 담가놓는 것으로 절이는 과정을 대체한다. 이렇게 하면 김치가 시원하고 맛있으며, 무르지도 않는다고 한다. 그리고 김치에는 소금을 쓰지 않고 원산도 명물인 까나리 액젓만 넣는다.

원산도는 김 양식으로 유명한 섬이었다. 그래서 그런지 김으로 국을 끓여 먹기도 하고, 들기름을 발라 살짝 구워내기도 하고, 새콤달콤하게 나물로 무쳐서 먹기도 하였다. 최근 원산도 명물로 생산되는 바지락 음식도 발달하였다. 바지락이 통통하게 살이 오를 5월 무렵, 소금에 절여 숙성시킨 바지락 젓갈은 일품이며, 맛이 시원한 바지락 탕, 바지락 국수, 바지락 전, 바지락 된장찌개, 바지락 미역국도 있다. 그리고 오이와 미나리를 넣고 갖은 양념과 고춧가루로 살짝 무친 바지락 회는 원산도 아니면 먹어보기 힘든 요리이다. 원산도 갯벌에서 바지락과 함께 캔 고막에 무를 넣고 지져 먹으면 훌륭한 저녁 찬거리가 되고, 소라, 고막, 바지락, 대숙, 홍합 등은 아이들의 훌륭한 간식거리가 된다. 바닷가에서 종일 놀던 아이들은 간사지에서 많이 자라고 있는 생(도라지 모양의 붉은 색 풀)을 즐겨 먹기도 하였다.

원산도에서는 뱅어포도 많이 생산한다. 3~5월 뱅어 맛이 가장 좋을 때, 배에서 갓 잡아온 뱅어를 김처럼 뜬다. 흰색 뱅어포는 가장 좋은 품질로 튀각을 해 먹거나 양념

양지바른 곳에서 숙성되는 까나리 액젓

장에 살짝 구워 내면 밥 한 그릇 금방 동이 난다.

이 밖에도 원산도 가두리 양식장에서 양식하는 우럭, 꽃게, 주꾸미, 새우 등은 외지로 대부분 팔려나가지만, 우럭 회와 매운탕, 꽃게무침과 꽃게탕 그리고 새우구이는 그야말로 최상품 요리이다. 마지막으로 원산도의 주 생산품인 까나리 액젓에 대해 알아보기로 하자. 까나리는 외연도 근해로 나가 봄철 동안 잡아온다. 싱싱한 까나리를 소금과 함께 3 : 2의 비율로 큰 고무 통에 넣어 양지바른 곳에서 1년 이상 발효시킨다. 섬 곳곳, 해변에서 양지바른 곳에 놓여 있는 까나리 액젓 고무 통을 쉽게 볼 수 있는데, 햇볕을 잘 받아야 고기가 빨리 녹아내려 액이 고이며 쉽게 발효된다고 한다. 까나리가 완전히 녹아내리면 액이 완성된다. 원산도에서는 간장이나 소금을 거의 쓰지 않고 모든 음식에 이 까나리 액젓을 사용한다. 심지어 국이나 나물을 무칠 때도 사용할 정도로 액젓을 좋아한다.

원산도 전통음식으로 박대 묵, 우뭇가사리 묵, 고시락(해초류) 묵과 '과' 를 들 수 있다. 만드는 방법을 잠깐 살펴보면, 먼저 박대 묵은 박대 껍질을 벗겨 말렸다가 물에 담근 후 은근한 불에 푹 곤다. 유리알처럼 맑은 물이 되면 그것을 식혀 묵을 만드는데, 간장과 참기름 등 갖은 양념과 오이와 미나리를 곁들이면 훌륭한 술안주가 된다. 원산도 특산품 '과' 라는 것은 육지의 넓적한 산자와 비슷하다. 찹쌀을 반죽하여 기름에 튀긴 후 이를 뻥 튀긴 쌀밥에 묻히는 것인데, 어린아이들에게 가장 인기 있는 간식이다. 이와 같이 원산도 주민들은 바다와 갯벌에서 생산되는 각종 식재료를 이용하여 원산도 명물인 음식들을 많이 창안해냈다.

원산도의 제사 상은 육지와 거의 흡사하지만 재료에서 상당한 차이를 보이고 있다. 우선 쉽게 구할 수 있는 싱싱한 해초류와 생선류를 많이 쓴다는 점을 지적할 수 있다. 육지 제사 상에 올리는 고기적이나 생선적이 없는 대신 3~4개의 생선포를 준비한다. 낙지, 꽃게, 상어, 대하, 숭어, 갱개미(간재미) 등을 살짝 말린 후 김이 모락모락 나는 큰 솥에 쪄서 포로 사용하는 것이다. 탕도 바지락, 듬북(해초)을 쓰고, 전으로는 동태, 새우, 해물, 바지락, 돼지 간과 허파를 재료로 쓰는데, 원산도의 특별한 전으로는 이불 전, 베개 전을 들 수 있다. 이것은 찹쌀가루를 반죽하여 프라이팬에서 얇게 구워낸 후 베개나 이불 모양으로 접어 상에 올리는 것이다. 그 밖에 다른 음식

원산도의 제사상에 올라가는 재료들 ①원산도 가두리 양식장에서 출하된 대하, ②바지락, ③겨울 바다 바람에 마르는 생선, ④게

은 육지와 대동소이하며 육지와의 교류가 활발해지면서 육지 음식의 유입도 활발해 지고 있다.

원산도의 '꼬시락' 머리와 방수용 바지, 저고리.

원산도에서는 목화나 삼베를 재배하지 않아 대체로 광천이나 대천 장에 나가 옷 감을 떠와서 꿰매 입거나 기성복들을 사 입었다. 아마도 농경지가 부족해서인 듯하 다. 그럼에도 불구하고 일제 강점 말기, 총독부 지시에 의해 목화 공출을 해야 했으 므로 얼마 되지 않은 밭에나마 목화를 심었다. 주민들은 보리 사이골에 심은 목화를 당국 몰래 숨겨 광천 장에 가지고 가서 광목 짜는 사람들에게 주면 옷감을 5 : 5로 나 누어 가질 수 있었다고 한다.

식민당국에서는 한복이 옷감이 많이 들고, 쉽게 더러워지기 때문에 검정 물감을

들인 노동복 몸뻬를 권장하였다. 여성들이 검정 몸뻬 입기를 꺼려하자 색의 장려 운동을 펼쳤다. 광천 장이 설 때면, 일제 강점기 일본 관리들이 장에 출입하는 원산도 주민들의 하얀 한복에 먹물을 끼얹었었다고 한다. 이에 원산도 어르신들의 회고에 의하면 "왜놈들이 입으라 하여 꺼먹 이불과 꺼먹 바지를 입었어"라고 한다.

바다에서 일하는 어부들은 광목에 기름칠을 하여 이른바 방수용 바지와 저고리를 만들어 입었는데, 솜으로 속을 누벼 매서운 바닷바람을 막았다. 한편 학교를 다니는 학생들은 교복을 입었고, 신발은 검정 고무신, 그것도 없는 사람들은 짚신이나 게다를 직접 만들어 신었다. 부자들은 파나마 모자에, 옥양목 두루마기를 입고, 흰 고무신이나 구두를 신기도 하였다.

원산도가 섬이었던 관계로 물이 흔한 편이 아니었다. 이에 각 집에서는 마당에 큰 독이나 그릇을 놓고 빗물을 받아 세탁에 사용하기도 하였는데, 빗물은 세척력이 좋아 머리를 감을 때나 세탁에 활용되었다. 그 밖의 세제로는 잿물, 오줌, 쌀뜨물, 나뭇잎 등이 이용되었다. 봄철에 날이 풀리면 겨우내 입었던 옷을 빨기 위해 각 가정마다 잿물 내리기가 시작되었다. 잿물을 만드는 과정은 원산도나 일반 농촌이나 비슷했다. 재료는 주로 콩깍지와 들깨나 참깨 줄기였는데, 이것들로 내린 잿물이 가장 독했다. 그 밖에 나뭇잎, 짚, 곡식 대도 사용하였는데, 이 재료들을 태우고 남은 재를 시루 안에 넣고 찬물을 끼얹으면 그 아래로 잿물이 흘러내린다. 독성이 강한 첫 물은 찌든 때를 삶을 때 사용하고, 보통 때는 두 번째와 세 번째 물을 사용하였다. 오줌도 더러운 때를 없애는 데 요긴하게 사용되었다. 오줌은 다용도로 활용되었는데, 갯물(바닷물)과 오줌물을 섞어 비료를 만들거나, 불가사리를 재와 함께 섞어 거름을 만드는 데도 사용되었다. 또한 오줌은 독충에 쏘였을 때 소독약으로도 사용되었기 때문에 소변을 아무 데나 버리

중절모

지 않고 소중히 모아놓았다.

이렇게 무공해 천연 비누가 만들어지면, 따뜻한 봄철, 겨우내 찌들었던 이불 호청
과 의복 등을 세탁하는 연례행사가 벌어졌다. 빨래터 옆에 큰 무쇠 솥을 걸어놓고 장
작불을 지피면서 광목이나 무명을 희게 삶았다. 누런 빨래는 잿물이나 양잿물에 삶
아낸 후 빨래 방망이로 두들겨 잿물을 빼고, 다시 물에 담가 방망이질을 하는 과정을
수차례 반복한다. 그러면 방망이질 하는 "사람의 얼굴은 까매지고, 누런 광목은 허
예진다"라는 말이 있듯이 원산도 어머니들의 얼굴은 땀으로 범벅이 되곤 하였다.

일제 강점기 총독부는 조선인들의 머리 모양까지 관여하였는데, 상투를 없애고,
짧은 머리를 권장하였다. 그러나 원산도민에게는 한 걸음 더 나아가 머리를 '빡빡
깎게' 하였는데, 주민들은 바리깡 기계를 사다가 집에서 깎거나 칼로 깎았다 한다.
해방 이후 미군을 통해 미국 문물이 유입되면서 마을 남성들 중에서도 머리를 기르
는 사람이 나타났다. 이에 기른 머리를 멋들어지게 다듬어주고 깎아줄 이발사가 필
요했는데, 당시 원산도에는 3명의 이발사가 맹활약을 하였다. 강문규, 원창옥, 김영
두 씨 등이 있었는데, 그 중 김영두 씨는 인천 연평도에서 하루 저녁에 40명이나 깎

점촌의 공동우물

은 기록을 세웠던 이발사였다.

반면 여성들의 헤어스타일은 변화무쌍하였다. 일제 강점기까지 부인네들은 주로 쪽머리를 하였고 비녀를 꽂았다. 젊은 여성들에게는 '까마' 라는 반달 모양의 머리 심을 머릿속에 넣고 말아 올려 핀으로 고정시키는 헤어스타일이 유행하였다. 처녀들은 엉덩이까지 자란 머리카락을 외갈래로 길게 땋아 내리고 끝에다 홍색 댕기를 맸다. 1940년대에 이르자 쌍갈래 땋기가 유행하였다. 그 후 긴 머리는 비활동적이고, 비생산적이라는 이유로 점차 짧아졌고, 도시에서 유행하던 히사시카미, 트레머리, 둘레머리, 첩지머리 등이 한때 유입되기도 하였다.

1950년대 후반기부터 김용명 씨 작은어머니가 선촌에서 야매미장원을 개업하면서 원산도 헤어스타일에 일대 바람이 불었다. 미용사는 육지에서 배워 온 불파마를 처녀들에게 실습했는데, 그것은 쇠로 된 그리프 속에 숯을 넣어 머리에 마는 파마방법으로, 아차 하면 목도 함께 지지는 비운을 맞는 것이다. 최신 스타일을 모르는 무정한 남정네들은 '꼬시락머리' 라고 놀리거나 야유를 퍼부었다. 참고로 고시락은 바다 물풀인데 젖은 파마 모양처럼 생겼다. 1960년대 중반에 이르자 대부분의 원산도 처녀들은 머리를 '바글바글' 지졌고, 그 후 젊은이는 물론 노인들까지 파마의 세계로 불가항력적으로 빨려 들어갔다.

원산도 주거 문화의 특징

전통적인 원산도 가옥은 세 칸에서 다섯 칸 정도의 규모로, 형태는 살림 규모에 따라 一자형, 二자형, ㄷ자형 등 다양하다. 그러나 二자형, ㄷ자형 경우에도 본채와 이어져 있는 담으로 둘러싸여 ㅁ자형 구조를 이루고 있다. 겨울철 하늬바람(북서풍)이 바다로부터 불어 닥치는데 폐쇄적인 ㅁ자형은 바람에 의한 피해를 막는 데 효율적이었던 것으로 판단된다. 지형적으로 강한 바람에 노출되는 원산도의 선촌, 효자도 등의 일부 가옥은 폐쇄적 평면 구조를 갖고 있으나 바람이 노출되지 않는 진말 등 섬 안쪽의 가옥은 일자형 구조를 가지고 있다. 원산도 가옥의 특징은 먼저 바닷바람을 막기 위해 집을 낮게 앉히고, 지붕나래를 가로 세로 ㅁ자로 엮는다. 이것을 다시 동아줄처럼 엮어 처마 끝 서까래에 묶어 지붕이 바람에 날리지 않게 한다. 최근 본채

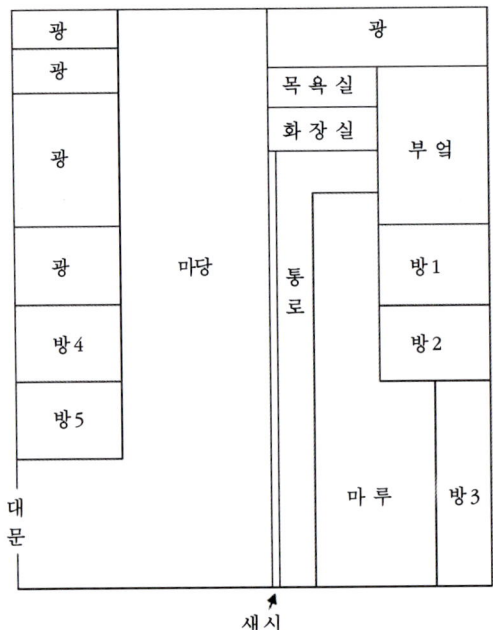

광			광	
광				
광		목욕실		
		화장실	부엌	
광	마당			
		통로	방 1	
방 4			방 2	
방 5				
대문		마루	방 3	

새시

전형적인 원산도 ㅁ 자형 가옥구조
(왼쪽)
원산도의 전형적인 집안 내부 모습
(아래) 점촌의 신용배 씨

마루 바깥쪽에 설치된 새시(왼쪽)와 퇴(오른쪽) 오른쪽 중앙에 보이는 쪽문이 바로 퇴이다.

마루에 기다란 새시를 설치함으로써 외부 바람을 차단시키고, 내부 공간을 넓게 활용하는 방법이 사용되고 있다. 일부는 ㅁ자형의 가운데 공간인 안마당에 지붕을 덮어 씌어 바람을 원천적으로 봉쇄하는 방법도 사용하고 있다.

건축 재료는 원산도 자연에서 나오는 돌, 흙과 목재를 사용한다. 물론 일제 강점기 원산도 부자들은 안면도의 목재와 최신식 건축 자재인 시멘트, 함석 등을 이용하여 집을 짓기도 하였다. 외관상 빈부의 차이는 울타리에서도 나타난다. 가난한 집은 담장 없이 섶 울타리(나무를 박아 만든 울타리)를 만드는데, 그것은 밀집을 두드려 울타리로 엮어 둘러치는 것으로 이를 '띠우족'이라고 한다. 반면, 원산도 부잣집은 돌로 쌓은 담장을 선호하는데, 육지의 담보다 높고 집 전체를 둘러싸는 특징이 있다. 또한 육지의 집과는 달리 안채나 사랑채에 대청마루가 없고, 대신 방이 있거나 혹은 작은 쪽마루만 있으며, 안채와 사랑방을 구분하는 '퇴'를 설치한다. 이 퇴는 마당의 한 부분에서 시작되어 마루에까지 연장되는데, 마루에 설치된 퇴에는 주인 남성이 드나들 수 있는 문에 설치된다.(오른쪽 위 그림과 162쪽 도면 참조) 그것은 바깥손님이 사랑방에 들어갈 때 안채에 있는 여성들을 보지 못하도록 하는 장치인데, 유교의 내외관습이 문화 중심권에서는 퇴색하고 있을 때 주변부에서는 더욱 강력하게 작용하고 있음을 보여주는 것이다. 이 퇴는 안방과 부엌 사이에도 설치되는데, 이는 부엌

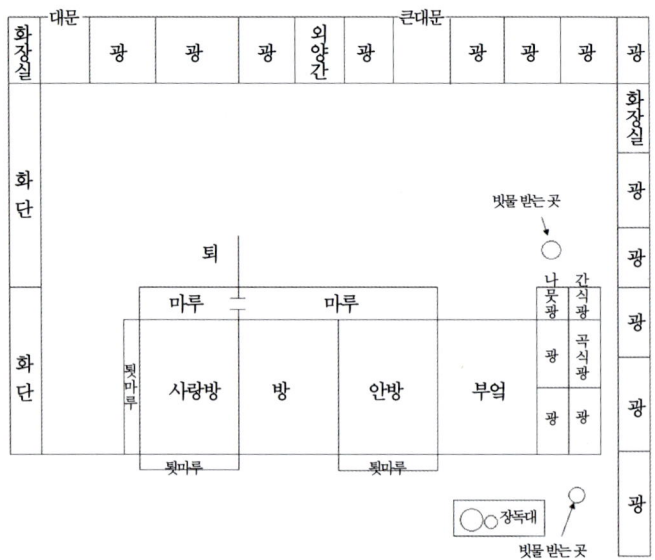

화장실	대문				외양간	큰대문					광
	광	광	광		광		광	광	광	
화단										화장실
										광
					빗물 받는 곳					광
화단		퇴					나뭇광	간식광		광
		마루		마루				곡식광		광
	뒷마루	사랑방	방	안방		부엌	광	광		광
		뒷마루		뒷마루						광
					장독대					
					빗물 받는 곳					

김승태 씨 내부 도면(위) 사면이 방과 광으로 둘러싸인 전형적인 ㅁ자 구조이다.
김승태 씨 집 전경(아래) 오른쪽 화단 부분은 광들이 있었던 자리이며 중앙의 동그란 빗물 받는 시멘트 통까지 퇴가 설치되었다.

바닷가에 신축된 민박집

저두에 신축된 벽돌집

에서 일하는 며느리와 안방의 시아버지 사이를 차단하기 위한 것이라 한다. 원산도의 큰 집은 대체로 10칸 규모이며, 일반적인 가정은 3~5칸의 규모이다.

　왼쪽 사진에서 보이는 집은 원산도의 부자였던 김승태 씨의 집으로 1920년대에 지어졌다. 집의 구조는 ㄷ자형으로 설계되어 있는데, 이 집에서 가장 중요한 위치를 점하고 있는 중심부는 안채와 창고이다. 안채는 식구들이 거주하는 곳으로 여기에는 모두 3개의 방이 있고, 바깥채에는 하인들이 쉴 수 있는 방이 1개 있다. 한편 담을 따라 쭉 설치된 것이 곡식을 쌓아 놓는 창고로, 농가로서의 정체성을 갖고 있다. 이 집에는 원산도 주거의 특징인 퇴가 남아 있고, 빗물을 받는 우물 모양의 시멘트 통이 2개 설치되어 있다. 이 집은 당대 최신식 건축 재료인 시멘트를 사용하였고, 벽과 토방은 바닷자갈과 모래를 이용하였으며, 영림소가 있는 안면도와 광천, 대천에서 필요한 목재를 공급받았다. 지붕은 당시 최신식 함석지붕이었다.

1970년대 후반기, 새마을운동의 일환으로 원산도에서도 지붕 개량이 시작되어 초가지붕은 지금 마을 경관에서 보이는 슬레이트 혹은 함석지붕으로 바뀌게 되었고, 벽돌 담장이 설치되었다. 최근 원산도가 관광지화하면서 새로운 서양풍의 주택들이 신축되고 있는데, 정부로부터 10년 상환 3%의 저리 이자로 2,000만 원의 주택자금을 대출받아 민박을 목적으로 신축하거나 증축하는 경우가 대부분이다. 한편, 목조 주택 등을 선호하는 개인들이 늘어나면서 경치 좋은 바닷가 쪽으로 신축바람이 불고 있다.

민간요법과 여가생활

섬마을의 의료체계

섬마을이기 때문에 육지에서 흔히 볼 수 있는 병원이나 약국이 없다. 따라서 병이 나면 민간요법을 활용하거나 무당에게 의지하였다. 주민들에게서 수집한 몇 가지 민간요법을 소개하기로 한다. 주민들이 감기에 걸리면 파, 은행나무 잎, 복숭아꽃, 담배 씨, 살구 씨 등을 다려 먹었다 한다. 급체했을 때는 물에 재를 타 먹거나, 소금을 먹고 물을 마셨다. 찰과상에는 파, 감자, 무 등을 돌로 찧어 붙이기도 하고, 논두렁에서 자라는 전장이 풀을 찧어 발랐다. 피가 날 경우 담배 잎사귀를 붙이고, 화상에는 소주나 시원한 무즙을 발랐다. 위장병에는 두릅나무 껍질, 마늘 생즙, 조개껍질 가루, 닭똥집 분말 등을 만들어 먹었으며, 설사가 심한 경우 솔잎, 옥수수 대의 생즙이나 돼지기름을 마셨다. 신경통에는 참외꽃, 상추꽃을 가루로 만들어 복용하거나 노루 뼈, 오갈피나무, 닭과 마늘 등을 달여 마시고, 하루거리에는 공동묘지에 가서 재주 넘는 쇼크 요법을 사용하였다. 섬이 습하기 때문에 지네가 많이 서식하였는데, 지네에 물렸을 때는 밤나무 껍질을 삶아 그 물로 상처 부위를 씻겨 주거나 밤을 갈아 붙여주었다. 옻에 올랐을 때는 쌀을 깨물어 붙여주는 것이 효과적이었다 한다.

배멀미를 할 경우 가마솥 바깥에 붙어 있는 검정을 죽에 타서 먹거나 생밤을 먹었으며, 회충, 십이지장충 등 기생충에는 호도, 뱀 껍질, 호박씨 등을 복용하여 구제하였다. 폐결핵에는 뱀장어나 잉어를 이용하였고, 종기에는 양파, 참나무 뿌리, 참기름, 문어 등이 치료제로 쓰였다. 그 밖에도 달팽이를 이용한 치질 치료, 오동나무 잎을 이용한 체증 치료, 문어를 이용한 두드러기 치료, 그리고 명태머리를 이용한 귓병 치료도 알려져 있다.

이와 같이 원산도에는 민간요법이 발달해 있고, 선촌, 진촌, 점촌에는 무면허 의사(이병규, 한재철, 유태규 씨)가 있어 맹활약을 펼쳤지만, 선상이나 들판의 열악한 작업환경에서 비롯된 여러 병들을 고치기에는 역부족이었다. 아프면 육지에 있는 병

원산도의 교회

원으로 가야했지만 연락선이 없던 가난한 시절, 그냥 집에서 앓아야만 했다. 그래서 이 시기 섬주민들의 사망률을 다른 지역에 비해서 높은 편이었고, 특히 어린아이들의 희생이 컸다.

불과 15여 년 전까지만 해도 원산도에는 옛 전통이 그대로 전해 내려왔다. 그 중하나가 '에미고랑'이다. 당제를 모시기 전, 마을사람들은 마을을 깨끗이 청소하고 마음을 단정히 하곤 하였다. 당제를 모시는 제주들은 마을주민들 중 품행이 바르고 다치지 않은 사람, 피를 안 본 사람 중에서 선발하였고, 이때 출산을 앞 둔 임산부들은 에미고랑으로 가서 출산해야 했다. 섬창의 경우 출산 날짜가 먼 임산부들이라도 당제를 모시는 약 이틀간을 에미고랑에서 기거해야 했다. 다행히 에미고랑의 물은 여름에 시원하고, 겨울에는 따뜻했지만, 바닷바람이 새파랗게 날을 세우고 있는 섣달 그믐날 아기 낳는 사람도 가야 하니 산모로서는 보통 고역이 아니었다. 한편 진촌에는 천막으로 에미고랑을 임시 설치하기도 하였다. 최근 원산도에 6개의 교회가 자연부락마다 정착하면서 새롭게 생긴 풍속도는 병이 나면 하느님께 기도하여 낫게 한다는 믿음이다. 병이 나면 교회에서 기도하고, 매해 열렸던 풍어제도 교회에서 대신해주고 있다. 참고로 진촌의 경우 60호 중 50호, 점촌의 경우 49호 중 30호가 교회에 다닌다고 한다.

바다와 함께 한 놀이문화

원산도는 바다에 의해 고립되어 있기 때문에 천연의 놀이문화가 발달했다. 먼저 섬마을 어린이들의 놀이는 단연코 수영이다. 여름내 해변에서 새카맣게 그을리면서 먹을 감거나 조개를 캤는데, 모두 다 타고난 수영선수들이었다. 육지 어린이들이 골목길에서 즐기는 고무줄, 공기, 소꿉놀이, 자치기, 못 치기, 노래 부르기, 하모니카 부르기, 소나무 공으로 치는 하키 등도 즐겨 했다. 이 중 소나무 하키라는 것은 막대기로 골프공 크기의 나무 공을 쳐서 누가 합격 라인 안으로 집어넣는지 겨루는 게임이다. 아이들은 이 게임에 너무 열중한 나머지 "눈은 빠져도 공은 친다"라고 할 정도였고 조를 짜서 겨루기를 하는 등 놀이를 하며 하루해를 즐거이 보냈다.

설에는 윷놀이, 추석에는 농악놀이를 하지만, 단오 때는 특별한 놀이가 없다. 다만

마을회관에서 윷놀이를 즐기는 할머니들

원산도해수욕장 개장 기념 공연을 하는 각설이패

육지와는 다른 축제가 있는데 바로 정월 보름에 있는 풍어제이다. 마을마다 음식을 한 상 가득 차려놓고, 풍어와 선원들의 안전을 비는 것이지만, 마을 공동체의 결속을 도모하는 일종의 동네잔치라 하겠다. 최근 새롭게 생긴 풍어제로는 바지락 양식을 하면서 부녀회에서 여성들 위주로 지내는 바지락 풍어제가 있다. 여성들이 바지락 양식을 담당하면서, 제물과 모든 제의 절차도 여성들이 주관한다는 특징이 있다. 또한 1월 15일 삼거리, 사거리에서 마을의 평화 · 안녕과 사람들이 무사히 다니길 기원하는 거리제가 열리기도 한다.

1960년대 들어서면서 마을 청년들이 추석과 설에 학교 운동장이나 공터에 천막을 쳐놓고 연극을 하거나 노래자랑을 하였는데, 내용은 한국전쟁에 관한 이야기나 이수일과 심순애 이야기, 시어머니가 며느리 구박하는 악극 또는 슬픈 신파극들이 있었다. 이 밖에도 한 달에 한 차례 육지에서 극단과 영화업자들이 찾아와 반공물들이나 '미워도 다시 한 번'과 같은 영화들을 상영하였다. 교회에서는 부활절과 크리스마스에 꼬마들의 앙증맞은 노래와 연극, 그리고 청년들의 사물놀이와 성극 등을 공연하였는데 주민들의 큰 호응을 받았다.

원산도 주민들의 특성 중 하나는 공동체의식과 승부욕이 강하다는 점이다. 그래서 원산도 마을별 운동회가 개최되는 날이면, 수일 전부터 맹렬히 연습을 한 마을 대

진촌 마을회관에 보관된 축구대회 우승기

표선수들은, 각 마을의 명예를 걸고 나가는 전사들이었다. 400m 계주, 모래 가마니 메고 달리기, 원의중학교에서 선촌 지서까지 왕복하는 3km 마라톤, 씨름, 줄다리기, 배구, 차전놀이 등의 종목에서 최강팀으로 꼽히는 곳은 진촌, 점촌, 그리고 진고지 등이었다고 한다. 최근까지도 매년 8개 부락 대항 청년 축구대회를 개최를 하는데 원산도 전 주민이 나와서 열띤 응원을 하고, 우승한 팀은 우승기와 우승컵을 1년 동안 보관할 수 있다.

원산도는 육지로의 이동이 어려웠던 섬마을이었으므로 동네 처녀 총각들이 연애하여 결혼으로 골인하는 경우가 많다. 이른바 통혼권은 원산도 내의 마을들과 광천, 안면도, 효자도 등지로 나타난다. 원산도에 처녀, 총각이 제일 많았던 시절은 1960년대부터 70년대 초 무렵이었고, 이때 원산도 내의 결혼이 제일 많았다 한다. 처녀, 총각들은 4H클럽에 가입하여 마을안길 청소, 꽃길 만들기, 꽃동산 가꾸기 등 봉사활동을 하면서 연애도 하는 일석이조의 기쁨을 누렸다. 또한 친구들과 집안에 옹기종기 모여 나이롱 뽕(화투)을 치면서 정이 깊어갔는데, 마음에 있는 상대에게 남들 몰래 발을 툭툭 치면서 장난을 걸고 웃다가 그만 결혼으로 골인하였다. 데이트 코스로는 배를 타고 원산도를 한 바퀴 돌거나 무인도로 놀러 가는 것, 그리고 해변을 거니는 것이었는데, 아름다운 백사장에서 데이트하는 것은 원산도 청춘남녀들만이 누릴 수 있는 특권이었다. 또한 광명초등학교 운동장에 활동사진업자가 들어오면 함께 구경가는 것도 특별한 데이트 코스였고, 연인들과 함께 낚시하여 매운탕을 끓여 먹거나, 조개를 캐어 즉석요리를 해 먹는 것도 원산도 청춘들만이 할 수 있는 이벤트였다.

한편 원산도에는 바다에서 희생된 남정네들이 많아(지금의 50~60대) 육지보다 과부가 많다고 한다. 그러나 재혼의 비율의 높지 않은 편이고, 옛날 전해오는 말에 의하면 원산도 남정네들은 거칠고 강해 다른 섬에 가서 맘에 드는 여인네들을 납치해 결혼하기도 했다 한다.

시련 속에서 피어난 이야기

한국사의 시련과 피난 소동

원산도 주민들도 20세기 한민족이 겪어야 했던 굵직굵직한 시련들을 어김없이 겪어내야만 했다. 그 중 몇 가지를 에피소드 중심으로 풀어보기로 한다. 일제 강점기 시절 원산도 주민들도 노무대 및 근로보국대, 해외 징병 및 징용으로 차출되었다. 수십 명의 젊은이들이 일본의 풍곡탄광(후쿠오까 갱) 능지로 징용을 나갔는데, 징용 모집원들과 이장들이 마을을 순회할 때, 일부 젊은이들은 징용을 피하기 위해 배를 타고 바다로 피신하기도 하였다. 한편, 각 자연마을 단위로 3~4명씩 순번제로 근로보급대에 차출되는데, 광천이나 대천 등지로 나가 약 15일에서 30일 동안 철도를 수리하는 임무를 맡았다.

젊은이들 중 신체 좋고 초등교육을 받은 이른바 '갑병 젊은이' 들로 찍힌 총각들은 전쟁터로 끌려 나갔다. 보령시 경찰선에 승선하기 전, 사지를 향해 나가는 젊은이들을 위해 각 부락에서는 술과 떡 그리고 생선 등 음식을 장만하여 잔치를 벌이고, 노래를 불러주었다. 아리랑이나 청춘가 등 한국노래와 기미가요, 요미요까 등 일본노래가 단골 선곡이었다. 곧이어 빨강 띠를 어깨에 두른 각 부락의 유지들과 이장들

및 동원된 수십 명의 초등학생들은 선촌 선착장에 모여, 일장기를 흔들고 만세 부르면서 환송해주었다고 한다. 당국의 지시였지만, 보내는 이의 애달픈 마음과 죄의식을 표현한 것이 아닌가 싶다. 풍장을 치고, 노래를 부르고, 맛난 음식을 먹으며 성대한 송별식을 치루는 것을 보면서 철없는 어린 학생들은 부러운 눈으로 처다보았다. 이 다음에 징병 나가는 형들만큼 크면, 자신들도 전쟁에 나가 천황폐하를 위해 이 한 목숨 바치겠다고 다짐하였다 한다. 가슴 아픈 시대의 비극이 아닌가 싶다.

일제 강점기 징용·징병으로 끌려 나갔던 우리네 젊은이들은 한국전쟁이 발발하자 다시 군인, 보국대, 노무대 및 군속으로 끌려가게 되었다. 이때 원산도에서는 이장의 차출로 2명이 갔는데 강원도 철원에서 밥과 화약, 무기를 수송하면서 3년간 무보수 일하다 돌아와보니 저두에 남아 있던 두 딸이 굶어 죽어 있는 비극도 발생하였다 한다. 최근 노무현 정부에서는 이들을 위해 매달 6만 원씩 보조금을 준다고 한다.

선촌 선착장 일제 강점기 징용과 징병에 끌려가던 원산도 젊은이들의 애환이 서려있다.

한국전쟁에 얽힌 에피소드로 섬마을주민의 피난 소동이 있다. "빨갱이 놈들이 잡으러 온다고 하여" 놀란 섬주민들은 이불과 솥을 머리에 이고 피난길을 떠났다. "하도 놀래 적삼을 입을라면 안 입어지고, 어린애는 뒤집어지고…. 저 집 할아버지는 자기 맏손자 손을 잡고 한참을 피난을 가다보니, 글쎄 나중에 보니 남의 집 아이 손을 잡고 가고 있는 거녀"라는 웃지 못하는 일까지 벌어졌다. 원산도 피난행렬의 종착역은 중릿재라는 낮은 산이었다. 밤새 가마솥에 볶아 돌매(맷돌)에 갈아서 가져간 보리 가루를 타 먹고 한숨 돌리고 보니, "섬에서 도망가면 어디로 가는가"라는 생각이 들기 시작했다. 제 정신이 든 주민들은 다음 날 아침 '허허' 웃으며 집으로 돌아왔다는 해프닝이 있었다. 다행히 인민군들도 원산도에 들어온 지 하루 만에 되돌아갔고, 그 후 미해군과 잠수함이 서해 해상을 장악하는 바람에 원산도에는 다시 들어오지 못했다 한다.

여기에는 군힘 많았이. 한비다에 쫙 깔렸지 뭐. 포를 이만쓱 한 것들을 달고 불때기가 펄펄 날았어. 군함이 있어가지고 고기는 한 몇 년 못 잡았어.

그 시절 총 맞은 시체들이 원산도 백사장까지 밀려왔었는데, 청년들이 불쌍한 혼령을 달래기 위해 백사장 근처에 묻어주었다 한다.

1960년대 군사정권 시절, 반공의식이 시퍼렇게 살아 있었을 무렵, 서울에 김신조 공비가 침투한 사건이 벌어졌다. 원산도에서 이른바 '간첩소동'이 일어났고, 원산도 아버지들은 간첩들이 강제 납북시킬까 걱정되어 아랫방이나 건넛방에서 주무셨다는 이야기가 전해오고 있다. 그 이후 해안경비가 강화되어, 1960년대 말 저두에 소대규모의 레이더 군부대가 주둔했고, 점촌과 저두 사이의 공동묘지 부근에 박격포 등을 설치한 검문소가 있어 주민들은 날이 어두워지면 통행금지를 당하였다. 통행금지 시간은 육지처럼 자정부터 새벽 4시까지가 아니라 "그냥 어두워지면서부터 그 다음 날 아침"까지였다. 이 부대는 레이더부대로, 해안을 방어하고 선박을 감시하는 임무를 띠고 있었다. 이 시절, 돛단배 타고 다니다 파도나 풍랑에 휩쓸리거나, 황금어장을 찾다가 북방한계선을 넘게 되어 북에서 '놀다가' 온 사람들이 마을마다 한두

저두 해안 초소(왼쪽)와 선촌경찰서(오른쪽)

명 정도 있었고, 당국에서도 이들을 예의 주시하였다. 그러나 당국이 잘 몰랐던 것은 "어, 이북 놈들이, 글쎄, 배운 놈들은 보내주지 않고, 무식한 놈들만 그냥 돌려보내주었다"는 것이었다. 이에 애꿎은 어부들은 분단이 낳은 상황으로 인해 괴롭힘을 당하였다.

갱실 어머니와 초분

인적이 드문 원산도 풋살 근처의 음침한 산자락과 섬창의 산고랑에 풍장의 일종인 초분이 있었다. 초분은 고대 문화의 흔적이라기보다는 조선 전기 내륙 해안지역의 문화상과 긴밀하게 관련된 매장풍습이었다. 즉, 원산도 문화의 특징은 인접한 서남해 연안과 조선 전기 내륙문화와 같은 계열이라는 것이며, 섬이라는 특수한 자연환경으로 인해 내륙보다 비교적 그 전통을 잘 보존시켰기 때문에 최근까지 초분의 풍습이 내려오고 있었던 것이다.

초분은 원산도 곳곳에 산재해 있다. 저두 백사장 뒤 쓰레기장 골목에서도 초분이 있었고, 점촌에서도 초분을 많이 만들었고, 구치에서는 80년대 초까지 초분을 설치하기도 했다 한다. 초분은 주로 풍수지리상 묏자리와 장례 날짜가 맞지 않은 경우나,

죽은 임산부 혹은 나병 환자, 산소자리가 마땅치 않았던 가난한 사람들을 위해 만들었다. 흙을 지상 위 20cm 높이 정도로 쌓아 관을 올려놓고, 황토나 돌로 벽을 만들고, 빗물이 들어가지 않게 지푸라기로 지붕을 만들어 놓는 것이다. 즉, 작은 초가집의 형태를 띠고 있다. 진말의 마지막 초분은 '갱실 어머니 초분'이었는데, 바로 레이더부대 아래 풋살에 위치해 있었다. 등하교길마다 초분 앞을 지나다녀야 했던 어린학생들은 등골이 오싹해지고, 이마에 땀이 송골송골 맺어, 삼삼오오 짝을 지어 뛰어가곤 했다. 심지어 장정들도 밤에 초분가를 걸어가려면 머리칼이 쭈뼛 일어서며, 기분까지 이상해지곤 했다. 그럴 때 푸른 빛깔의 도깨비불이 휙휙 지나치는 것을 목격하면, 아무리 담대한 장정이라도 눈앞이 아찔해지는 것은 어쩔 수 없는 일이 아닌가 싶다.

원산도는 미래와 전통이 공존하는 섬이다. 대부분의 농촌지역은 산업화와 고령화로 인해 전통문화가 맥이 끊기고 있는 반면, 원산도에서는 풍어제, 당제, 초분 및 주민들의 의식주에서까지 전통이 살아 숨 쉬고 있다. 최근 주민들의 이주와 연륙교의 설치, 및 관광바람이 섬마을을 강타하면서 새로운 마을로의 변화를 모색하는 시점에 있다. 원산도가 고유한 정체성을 지닌 마을로 거듭나기 위해, 전통과 주민들이 근현대기 경험했던 역사와 일상문화를 잘 보존해야 할 것이다.

(김현숙)

섬마을의 민속

원산도리 사람들은 바다와 갯벌을 활용하여 어패류를 포획·채취하며 살아왔다. 이러한 삶의 양식은 당대의 것이 아닌 조상 대대로 대물림해오는 하나의 삶의 방식이었다. 시대의 변화에 따라 도구나 방법의 진화가 있을 뿐 그들의 삶의 터전이나 최종 목적은 동일하다. 마찬가지로 이후의 세대 또한 그들 조상이 활용한 바다라고 하는 자원에 기대어 살아갈 것이다.

바다를 삶의 터전으로 삼아온 이곳 사람들은 바다와 연계하여 공동체신앙을 창안하였다. 비록 이러한 신앙의 모태가 외지로부터 유입되었거나 또는 모방을 통하여 처음 정착한 것일 수도 있지만, 이미 그들이 실천하였으며 또한 지금도 전승해오고 있는 공동체신앙은 그들 나름의 삶의 내력을 담고 있다.

이 글에서는 원산도리의 공동체신앙에 비중을 두어 정리할 것이다. 원산도리의 민속이 비단 공동체신앙만 존재하는 것은 아니지만 공동체신앙이 원산도를 대표할 만한 민속이라고 판단하여 여기에 주안점을 두려 하는 것이다. 이러한 관점은 원산도리의 민속현상을 통하여 잘 드러난다. 각각의 마을은 대부분 공동체신앙을 보유하고 있다. 구체적으로 원산도리 각각의 마을에는 당제와 풍어제가 존재한다. 당제의 경우 원산도리의 진촌, 선촌, 저두 등 8개 마을에서 지내고 있거나 지냈었다. 풍어제 역시 저두, 진촌, 진고지, 초전 등에서 지내고 있다. 제의의 성격상 당제가 남성들이 중심이 된 제의라 한다면 풍어제는 여성들이 중심이 된 제의이다. 이처럼 여성들이 중심이 되어 풍어제를 지내는 것은 풍어제 자체가 갯벌의 바지락 채취와 연관되어 있기 때문이다. 원산도리의 당제와 풍어제 실태를 표로 제시하면 다음과 같다.

표 1. 원산도리 당제 현황(2006년 2~3월 조사)

제의\마을	일시(음력)	제주	제장	신명 (신물)	제의진행	기타
선 촌	정월보름 자시 1월 2일 자시	회의 선정	당산 당집	당할머니 산신, 각씨신 (열두당)	진설-헌주 -배례-소지 무당참여 뱃기공수(전)	당에 한지 폐백 80년대 중반 폐지
진고지	설날 자시	회의 선정	당산 당집, 노송	당할머니	진설-헌주 -배례-소지 뱃기공수(전)	놋그릇(도난) 15년 전 폐지
진 촌	정초 택일 정월보름 자시	회의 선정	당산 당집	철마 동물상[1]	진설-헌주 -배례-소지	1989년 폐지 신물 도난
초 전	설날 자시	회의 선정	당산 당집	고양할머니 토우	진설-헌주 -배례-소지	1990년대 후반 폐지 신물 도난
점 말	정초 택일	회의 선정	당산 당집	당신	진설-헌주 -배례-소지	1980년대 폐지
저 두	2~3일 택일 자시	회의 선정(전) 5집 할당(현)	당산 자연제장	산신 虎	진설-헌주 -배례-소지	현행

표 2. 원산도리 풍어제 현황(2006년 2~3월 조사)

내용\마을	신 격, 목 적	일시(음력)	장 소	제 의 진 행	기 타
저두	용왕 풍어, 바지락 채취	1.14(오후)	선착장 선박 위	제물진설-헌주배례 -소지-띠배 보내기	남성중심(선주회) 당제와 더불어 지속됨
초전	용왕 풍어, 바지락 채취	1.14(오전)	선착장 갯벌	제물진설-헌주배례 -소지	여성중심(부녀회) 일인 40Kg
진촌	용왕 바지락 채취	1.15(오전)	갯벌	제물진설-헌주배례 -소지-조개 부르기	여성중심(부녀회) 일인 40Kg
진고지	용왕 풍어, 양식, 바지락 채취	1.15(오후)	선착장 갯벌	제물진설-헌주배례 -소지-조개 부르기	여성중심(부녀회) 일인 60kg

단, 원산도리 풍어제 중 저두의 풍어제는 남성 중심의 제의이다. 이러한 차이점은 각각의 제의가 생산의 대상을 달리하기 때문이다. 곧, 진고지, 초전 등의 풍어제가 바지락 채취를 목적으로 한다면 저두의 풍어제는 연근해에서의 고기가 잘 잡히기를 소망하는 제의이기 때문이다.

당제

저두의 당제

원산도에서 당제가 지속되고 있는 마을은 저두이다. 저두에서는 매년 음력 정월 2일 또는 3일에 당제를 지낸다. 예전에는 당제를 지내는 지정된 날 자시에 지냈었다. 그런데 요즘에는 초저녁에 당산에 올라가 당제를 지내고 내려온다.

이 마을에서는 당제를 지낸 뒤에 이어서 거리제를 지낸다. 곧, 제주 일행이 당산에서 당제를 지내고 내려와 마을회관에 잠시 머문 뒤에 바로 거리제를 지내는 것이다. 거리제는 마을의 외곽을 돌며 지내는데 제장은 마을과 외부의 경계가 되는 길목이다.

요컨대 저두에서의 당제나 거리제는 마을주민의 평안을 기원하기 위해 이루어진다. 당제에서는 산신이나 용왕신과 같이 상위신을 위하는 반면 거리제에서는 거리신을 위하는 것으로 볼 수 있다. 대개, 거리제의 과정에서는 제주가 오방신을 혼잣말로 거명하기도 하는데 이는 오방신을 거리신으로 인식하는 데서 연유하는 것으로 볼 수 있다.

예전에는 당제의 제일을 택일하면서 당주를 뽑았었다. 당주는 부부가 되는데 그 가운데 남성은 제를 주도하고 여성은 음식을 준비하는 역할을 수행하였다. 그런데 1990년대에 들어오면서 부부가 당주 역을 수행하던 관행을 바꾸게 되었다. 이는 마을사람들이 당주가 되는 것을 기피한 데에 그 원인이 있다. 이를테면 당주로 지정된 사람은 제 지내기 전부터 목욕재계를 하고 비린 것을 먹지 않는다. 대문에 금줄을 걸고 문 밖 출입을 자제하며 타인과의 접촉도 꺼린다. 상가나 출산가와 같은 곳은 부정이 있는 것으로 가정하여 방문하지 못하였다. 또, 제를 지내고 나서도 다음 해 당제

당주의 헌주

소지올림

를 올리기 전까지 1년 내내 근신생활을 하여야 했다. 동시에 마을에 좋지 않은 일이 있을 때에도 당주는 부담을 가져야 했다. 이를테면 이와 같은 불행한 일을 당주의 제의 수행과 연계하여 해석하는 일들이 있었다.

　이런 이유로 마을사람들이 당주의 역을 기피하는 현상이 일어났다. 따라서 마을에서는 회의를 통하여 5가구를 하나의 단위로 삼아 그 해의 제를 수행하도록 하였다. 부연하면 이렇게 묶인 5가구의 남성이 중심이 되어 그 해의 제주를 정하고 나머지 사람들은 축관이나 유사 등의 역을 배정받아 수행하였다. 금년 또한 이러한 규칙에 의해 제주가 선정되었고 이들이 당제를 주도적으로 시행하였다.

저두의 제장은 마을 남쪽 당산의 정상부에 위치한다. 이곳에는 이 일대의 다른 마을에서 볼 수 있는 당집이 없다. 제장은 자연제장 형태의 밋밋한 곳이다. 특별히 노송이 있다든가 암석도 존재하지 않는다. 산 정상부의 평평한 곳에서 지낼 뿐이지만 매년 같은 장소가 당제의 제장으로 선택된다.

제주 일행은 저녁 6시경에 당산으로 올라갔다. 제주가 선두에 서고 그 뒤를 따라 유사들이 함께 산에 오른다. 이때 유사 중 두 사람이 당제 때에 올릴 음식과 음식 조리 도구를 지게에 짊어지고 간다. 그리고는 당산에 올라가 제물을 진설하고 바로 당제를 지낸다.

당제에 올리는 제물은 대추, 밤, 배 사과 등의 과일과 명태포, 밥, 탕, 술 등이다. 밥은 현장에서 짓고 탕은 마을회관에서 끓여 가지고 간다. 밥과 국, 포는 모두 5그릇이다. 따라서 술잔도 5개가 놓인다. 그런데 5그릇의 밥을 놓는 것과 관련하여 구체적으로 설명할 수 있는 사람이 이 마을에는 없다. 일반적으로 5그릇의 밥 주인에 대해 산신과 용왕신을 거명하는데, 그 외 3그릇의 주인에 대해서는 설명하지 못한다.

제물을 진설하고 난 뒤에 바로 제를 지낸다. 이때의 시간은 7~8시경이다. 5개의 술잔에 술을 채워 올리고 당주가 재배한다. 연후에 제주 일행이 다 함께 재배를 한다. 술은 이러한 방식으로 석 잔을 올린다. 이후 동네소지를 올리고 제주소지를 올린 뒤에 마을의 개개 집안소지를 올려준다.

제 지내기를 마치면 일부 제물을 헌식이라 하여 사방에 뿌린다. 그리고 나머지 제물을 거두어 바로 마을로 내려온다. 이렇게 함으로써 당제가 마감된다. 이어서 제주 일행은 마을회관에 준비해놓은 밥과 탕국을 가지고 마을 외곽의 거리로 나간다. 마을 동남쪽 야산의 길목으로 올라가 거리제를 지낸다. 제주 일행은 풍장패를 동반하여 이동한다. 풍장패가 선두에 서서 꽹과리, 징, 장고, 북을 두드리며 행진하면 그 뒤를 제주 일행이 밥과 탕국을 들고 따라간다. 그리고는 제 지낼 현장에 도착하면 바로 길의 중앙 바닥에 짚을 열십자 형태로 깔고 그 위에 밥을 놓는다. 국은 그릇에 담아 놓는다. 그러면 제주가 마을 안쪽에서 바깥쪽을 향하여 재배한다. 이어 "마을에 질

병이나 재액이 들지 않도록 하여 달라"는 내용의 기원을 읊조리고 소지를 사른다. 이후 제주 일행 가운데 한 사람이 밥과 국을 길 주변에 뿌린다. 그러면 한 곳의 거리제가 마감된다. 이어서 서편의 길목으로 이동하여 역시 같은 방법으로 거리제를 지낸다. 물론 이동할 때에는 풍장패가 선두에 서서 풍장을 울리며 길을 인도한다. 역시 서편의 거리제가 마감되면 마을 서북쪽 길목으로 행진하여 그곳에서 다시 거리제를 지낸다. 제주 일행은 마을사람들이 마을의 사방을 돌며 거리제를 지낸 뒤에 마을회관으로 돌아온다.

마을회관에는 동네 사람들이 대부분 나와서 제주 일행을 기다리고 있다. 제주 일행이 회관으로 돌아오면 이들을 반갑게 맞아들이고 미리 준비해 둔 술과 음식을 나누어 먹으며 제 지낸 뒷이야기를 비롯하여 마을과 관련된 이야기를 한다.

진촌의 당제

목적 진촌의 당제에 대한 유래는 자세하지 않다. 당주를 경험한 제보자 최월기 씨에 따르면 자신이 어렸을 때에도 당제가 있었다고 한다. 당제의 제의 목적은 풍어와 마을의 평안, 주민의 무사 안녕이다. 이러한 목적은 당제의 제의 과정에서 당주에 의해 축원 형태로 표출된다. 제의 시행일은 매년 음력 정월 열 나흗날 밤이지만 실제로는 보름날 첫 새벽으로 보아야 한다고 한다. 보름날 자시에 제를 지내기 때문이다.

당주 당주는 마을사람 가운데 깨끗한 사람을 골라 정히 었다. 마을의 원로라 할 노인들이 중심이 되어 그 해에 제를 주관할 당주를 선정하였는데 가급적 나이 많은 장년이나 노년층의 사람을 택하였다.[2]

당주로 선정된 사람은 제를 지내기 전까지 문 밖 출입을 하지 않는 등 매우 조심하였다. 상가(喪家)나 출산이 있는 집에도 가지 않았고, 목욕을 하는 등으로 몸을 청결하게 유지하였다. 자신의 집 앞에는 황토를 놓았고 대문에는 금줄을 걸어 잡인의 출입을 막았다. 그리고 제 지내기 며칠 전부터 제당에 올라가 당 주변을 깨끗이 청소하였다. 아울러 제를 지내고 난 뒤에도 1년 동안 상가 출입을 하지 않았다.

신물(神物)과 제장 진촌의 제당은 마을과 마주보이는 앞 산 상부에 위치한다. 마을사람들은 이 산에 당이 있는 데에 근거하여 당산이라 칭한다. 제보자에 따르면 진촌

당산에서 본 진촌 전경(위)과 진촌 당산의
제장(당집, 아래)

의 당집은 아주 오래된 것이라고 한다. 그런데 지금은 당집이 무너져 오래된 사실을
증명해내기가 쉽지 않다. 당산에 올라보면 사방으로 토담이 둘러쳐져 있고 그 가운
데에 1평 남짓한 당집이 있다. 문은 떨어져 나갔고 지붕은 상당 부분 훼손되어 흔적
만 남아 있다.

　제사는 이 당집의 내부 중앙에서 지냈다. 이 당의 내부 중앙 벽면에는 선반이 있었

었다. 그리고 이 선반에 흙으로 구운 말이 놓여 있었다.[3] 말들은 모두 12마리였으며 선반 위에 일정한 거리를 두고 놓여 있었다. 그런데 당제를 지내지 않으면서 말이 모두 사라졌다. 제보자들은 한결같이 도굴꾼이 가져갔다고 말한다.

제물과 진설 제물은 밤, 대추 등의 실과류와 밥, 탕, 북어포, 고기, 술 등이다. 이 가운데 고기는 1960년 무렵까지만 하더라도 소를 잡아 사용하였다. 시장에서 잘 생긴 소를 골라 사온 뒤에 마을에서 목욕을 시켰다. 그리고는 이 소를 열 나흗날 잡아서 그 고기를 가지고 당제를 지냈다. 그런데 1960년대 중반에 들어서면서 마을 기금이 바닥나자 소를 잡는 대신 소머리를 사다 상에 올렸다.

상은 모두 12상을 차렸다. 당제 대상이 12신이기 때문에 이들 각각의 신에게 상을 올려야 했다. 따라서 조그만 상 12개를 늘어놓고 그 각각의 상에 똑같은 음식을 차려 놓았다.

제의 진행 정월 열 나흗날 저녁에 마을의 공동우물에서 간단하게 샘고사를 지냈다. 그 뒤에 10시경이 되면 풍물을 치며 당주 일행이 제장으로 올라갔다. 제장에 오르면 먼저 밥과 탕을 끓였다. 이렇게 제물을 조리하고 난 뒤에 12시가 가까워질 무렵에 제물을 진설하고 제를 지냈다.

당주는 12신에게 차례로 술을 올리고 재배하였다. 그리고 이러한 배례를 3회에 걸쳐 반복하였다. 초헌 뒤에는 마을사람들의 기원을 담은 축을 읽었다. 이어 절하기를 마치면 소지를 올렸다. 소지는 먼저 당소지를 올리고 대동소지를 올렸다. 그리고 마을에서 배를 가지고 있는 선주가 의뢰한 선주소지를 올려주었다.[4] 소지를 올릴 때에는 소지에 어울리는 축원을 하였다. 이를테면 마을소지를 올릴 때에는 "마을사람들이 1년 내내 사고 없이 건강하고 부자가 되기를 바랍니다"와 같은 내용의 축원을 하였다.

이렇게 제사를 지내고 소지 올리기를 마치면 새벽 2시경이 된다. 이때에 다시 작은 당산으로 내려와 제사를 지냈다. 작은 당산은 큰 당산과 이웃하여 있는데 큰 당산에 비해 마을과 가까우며 다소 낮은 위치에 있다.[5] 이곳에서 다시 한 번 새로이 제물을 차린 뒤에 제를 지냈다. 제를 마치면 풍장패가 앞서서 풍물을 울리며 마을로 내려 왔다.

마을로 내려오면 '거름마당(거리마당)'에 집결한다. 그리고는 이 4거리에서 거리 제를 지낸다. 풍장패가 이 4거리에서 풍장을 울리며 흥을 돋우면 마을사람들 중 한 사람이 바닥에 열십자 형태로 짚을 깔아놓는다. 그리고 그 위에 밥을 놓고 국을 떠놓는다. 그리고는 당주가 절을 2번 한다. 이어 밥을 국그릇의 국에 담아서 섞은 뒤에 바가지로 퍼서 사방에 뿌린다. 이것을 이곳 사람들은 '희식'이라 한다. 희식은 헌식(獻食)에서 나온 방언이다. 이렇게 거리제를 마치고 다시 풍장을 치며 거름마당에서 한바탕 놀았다. 이렇게 놀다보면 새벽 5~6시경이 되면서 날이 밝아왔다.

뒤풀이 보름날 마을사람들이 당주 집에 모였다. 그러면 당주 집에서 음식을 내놓았다. 물론 마을의 여성들이 함께 음식을 준비하여 마을사람 모두가 먹을 수 있도록 하였다. 소 한 마리를 잡았어도 당시에 100호가 넘었기에 고기가 남지 않았다고 한다. 또 하루 종일 풍장을 치며 놀았다고 한다.

이 날은 남성들이 중심이 되어 제와 관련된 비용 지출 등에 대하여 결산한다. 또 그 해 마을의 대소사와 관련된 내용을 상의한다.

일화 및 기타 과거 진촌의 당제는 제의와 관련하여 엄격하게 금기를 지켰던 것으로 보인다. 한 예로 당제에 임박하여 임산부의 출산이 예상되면 산모를 마을 밖으로 내보냈다.

막(幕)을 치고서 아이를 낳써유. 옛날에는. 옛날에 그르케 엄했슈. 밤섬. 섬에다. 그래갖구 당제가 끝나야 돌아와유. 그런 경우가 흔튼 안치만 그런 경우가 있다면 그르케 했다구. (조사자: 산모 혼자만 가는 건 아니겠죠?) 그집 식구가.　　　　　　　　　　　　－최복규

당제 즈음에 산모가 있으면 산모를 밤섬으로 보냈다는 구술이다. 밤섬은 실제 육지에 닿아 있지만 마을로부터 고립된 지역으로 보았던 듯하다. 따라서 마을이 출산 부정에 감염되는 것을 피하기 위하여 산모를 밤섬에 가두어둔 것으로 볼 수 있다.

한편, 이 마을에서는 현재 당제를 지내지 않는다. 제보자마다 당제를 지내지 않는 시기에 대해 조금씩 다르게 말하는데 1980년대 말 또는 1990년 초로 의견이 좁혀진다.

초전의 당제

초전에서는 8년 전까지 당제를 지냈다. 당제는 마을과 주민의 평안을 기원하기 위해서 지냈다. 음력으로 섣달그믐에 당산에 올라가 당제를 지냈다. 곧 그믐날 저녁에 당에 올라가 제의 준비를 한 뒤 설날 첫 새벽에 당제를 지냈다.

당집이 위치한 당산의 상부에는 노송이 밀집해 있다. 당집의 내부에는 당할아버

당산에 남아 있는 당집 (오른쪽)
당산에서 내려다본 마을 전경 (아래)

지와 당할머니를 모셔두었었다. 이들 두 신의 신물(神物)은 사기 형태로 된 남녀 토우였다. 그런데 현재 이 당할아버지와 할머니 상은 유실되어 남아 있지 않다.

이 마을에서는 당제를 지내기 위해 당주를 선정한다. 당주는 깨끗한 사람으로 정한다. 당주로 선정된 사람은 부정을 피하고 근신을 해야했다. 당제 모시기 3일 전부터 목욕재계 하였으며 비린 음식을 먹지 않았다. 자신의 집에 금줄을 걸어 잡인의 출입을 금하였고, 본인 스스로도 문 밖 출입을 하지 않았다. 경우에 따라서는 당집에서 잠을 자는 이도 있었다.

제물은 밤, 대추, 사과, 배 등이다. 술은 현장에서 직접 빚은 것을 사용하였다. 술은 현장에서 3일 전에 빚어 놓는다. 돼지는 2마리를 잡았다. 제를 지내고 나면 고기를 지게에 짊어지고 내려와 당주 집에서 마을 가구 수대로 똑같이 나누었다. 그리고 남은 것을 가지고 뒤풀이를 하였다. 이때는 풍장을 치는 등으로 동네가 떠들썩하게 놀았다.

제의 진행은 유교식 제사와 유사하였다. 제장에 음식을 진설하고 술을 올린 뒤 절을 하였다. 술은 석 잔을 올리고 절도 3회에 걸쳐 하였다. 이렇게 제를 지내고 나서는 소지를 올렸다. 그리고는 각 가구의 소지를 올려 주었다. 이때에 보통 배를 보유한 집의 소지를 먼저 올렸다. 이를테면 배소지와 해당 가구소지를 겸하여 올렸다. 그런 뒤에 나머지 가구의 소지를 올려주었다. 이처럼 배소지를 먼저 올리는 것은 제의 때 배를 보유한 선주가 별도의 헌금을 하기 때문이라고 한다.

당제가 끝나고 나면 제장으로부터 풍장을 치며 내려온다. 당제를 지내러 산에 올라갈 때에는 풍장을 치지 않지만 내려올 때에는 풍장을 치며 내려온다는 것이다. 곧, 제장에서 당주가 제를 지낼 때 주민들이 인근에서 이를 지켜보고, 제가 끝난 뒤에 풍장을 치며 내려오는 것이다. 한편, 당제를 지낼 때에 각각의 선주들은 자신의 배에 뱃기를 꽂아둔다고 한다.

선촌의 당제

선촌의 당제는 매년 정월 초이튿날 자시에 지냈다. 중심이 되는 대상 신은 당산할머니로 본당신이라 하였다. 이 외에 산신, 각씨신 등 12신이 있었다.

선촌 전경(맞은 편 섬은 효자도)

　제장은 마을 서쪽 뒷산의 정상부에 위치하였다. 이 산은 당산이라 불리는데, 당산의 정상 부근 소나무숲 가운데에 당이 위치하였다. 이 당은 과거 2평 정도의 목조 와가(瓦家)로 되어 있었다. 그런데 지금은 과거의 당집 자리에 시멘트 블록으로 쌓은 새로운 당이 들어서 있다. 과거 선촌 산제당의 상량에는 '大韓光武柒年癸卯五月初九日巳時上樑 備人間之五福 應天上之三光'이라 적혀 있었다고 한다. 이로 볼 때 선촌의 당은 1903년(고종 7년)에 개축된 것으로 추정된다.

　선촌 당제의 당주는 다른 마을과 마찬가지로 부정이 없는 깨끗한 사람을 골라 정하였다. 당주는 선정된 날부터 대문에 금줄을 걸고 문가에 황토를 놓았다. 또한 외부 출입을 삼가며 근신생활을 하였다.

　제물은 소머리, 메, 탕, 떡, 포, 과일, 술 등이다. 해방 이전 마을이 번성하였을 때에는 소를 잡아 제를 올리기도 하였다. 이러한 제물 비용은 대동기금을 통하여 조달하

선촌 당제장 전면 모습(위)
당(堂)과 울타리(아래 왼쪽)와 당신(堂神)에게 올린 길지(아래 오른쪽) 당 내부에 있음.

였다.

제의 진행은 진설─헌주─배례─소지의 순으로 전개되었다. 경우에 따라 당제를 크게 지내기도 하는데 이때에는 무당을 불러 당굿 형태로 제를 지냈다. 이렇게 무당을 부르는 경우는 제의가 2~3일에 걸쳐 이루어졌다. 당굿의 경우 마을 선주들의 뱃기를 당산으로 가지고 올라가 걸었으며, 무당으로부터 뱃기 공수를 받았다. 또, 작은 당산으로 선주들이 뱃기를 가지고 내려와서 일렬로 선 뒤, 징 소리에 맞추어 해안으로 달려가서 자신의 뱃기를 배에 꽂고 뱃고사를 지냈다.

그런데 이 마을의 당제는 1980년대 중반에 폐지되었다. 제보자는 당제의 폐지 이유로 고기잡이의 쇠퇴와 주민의 참여의식 결핍 등을 꼽았다.

풍어제

저두의 풍어제

저두에서는 매년 음력 정월 열 나흗날 풍어제를 지낸다. 풍어제의 제의 목적은 제의 명칭과 마찬가지로 풍어 소망을 기원하기 위함이다. 이 마을은 해방 이후 고기잡이가 활성화되어 지금은 원산도리에서 가장 활발한 연근해 고기잡이를 하고 있는 마을이다. 따라서 진촌이나 진고지의 풍어제와 그 성격에 차이가 있다. 곧, 진촌이나 진고지의 풍어제가 보다 많은 바지락 채취를 기원하기 위해 시행된다면 이 마을은 바지락 채취를 포함하되 연근해에서의 순조로운 고기잡이를 위한 목적으로 이루어진다. 때문에 이 지역 여타 마을에서의 여성 중심의 풍어제가 아닌 남성 중심의 풍어제이다.

풍어제의 대상 신격은 용왕신이다. 용신은 바다를 지배하는 신격이자 어민들의 최고신이다. 곧, 고기잡이와 해상의 조화를 지배하는 신이다. 때문에 저두에서도 풍어제의 중심 신으로 용신을 설정하고 있다. 그런데 저두에서는 용왕제 이후에 선주들이 자신의 배에서 뱃고사를 지낸다. 이 뱃고사에서의 신앙 대상은 용신과 아울러 배서낭이다. 배서낭은 해당 배의 주인신으로 고기잡이와 해상 안전에 영향을 미치는 신명으로 인식된다. 요컨대, 저두의 풍어제는 용신을 공동체의 신앙 대상으로 삼고 있으며, 각 선주들의 뱃고사에서는 용신과 배서낭을 신앙 대상으로 하고 있다.

저두 풍어제의 중심 제관은 선주회장이다. 선주회장을 중심으로 이장, 동계장, 반장 등이 풍어제의 제물로부터 제의에 필요한 각종 소품 등을 준비한다. 여기에서는

풍어제 길놀이(왼쪽)와 김용민 동계장(오른쪽)

2006년의 사례를 중심으로 기술한다.

먼저 음력 1월 13일 마을 부두에 뱃기를 세워놓았다. 부두 양쪽에 약 20m 간격으로 지주를 세웠다. 이 지주 사이에 줄을 매고 그 줄에 마을 선주들의 뱃기를 걸었다. 중앙에는 이 줄을 들어올리는 받침대를 세웠고 이 받침대엔 저두마을 선주회 기를 매달았다.

음력 1월 14일 오전에 풍어제를 지낼 제수와 각종 소품을 준비하였다. 선주회장을 비롯한 동계장, 이장 등이 마을회관에 나와 제의 준비를 하였다. 마을의 여성들은 마을회관에서 제물을 조리하거나 제의에 참여한 사람들에게 음식을 제공하였다.

오전 11시경이 되자 다수의 마을사람들이 마을회관으로 모이기 시작하였다. 마을의 원로들로부터 청장년층에 이르기까지 모든 사람이 제의에 참여하기 위하여 마을회관을 찾았다. 이 가운데에는 진고지나 진촌 등 이웃 마을사람들도 있었다.

정오가 가까워오자 여성들이 음식을 내왔다. 마을회관에는 큰 상이 여러 개 놓여

선주회장의 헌주 과정(위)과 조병석 선주회
장의 축원 모습(오른쪽)

풍어제 상차림(위)과 선주회장의 헌식 모습
(왼쪽)

있었고 이 상 주위에 마을사람들이 둘러앉아 점심을 먹었다. 점심의 주된 메뉴는 동태찌개, 돼지고기 수육, 막걸리 등이었다. 마을사람 가운데 풍물을 다루는 사람들이 먼저 점심을 먹고 회관 앞으로 나왔다. 이들은 풍장패 복장을 갖추어 입고 마을을 한 바퀴 돌며 길놀이를 하였다. 길놀이는 마을의 부정을 몰아내는 의례 절차라 한다. 또, 마을사람들에게 "이제 풍어제를 시작 한다"고 알리기 위함이라고도 한다.

마을을 한 바퀴 돌고 온 풍장패를 따라서 제물을 운반하였다. 마을회관과 부두는 100m 이내의 거리이다. 곧, 마을회관에서 부두로 제물을 옮겨왔다. 그리고는 제물을 상 위에 진설하였다. 상의 중앙에 돼지머리를 놓고 왼쪽에 떡 한 시루, 오른쪽에 포를 놓았다. 돼지머리 앞에는 술잔을 놓았고 전류와 과자류를 좌우에 놓았다. 전면에는 대추, 밤, 사과, 곶감, 배를 놓았다.

오후 2시가 넘어서자 풍어제의 본 제사를 지냈다. 제의는 선주회장이 제주가 되어 진행되었다. 선주회장이 제상 앞에 앉아 분향을 하고 술을 올린 뒤 재배하였다. 이어 무릎을 꿇고 앉아 낮은 목소리로 용신에게 마을사람들의 소망을 축원하였다. 선주회장의 목소리는 제장에 자리한 풍장패의 풍물소리에 묻혀 잘 들리지 않았다. 가까이 접근하여 들은 선주회장의 발원 내용은 "저두마을사람들이 바다에 나가 많은 고기를 잡게 하여주십시오. 고기잡이 중에 사고가 나지 않도록 잘 보살펴주십시오. 물아래 용왕님 저두마을사람들이 많은 고기를 잡아서 부자가 되게 하여주십시오" 등이었다. 곧, 풍어와 해상 안전에 대한 기원이 주를 이루었다.

선주회장의 헌주 배례와 기원이 있은 뒤에 이장이 나와 술을 올리고 배례하였다. 이장의 뒤에는 동계장이 술을 올렸으며 뒤이어 보령시의회 의원과 마을사람, 보령시 농협 대표자 등이 차례로 나와 술을 올리고 재배하였다. 절을 올린 사람들은 한결같이 돼지의 입에 돈을 물렸다. 금액은 1~5만 원 정도였는데 대개 홀수인 1·3·5만 원이었다.

제의 참여자들의 헌주 배례를 마친 뒤 선주회장이 나와 소지를 올렸다. 소지를 올린 선주회장이 물이 담긴 대야에 제 지낸 음식을 떼어서 담았다. 그리고는 이것을 바다에 뿌리면서 "물 아래 용왕님! 저두마을사람들이 1년 내내 많은 고기를 잡아서 부자 되게 해주세요!"라고 하였다. 저두에서는 이러한 행위를 희식이라 하였는데 이는

바다에 띄운 저두 선주회 띠배(위)
띠배를 띄운 뒤의 선상 놀이판(아래)

띠배를 띄운 뒤 마을로 들어오는 제주 일행(왼쪽)과 저두 고깃배의 뱃기(배서낭기, 오른쪽)

헌식(獻食)에서 온 말이다. 헌식은 제의를 지켜본 여러 잡신들에 음식을 나누어주는 것이라고 하였다.

　오후 3시경 헌식이 있은 뒤에 띠배를 고깃배에 옮겨 실었다. 이 고깃배에는 선주 회장을 비롯하여 이장, 동계장, 풍장패, 마을사람 등이 동승하였다. 띠배를 옮겨 실은 고깃배는 마을로부터 5분 거리에 있는 바다로 나가 잠시 정박하였다. 그리고는 띠배를 들어 바다에 띄웠다. 이어 풍장패가 흐드러지게 풍물을 울렸고 배 위에 있는 사람들이 어깨춤을 추었다. 이후 고깃배는 저두의 부두로 돌아왔다. 부두에 내린 일행은 풍장패의 연주에 맞추어 어깨춤을 추면서 마을회관으로 돌아왔다. 이렇게 제주 일행이 마을로 돌아옴으로써 저두의 풍어제는 막을 내렸다.

　그런데 금년의 경우는 각 선주들의 배에서 뱃고사를 지내지 않았다. 선주회장은 "금년 풍어제에서는 뱃고사를 생략하였다"고 하였다. 따라서 금년에는 각 선주들의 선명을 한지에 적어 제사 상 배후에 걸어두었다고 하였다.

진촌의 풍어제

진촌의 풍어제는 다른 말로 '조개 부르기' 또는 '조개 부르러 간다', '바지락 부르러 간다' 고도 한다. 그런데 이 풍어제는 기원의 대상이 바다신인 용왕이라고 하는 점에서 용왕제의 성격을 갖는다.

진촌의 풍어제는 그 유래가 오래된 것이 아니다. 1990년 무렵에 당제가 없어지면서 나타난 공동체의 풍요 제의의 하나이다. 제보자는 이 풍어제가 10여 년 전부터 시작된 것이라고 한다. 그런데 이러한 풍어제는 이곳 사람들이 바지락 양식을 대대적으로 전개하면서 '조개 부르기' 의 성격을 갖게 되었다. 그리고 풍어의 주요 대상이 조개가 되면서 제의 역시 조개를 캐는 여성들이 중심이 되었다. 당제가 남성 중심의 제의라 한다면 조개 부르기는 여성이 중심이 되어 수행하는 제의라 할 수 있다.

> 바지락 양식을 하기 전에도 바지락을 잡았어유. 그런데 지끔처럼 대대적으로 허든 안코 그냥 개인적으로 대니면서 그냥 허다 먹고 그랬지. 잡아다가 팔기도 하고 그랬지. 그 당시도 그러니까 바지락을 했어유. (조사자: 바지락 양식을 하면서 조개 부르기도 하고?) 그러타고 봐야쥬.
>
> ―최규복

제보자는 현재처럼 바지락 양식을 하기 전에도 갯벌에서 바지락을 캤다고 하였다. 다만 지금처럼 많은 수량을 캐지는 못하였지만 조개를 잡는 작업은 항상 있었던 일이라고 하였다. 그런 가운데 양식과 맞물려 조개 부르기가 생겨나게 되었다.

진촌의 조개 부르기는 매년 음력 정월 보름 오전 10시경에 이루어진다. 이 시간은 바닷물이 썰물에서 밀물로 바뀌는 시간이지만 물이 갯벌의 끝 부분에 걸려 있을 무렵이다. 따라서 마을사람들이 이 갯벌의 끝 부분에까지 나가 조개를 부른다. 이 갯벌의 끝 부분은 마을로부터 대략 1Km의 거리이다. 마을사람들은 1톤 트럭에 몸을 싣고 이 갯벌로 나간다. 현장에 도착하여서는 풍물을 치며 흥을 돋우고, 한편에서는 바다를 향하여 제사상을 놓은 뒤 준비해간 제물을 진설한다. 제물은 돼지머리를 비롯하여 밥, 국, 과일, 포, 떡, 술 등이다. 삶은 돼지머리는 중앙에 놓아둔다.

이어 제의가 시작되면 부녀회장이나 마을의 대표 여성이 술을 올리고 재배한다.

돼지머리에 돈을 꽂는
모습

여성들이 차례로 나와
재배하는 모습

그리고는 돼지의 입에 만 원권 지폐를 물린다. 지폐의 수는 개인의 성의에 따라 다른
데 1장을 물리는 예, 2~3장을 물리는 예, 봉투에 지폐를 넣어 물리는 예 등 다양하
다. 대표가 절을 하고 나면 제의에 참여한 다른 여성들이 차례로 돈을 물리고 재배한
다. 이들 제의에 참여한 사람들은 모두 바지락 양식에 참여한 진촌의 여성이다. 이들
은 모두 이 갯벌에서 생산활동을 하기 때문에 조개 부르기 고사에 정성스런 마음으
로 임한다. 이런 편에서 돼지머리에 돈을 꽂는 것 또한 정성의 한 표현으로 생각한다.

고사 지낸 음식을 바다
에 뿌리는 모습

고사 후 풍물을 울리며
춤을 추는 모습

　고사를 지내고 난 뒤에 풍장패가 풍물을 울린다. 그러면 제의에 참여한 여성들이 원을 그리며 춤을 준다. 한편, 이날의 풍물에는 꽹과리, 북, 징이 동원되었다. 그런데 이렇게 풍물이 소략한 것은 마침 이날이 일요일이어서 기독교인 다수가 고사에 참여하지 않았기 때문이라고 한다. 일요일이 아닌 경우에는 대부분의 사람들이 고사에 참여하며 풍장패의 구성 또한 규모가 크다고 한다.

한바탕 춤을 주고 난 뒤에 제물을 한 곳에 모아 섞은 뒤 이것을 바다에 뿌렸다. 상위에 놓은 제물 가운데 밥과 국은 솥에 담아서 뿌리고 과일이나 떡 등은 개인이 손에 쥐고 바다에 던졌다. 그 외에 술과 돼지머리고기 일부, 북어포 등을 쥐고 나가 바다에 던졌다. 이때에 주문을 하였는데 대개, "인근 바다에 있는 바지락이 모두 이곳에 몰려와 많은 바지락을 캐도록 하여주십소사" 하는 내용이었다. 이러한 주문 가운데에는 이웃 안면도 특정 지역 갯벌을 거명하며 그곳에 있는 바지락을 모두 이곳 갯벌로 옮겨주기를 소망한다는 내용도 있었다. 진촌 여성들은 이러한 행위를 희식이라 하였다.

이처럼 고사가 완료되면 이어 조개 부르기를 하였다. 여성들이 바다를 등지고 한 줄로 늘어선 뒤 서로 손을 잡는다. 그리고는 징 소리에 맞추어 조개를 육지 쪽으로 모는 것을 모의하는 함성을 지르고, 또는 소란스런 소리를 내며 뭍 쪽을 향하여 일제히 달려가는 것이다. 그리고는 50m 정도를 달린 뒤에 손을 들어 함성을 지른다. 이렇게 조개를 모는 행위를 세 차례 반복한다. 이어 풍물 소리에 맞추어 춤을 추는 것으로 진촌의 조개 부르기 풍어제가 마무리된다.

제가 끝난 뒤에는 다시 트럭에 타고 마을로 돌아온다. 마을로 돌아와서는 떡과 고기, 술, 음료수 등을 차려놓고 참여한 주민들이 나누어 먹으며 덕담을 하면서 여흥을 즐긴다. 그런 가운데 한 여성이 양아치 의상을 갖추어 입고 나와서 춤을 추며 주로 남성에게 다가가 구걸을 한다. 이때 여성은 남성 앞에서 엉덩이를 흔들거나 들이밀기도 하고 또는 가슴을 흔들어 좌중의 웃음을 유도해낸다. 그러면 대부분의 남성이 만 원에서 삼 만 원 정도의 돈을 깡통에 넣어준다.

진촌의 풍어제인 조개 부르기는 여성이 주관하는 고사의식이다. 남성은 풍장패로 참여하여 고사의 한 부분을 담당하지만 의식 자체의 준비에서 진행과 마무리, 뒤풀이까지 이날의 행사 전반을 마을의 여성이 주도한다. 따라서 이날의 행사는 여성이 중심이 된 행사라 할 수 있다. 이처럼 여성이 행사의 주체가 되는 것은 바지락 채취가 여성에 의해 이루어진다고 하는 데에 이유가 있다. 또, 이 바지락 채취는 마을주민 개개인에게 적지 않은 수입을 가져다 준다. 실례로 주민 한 사람이 하루에 채취할 수 있는 양이 40kg인데 이를 돈으로 환산하면 대략 8만 원 내외라고 한다. 이처럼 여

조개 부르기(몰아오기)

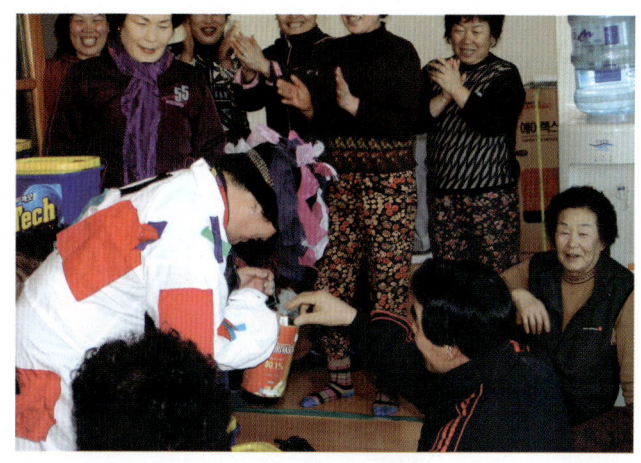

뒤풀이 놀이

성의 수입이 증가하면서 여성의 발언이나 마을에서 차지하는 지위 또한 상승한 것으로 보인다.

초전의 풍어제

초천의 여성들은 매년 음력 1월 14일 오전에 풍어제를 지낸다. 이웃한 진촌이나 진고지보다 마을 자체가 크지 않으므로 이 풍어제에 참여하는 주민의 수는 그리 많지 않다. 하지만 제의의 전반적인 구성 면에 있어서는 이웃한 마을과 크게 다르지

갯벌에서의 고사—풍어제(왼쪽)와 풍어제 시의 소지올림(오른쪽)

않다.

이곳의 풍어제는 여성들이 중심이 된다고 하는 면에서 고기잡이보다 조개 채취에 더 비중을 두고 있다. 요컨대 마을에 접한 갯벌에서 조개를 채취하는데 이 조개가 보다 많이 수확되기를 소망하는 편에서 풍어제를 지낸다. 실제 제의 과정에서 이러한 소망이 표출된다. 이를테면 부두에서 고사를 올린 뒤 제주가 염원하는 축원 가운데 "조개를 많이 잡게 해주세요"라고 하는 축원이 확인된다.

금년의 경우 초전의 풍어제는 오전 10시경에 시행되었다. 이날 아침부터 부녀회장을 중심으로 제물을 준비하고 10시경이 되자 제물을 1톤 트럭에 옮겨 싣고 제장으로 나갔다. 제장은 마을 북쪽 전면의 부둣가이다. 주민들은 이곳 부둣가에서 상을 차린 후에 고사를 지냈다. 제물은 밥과 국 3그릇, 술 3잔, 불밝이 쌀 1그릇, 돼지머리, 술(소주)이다. 제의에 참가한 여성들은 이들 제물을 상위에 차려놓고 부녀회장부터 돌아가며 재배를 하였다. 재배 이후에 제의에 참여한 사람들이 각자 소지를 태우면서 축원을 하였다. 이어 제물을 바다에 뿌리면서 다시 한 번 소망을 빌었다.

이들 일행은 부둣가에서의 고사 뒤에 마을 북쪽의 갯벌로 이동하였다. 역시 바닷가에서 고사상을 차린 뒤에 다시 제사를 지냈다. 제물과 제의 방식은 앞서의 제의와

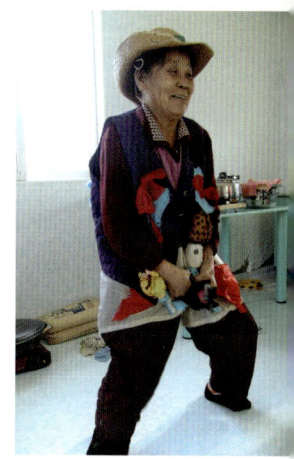

부둣가에서의 소지올림(왼쪽)과 여흥(각설이 놀이, 오른쪽)

동일하였다. 제보자는 부둣가에서의 고사는 배 부리는 사람들이 고기를 많이 잡게
하여 달라는 뜻이고, 갯벌에서의 고사는 바지락을 비롯한 조개가 많이 잡히기를 소
망하는 제사라 하였다.

 고사에 참여한 사람들은 풍어제가 끝난 뒤에 마을회관에 모였다. 이곳에는 음식
을 준비하는 마을의 여성들이 있었다. 이들은 제의 현장에 나가지 않고 마을사람들
을 위한 음식을 준비하였다. 그리고 이날은 마을사람들이 모두 마을회관에 모여 점
심을 먹었다. 점심 식사 뒤에는 여흥이 따랐다. 곧, 각설이 복장을 준비하여 이것을
입고 춤을 추며 하루를 즐겼다.

구전자료

이 항목에서는 원산도의 풍속과 사람들의 살아온 이야기를 소재로 엮었다. 풍속은 주로 세시풍속, 뱃고사, 초분(草墳) 등을 다루었다. 살아온 이야기에서는 원산도에 나서 이곳에서 살면서 겪어온 삶의 이야기를 다루었다. 그 외는 지명유래나 고기잡이에 얽힌 이야기이다.

원산도리 세시풍속

아래의 세시풍속에 대한 이야기는 초전 마을에서 채록한 것이다. 주목되는 사항은 지신밟기 때에 '꽃반'을 놓았는데 이것을 풍장패가 가져갔다는 것이다. 꽃반은 큰 그릇에 담은 쌀인데, 이 쌀의 중앙에 초를 꽂아 불을 밝히고 또 실을 걸어두었다. 이는 그 집의 주부가 지신밟기에 맞추어 가신(家神)을 위해 올리는 공양물이라 할 수 있다. 그런데 이 공양물은 지신밟기가 끝난 뒤 풍장패의 수고에 대한 대가로 지급되었다.

(조사자: 보름날 오곡밥 해 먹죠? 지금도 해 잡수세요?) 아 시방도 해 먹죠. 찹쌀도 넣고 멥쌀도 넣고 팥도 넣고 밤도 넣고 수수도 넣고. 아홉 가지 넣죠. 이름만 오곡밥. 옛날에는 쌀이 귀해 갖구 보리를 넣지. (조사자: 보름에는 쥐불놀이 하고요?) 예, 쥐불놀이 하고. 남자 애들이 주로 하죠. 여잔 안 해. (조사자: 초전하고 저쪽 진골하고 했어요?) 아이구, 쌈 났어요.

(조사자: 정초에 액막이굿을 했을까요?) 못 봤어, 그런 거. 초하루날 (당제를) 지내고 초 이튿날 다 내려와서 동네에서 잔치하지. (조사자: 지신도 밟아주고?) 내 집안 위할 때에는, 상에다가 쌀 놓고 촛불 키고 다 그렇게 하지요. 다 놓고, (풍장패에게 상위의 쌀을) 다 주고. 꽃반, 꽃반이라는 건 상에다 큰 양재기를 놓고 쌀을 하나 담아요. 쌀을 하나 담고 초 꽂고 실 걸고 돈 걸고. 그러고 실은 명주이고, 쌀은 제물이고. 그렇게 해서 그냥……. (조사자: 돈은?) 그럴 때는 가난하게 살아갖고 그냥 몇 천 원도 넣고 있는 사람은 조금 더 내놓고 그랬죠. (조사자: 절도 하고 그래요?) 성주풀이 한다고 막 절하고 다 혀. 막 빌기도 하고 큰절도 하고. 수 없어요. 그냥 수시로. (조사자: 안주인이 그렇게 하는 거지요?) 여자가 다 해놓지. 다 끝나면 음식상 먹고 술 한

잔 대접하고. (조사자: 끝나면 풍장패가 다 가져 가네요?) 다 가져 가요. (조사자: 실이랑 초까지 다?) 다 가져 가. (청중: 수저하고 실은 놓고 가지.) 그렇게 해서 인저 그걸 갖고 가서 자기네가 먹는 게 아니라 기금 만들었지, 동네. (조사자: 정월 며친날?) 정월 보름끼부텀 시작하지.

(조사자: 용날에 용왕제를 지낸다면서요. 몇 시쯤에 할까요?) 물이 나갔다가 들어올 때. 물때가 밤이 될 수도 있고, 낮이 될 수도 있고. (조사자: 개인이 무당을 부를 때도 있나요?) 그거는 좋은 날로. (무당이 오면) 밤새 하는 집도 있고 잠깐 가서 하는 집도 있고 그래요.

(조사자: 혹시 노래기 쫓는다는 말 들어보셨어요?) 정월 보름날 새벽에 그런 걸 했었어. 솔잎 갖다놨다가 정월 보름날 새벽에 (마당에서) 뛰면서 '노래기 달아나라!' 하면서 했었어. 오래돼서 기억이 잘 안 나네. 그럭하고 정월 보름날 아침에 남자가 먼저 들어와야 좋다고 혀.

(조사자: 사월 초파일엔 뭘 하셨어요?) 쌀 가지고 장벌에 가 밥을 해먹었어요. 시방 그런 것도 없시오. (조사자: 단오에는 머리감고?) 모르겠네요. 그네는 탔어. 여기 큰 느릅나무가 있어서. 거기에다(그네를 맸다). (조사자: 복날 개국 잡숫죠?) 개국은 안 먹어요. 고기 잡으러 갈 때 좋지 않다고 해서 꺼리지. 안 먹어요.

(조사자: 뱃고사는 언제 지내나요?) 뱃고사는 배 영업할 때, 배 나갈 때. 예전, 그때는 다 목선이죠, 시방에야 다 철선이지. 컸지요. 그 전에는 일곱 명, 여섯 명 탔을 껴? 돛도 두 개. (조사자: 예전엔 초분이 있었죠?) 예, 들어봤죠. 다 했었죠. 산에다 했는디 시방은 없어요

—정정순, 2006. 2.

뱃고사

　원산도 저두의 김용민 동계장을 대상으로 뱃고사와 배서낭에 대해 채록하였다. 제보자는 목선을 부리던 해방 전후까지만 하더라도 거의 모든 배에 배서낭이 있었다고 한다. 그런데 이러한 배서낭 신앙은 동력선이 보급되면서 전처럼 왕성하게 유지되고 있지 않다. 하지만 뱃고사는 여전히 지속되고 있다. 뱃고사는 선주에 의해 시행되며 새해의 첫 출어 때, 배를 새로 지어왔을 때, 고기가 잘 잡히거나 안 잡힐 때에 지낸다고 한다. 그 외에 연안의 고기잡이와 어민들의 생활상에 대해 살펴보았다.

　뱃고사를 지내면 음식을 배 한복판에 놓지. 돼지고기 허고 과일, 동태, 그 뭐라 그러죠? 황태.

포하고 술, 귤, 사과, 배. (조사자: 술은 막걸리?) 아니, 고거 약주, 제주라고 있어요. 나오는 거. 지금 아까 올라간 거. 즉 따지면 청주라고 봐야 돼. (조사자: 돼지고기는 몇 근이나?) 한 세 근 정도. (조사자: 고사 지낼 때 뱃기를 어디다 꽂아요?) 근방 가운데, 여기 기관실. (조사자: 뱃기는 하나만 있어요?) 아니에요. 여러 개 꽂은 배는, 많이 꽂아요. 할 수 있으면은, 원래 뱃기가 맨 첫 번에 태극기, 그 다음에 배선호 기가 한 여러 가지로 보면, 세 가지 정도 될 꺼요. 우리 밑에 콘테이너 박스 보면 기가 다 있는데.

(조사자: 그 배의 주인 기는 하나죠?) 그렇죠. 하나. 중앙에다가, 배 맞이했다고 해서 '축' 하고, '경축' 이라고 쓰고서는 뭔 호라고 써요. 배 이름이 있어요. 고걸 쓰는데 뭐……. (조사자: 뱃고사 지내는 시간이 따로 있나요?) 대개 물 들어올 적에. 그 차려 놓은 거를 (고사를 지낸 뒤) 헌식이라고 해갖고 쏟아서, 이제 쪼금씩 돼지도 짤라서 (그릇에) 놓고 과일도 하고, 뭐 거기 있는 음식을 큰 그릇에다가 해서 바다 용왕에다가 뿌려주는 거에요. (조사자: 선주가 뿌리나요?) 그렇지요. 선주가 담아서 다 쪼금씩 나눠다, 여기에 참 떡이 들어가요. 떡, 떡이 있어요. 요기 가서 뿌리고 저기 가서 뿌리고. (조사자: 이야기 하면서?) 그렇죠. '올해는 그저, 그저 고기를 배로다가 가득히 실어달라.' 는 얘기죠. 하튼 벌이 잘해달란 얘기요. 그리고 인제 요렇게 차려놓고서는 술 다섯 잔 올리고, 절은 두 번 하고, 반, 반절하고 고렇게. 그럼 인제 이렇게 헌식을 하고 나면 거기에 와서 고사를 봐주는 그런 분들하고 같이 또 먹지요.

(조사자: 혹시 선실에다가 옷감, 실, 바늘 담은 반지그릇을 놓고 다니나요?) 아, 해요. 원래 배를 새로 진수해오던가 남한테 사오던가 하면은 명주 실 있죠? 실, 실하고 동태에다가 선장실 위에다가 매달아 놔요. (조사자: 선장실 위에다가?) 왜냐면 항시 끝까지 같이 있어요. 배가 또 다른데, 다른 사람이 또 하고, 근게 옮시진 않아요. 실타래에다가 북어에다 감아서.

(조사자: 저두에 낚시꾼들이 많이 오죠?) 엄청 와요. 직금 따지면 어장 하는 사람이, 고기 잡는 사람은 여섯 팀이나 일곱 팀에 불과를 안 해요. 근데 그 중서 낚시질 허는 배들은 한 10여 척 돼요. (조사자: 낚싯배는 대략 톤수로 따지면 몇 톤 정도인가요?) 5톤, 6톤 그래요. (조사자: 배를 이용할 때 개인당 돈을 받나요, 아니면 배 한 척당?) 한 척, 척당. 작년 같은 경우는 열 명 이상 되면은 35만 원. 기준이 35만 원. 거기서 단골 정도 된다고 하면 30만 원 정도.

(조사자: 고기 낚으러 근해로 나가죠?) 아, 요 요 주변에서 많이 안 나가. 나가야 한 시간, 요 삽시도 근처. (조사자: 주로 뭐가 많아요?) 여기는 놀래기, 우래기(우럭) 해요. (조사자: 돔 종류는

없고요?) 돔은 전문가들 찾아오면은 더 많아요. 이저. (전문 낚시꾼은) 뽀드 타고 댕기니까 돔 많이 잡지요. (조사자: 낚싯배 타면?) 그 돔 낚시가 안 돼요. 갯바위 낚시, 그러니까 쪼그만 모터 보트, 오천에서 나오는 뽀드들이 돔 낚시 해요. 그리고 배에서는 돔이 안 물어요. 미끼가 틀려. 갯바위에 올라가가지고 성게를, 통째로 뿌려요. 먹어요. 깨서, 그러니까 미끼가 틀려요. 우럭도 올라오면은 미꾸라지. 우로 올라가면. 여기 갯지렁이라고 있죠? 그거는 놀래기. 무는 방식이 틀려요. 근데 미끼에다가 고기의 종류가 다른 것을…….

(조사자: 우럭은 큰 놈이 나오나요?) 많이 나와요. (조사자: 어느 정도나 커야 크다고 하나요?) 한 일 킬로 정도 같으면, (양손을 30Cm 벌리며) 요만하지요. (조사자: 감성돔이 나온다고 하였는데 어느 정도 커야 월척이라 할 수 있나요?) 한 삼사 키로짜리 같은 거 많이 나와요. 내가 원래 도미를, 도미는 이런 젤 첫 번에 나오는 게 도미요. 봄에 젤 일쩍 나오는 게 도미라고. 그걸 (낚시꾼들이) 고때를 많이 노려요. 주나시라고 있죠? 낚시대. (조사자: 주낙?) 거기가 많이 물어. 주낙에는 좋은 고기들이 많이 모여요. 광어. (조사자: 주낙은 낚시 본 줄이 있고, 이 줄에 낚시 바늘을 줄줄이 달아놓은 거죠?) 그렇죠.

나 같은 경우는 올해 인제 처음으로 바다 체험이라고 해갖고, 고거를 인터넷에다 놔서 놀러오는 사람들한테 '일 인 오만 원을 받는다' 해서 회는 공짜, 낚시질 하면은 삼 만 원 더 추가. 이런 식으로 해놔요. 그럼 사람들 오면 첫째 고기를, 우리 잡는 걸 바다에다 설치를 해서, 그걸 직접 꺼내서 먹게끔 하고, 후리그물이라고 후리는 거, 이렇게 이렇게 받아 쳐서 땡기는 거? (조사자: 바다에 펼쳐시?) 펼쳐시 뽀드에다 두 개 해시 인력으로 뗑겨시 고기 들이오는 기, 다 허는 거 해요. (조사자: 근데 고기가 좀 들어와요?) 많아요. 봄에는. (조사자: 주로 뭐가 많아요?) 여기서 숭어가 많이 잡히는데, 그리고 인제 전어, 그 다음에 인제 도다리 종류가……. (조사자: 봄 도다리네요.) 네, 봄 도다리. (조사자: 뻘에서 후리그물이 잘 안 될 것 같은데?) 아니, 뻘이 아니여. 해수욕장이여. (조사자: 아, 해수욕장 쪽에서 하시는 거에요?) 원래 우리 집에서는 낚시꾼들이 많이 왔어요. 많이 왔는데 실제로 와서 그 양반들 하루 저녁 주무셨다가 다음 낚시질 하고 그러고 가셨는데, 쫌 인제 색다른 재미를 인제 돋궈줄려고 하는 거지. 따지면은 고기를 낚으러 와갖고 못 낚으면 빈 거로 가는데요, 거는 인제 한마디로 얘기해서 고기를 더 잡아주는 거지. 자기가 고런 것도 체험도 허고, 또 뭐 또 이렇게 잡는 재미 그런 것들 느껴서 할려고 했죠.

(조사자: 점촌으로 넘어가다 보니까 갯벌을 막아 담수해놓은 곳이 있던데 양식장인가요?) 에, 그게 4월, 5월초 우럭 한다던가 새우도 하고. 5월 대개 보면은 수온에 따라서 허는데 5월 20일 서부터 5월 30일까지의, 이렇게 얘기하는 건 아니고 원래에는 수산진흥청에서 배양장 있죠. 배양장. 그기서, 치어 생산을 거기서 해요. 거기서 치어를 사요. (새우 치어를 담수호) 거기다 싹 풀어놓고, 바닥 그게 사만 삼 천 평이죠?(조사자: 굉장히 크네요?) 크요. 11월말까지는 그러니까 6월, 5 ~ 6개월 길른다고 봐요. (조사자: 먹이도 주고?) 아, 그럼요. 사료가 많이, 먹이가 비싸요. 거가 넉넉히 멕이면 30만 마리 정도 있거든요. 일년 사료 값만 일 억 오 천. (조사자: 야, 일 억 오 천 들이면 얼마를 뺄 수 있는 거에요?) 성공했다고 허면은 10억 정도 모으겠죠. 인건비 들어가고 사료비 내고 거기다 부대비가 들어간다고 봐야지. (조사자: 사료비 말고도 들어가는 게 있네요?) 많지. 인건비, 벌써 사람들 세, 넷이가, 또 약 사야지, 거기 인제 뭐, 수차, 전기까지 수차로 돌려주잖여. 그 전기가 한 달에 돈 천 만 원 들고, 전기세만 몇 억.

(조사자: 실패할 수도 있고?) 그렇지. 작년에는 다들 실패했어요. 저 짝에는 양식장이 두 군데여. 원산도는, 그 짝에는 성공했어요. (조사자: 성공률이 낮은가요?) 그죠. 한마디로 얘기해서 안 보이는 데다 엄청나게 투자를 하죠. 수차, 그래서 전기요금이 많이 나와. 수차로 돌려주면 실패가 없는데. 산소. (조사자: 산소 때문에? 공간은 한정되어 있는데 고기 수는 많고.)

(조사자: 우럭도 양식을 한다고 했죠?) 네. 길러요. 가두리에다가. (조사자: 치어 크기는?) 3센치 정도. (문: 원산도는 양식업이 발달한 편이죠?) 서해안은 양식 별로고 남해안이 발달됐더라고. 거기는 황복, 조기까지 허더라고. 견학을 여러 번 갔었거든. 지들은 많이 갔어요. 그 대화(대하) 같은 거 하는데 가서 배워갖고, 그랬는데…….

배서낭과 뱃고사

배서낭과 뱃고사에 대한 내용을 조순근(남, 80) 씨를 통해 알아보았다. 배서낭은 각시서낭과 같이 여성이 주를 이루었고, 선실 안 일정한 곳에 폐백을 놓아서 위하였다. 이를테면 작은 함에 여성이 좋아하는 옷감이나 바느질 도구를 넣어 두었는데, 그 자체가 배서낭을 위한 폐백이자 배서낭이 깃들어 있는 신물(神物)로 인식하였다. 그 외 음력 5월에 당마지라 하여 뱃고사를 지내었음도 알 수 있다. 요컨대 아래의 구술은 과거 원산도 어민들의 배와 관련된 고사와 신앙을 정리한 것이다.

(개인이) 배서낭, (마을에서) 당제 지내고 그렇지요. (조사자: 배서낭이라고 함에?) 거기다가, 배 안에 장 봐다가 선박에다 그걸 올려놨다가, 큰 고사 지내려면 그걸 꺼내서 차려놓고 고사 지내고. 당장을 볼라믄 옛날엔 장 봐다가 깨끗허게, 뱃고사 지내는 날 당함이 있어요. 짊어지고 함제비 있잖유? 그런 질로다 장을 볼라믄 함이 있어요. 그 안에다가 옷을 한 벌 해서 당옷, 여자네서 쓰는 바늘 한 쌍, 실 한 타래, 청실홍실, 다 놓고 명태, 북어, 제물 그렇게 다 놓고서 장 봐와. 선원들 자는 다 거기다 고걸 깨끗이 차려놔요. 궤짝에 꽃종이를 발라놔요. (조사자: 북어는 제물로 쓰기 위해서 사는 거고?) 예. (조사자: 그 폐백은, 옷감은?) 고기다 (함에) 너서 보관하죠. (조사자: 배서낭이 여자라고 하던 가요?) 예, 여자. (조사자: 배서낭을 다른 말로 뭐라 하나요?) 서낭님이라고 허죠. 각시서낭.

(조사자: 그 폐백을 1년에 한 번씩 갈아요?) 가는 게 아니라 봄 지내고, 여름에 또 당마지라고 있어요, 음력으로 오월. 고기 잡으러 가기 전에 장 봐다가 배에다 다 설치허구 고사 지내는 날. 그러믄 모시고 고기 잡으러 가잖유? 그러믄 첫 고기 잡아다 거기다 두고선 위하고선, 선원들도 먹고, 당제 지내고서 배에서. (조사자: 당마지가 당에다 고사를 지낸다는 뜻인가요?) 그렇죠. 오당에다 지내요. 그리고 제물도 뭐든지 다섯 가지로. (조사자: 똑같은 걸 다섯 그릇으로요? 술도 다섯 잔?) 예. (조사자: 첫 출어해서 처음 고기 잡은 거를 각시서낭 앞에다 놓고 술 한 잔 놓고 절한다는 건가요?) 끓이고 삶고 굽고. 소금 뿌려서 간을 해 갖고 지져 놓고. (조사자: 바다에서?) 예, 바다에서. (조사자: 그때 뭐라고 말씀들을 하세요?) 자기 소원대로 빌어요, 선주가.

(조사자: 그 당시 어르신 댁에 배가 목선이었어요?) 그때는 다 목선이지. (조사자: 혹시 고기 많이 잡고 돌아올 때 뱃기에다 매듭을 묶었나요?) 있지요. (조사자: 뭘로 매듭을 맸을까요?) 지푸라기로 엮어서, 굴비 엮어서 달아요. (조사자: 기 말고 다른 곳에다가는?) 당 모시는 데다가. (문: 배서낭?) 당 모시는 맨 위에다가. (조사자: 선실 내부겠네요?) 예. 많이는 안 하고 말려가지고.

(조사자: 배타는 사람들이 꺼리는 것이 뭘까요?) 배타기 전에 개고기 안 먹고. 당 모실 때는 도야지 같은 거 개 같은 거, 안 먹고 그라지요. 초봄엔 안 먹어요. 지금은 그런 거 안 따지고 아무 때나 보신탕이라고 개도 먹고 그라지, 옛날엔 그런 거 다 가렸어요. (조사자: 안 먹는 다른 음식이 있나요?) 뱀 같은 것도 안 먹지.

(조사자: 목선 부릴 때는 돛배라 사고가 많았죠?) 바다에서 풍랑 만나면 많이 죽었지, 옛날에는. (조사자: 바다에 시체가 떠 있으면 어쩌나요. 건져오나요?) 싣고 와서 묻어주는 사람도 있고, 배에서 매수가 있어요, 물매수가. 칠일이나 팔일을 바다에서 생활하는데 그 안에 풍랑을 만나믄 들어올래야 들어올 수가 없지. (어떤 때는) 시체 봐도 못 들어오지. (조사자: 안 건져낸다 그 말씀이군요?) 예. 들어오게 돼서 (이전에 보았던 시체를) 만나믄 다시 싣고 들어오고. (바다에서 시체를 보면) 그럼 오히려 벌이를 잘한다고 했어요. (조사자: 건져 온 시체는 민묘를 해주나요?) 봉분 약간 해놓지요. (조사자: 고기 잡으러 갈 때 꺼리는 게 또 있을까요?) 산모가 있다든지, 사람이 죽었다든지 하면 안 가고. (조사자: 예전 목선 배에 여자를 태웠을까요?) 안 태웠지요. 옛날에는 못 올라다니게 했지.

(조사자: 고사 모실 때에는 목욕을 하죠?) 둘 다 하지. (조사자: 둘?) 안팎으로. 잠도 (같이) 안 자고. (조사자: 고기 잡으러 갈 땐 어때요?) 그때도 마찬가지요. 그런 줄로만 알았지, 옛날 사람은. (조사자: 전에는 배에 풍물이 있죠?) 그걸 다 갖추고 다녔어요? 징, 꽹맥이, 새남. (조사자: 새남이 태평소죠?) 예. 선원들이 막 뚜들기고, 불고, 기분 좋아서. 고기 많이 잡았다고. (조사자: 그때 부르는 소리를 뭐라고 했어요?) 붕기타령. (조사자: 붕기타령을 부르면서 배에서 막 풍물을 치고 들어오시네요?) 예.

(조사자: 혹시 옛날 이 마을에 무당이 있었을까요?) 무당? 여기 원산도에, 이 부락에는 없고, 선촌이라는 데. (조사자: 그 분이 당제 지내거나 하면 와서?) 그때 부락에서 오라 그러면 와서 제를 다 지내주고 그랬어요. (조사자: 뱃고사 할 때 참여하기도 하고?) 예. 무슨 환자 생겨서 오라고 그러면 오고. (조사자: 별도로 댓가를 좀 줬어야 되네요?) 줬지요. 돈보다도 쌀로.

초분·1

초분(草墳)은 주검을 매장하지 않고 지면에 둔 채로 주변을 담으로 둘러치고 지붕을 만들어 안장하는 장례법의 하나이다. 우리나라의 경우 서남해안 일대의 도서지역이나 해안마을에서 이러한 장례법이 해방 이후까지 지속되었다. 지금은 이러한 초분의 사례를 찾아보기 어렵다. 제보자 심ㅇㅇ(남, 69) 씨는 자신이 직접 본 예라고 하면서 아래와 같이 구술하였다.

원산도에 (초분이) 있었지. 저기도, 초분이 고름쟁이라는 게 있었거든요. 고름장을 해서, 초분, 초분이 지금도 있었다고. (조사자: 어디쯤?) 구치? 구치 있는데. 아니여, 구치하고 요 간사지여. 신촌이 그런 게 요 근방 가 있지. (조사자: 고름쟁이도 있다고 하였죠?) 고름쟁이는 초분이 아니라 고려장이지. 초분은 이 우리들이 초분 본 것이 마을의 산모퉁이 집 저가지고, 고 마을이 이것이 초분을, 무엇을 초분 있는 것을 봤냐면 밤섬 있고 여가. (조사자: 초전과 진골 사이에도 있었다대요?) 초분은 군데군데 만든대. 그때 당시는 어려서. (조사자: 진고지에는 없었어요?) 진고지는 저 너머가 초분이라고. 당산 너머 하나대요. 초분이라는 건 겨울에, 그러가지고 인제 구 빠지면……. (조사자: 뭐가 빠지죠?) 그렁께 몸이. 그렇게 하면 장사를 했지. 초전 같은 데는 다니다 보면 눈 오고, 그러면 얼고 그러면 해 논 거 있드라니겐? 그전에 우리들도 봤었어. 진고지 있었고.

(조사자: 옛날에 도투머리에는 없었나요? 저두 이쪽에는.) 근데 이짝은요 옛날엔 여기는 동네 취급도 안 했었슈 이곳은 아주 원천 거리가 멀어갖고 이것은 아주 여기 지금은 젤 뭐시하지만 옛날에 이 동네는 그 사람들 여기 와서는 우리들한테도 설설기고 어른들도.

(조사자: 이쪽 선촌에는 없었어요?) 저 너머 있었을 껴? 아마. 하나씩. 있으면 거가 둘 있어. (조사자: 얼마나 전쯤 될까요?) 육십 년 이전이지. 우리들이 열 살에 해방이 됐는데. (조사자: 해방 이후에 본 적이 있어요?) 나는 못 봤어. 우들이 지금 38년생인데 우들도 잘 몰른다니겐.

초분·2

증도는 원산도와 효자도의 사이에 위치한 무인도이다. 이 섬에 과거 초분이 있었다고 한다. 제보자는 박ㅇㅇ(남, 60대) 씨로 이름 밝히기를 꺼려 익명으로 옮긴다.

초분을 봤다한다면 우리 원산도에서는 못보고 여기 이 효자도 증도라고 있어요. 여기 가면 증도라고 있거든? 시루무늬. 시루무늬섬이라고. 지금 행정도 상으로 봐서 증도라 그러는데, 우들이 인저 여기서 불르는 것은 시루무늬라고 불르는데, 지금도 가보면 거기에 집이 한 채 있거든요. 집이 한 채 있는데 고 밑에 가면 판판한 데가 있어요. 그게 초분이 두 분, 산이 있었죠. 그래설랑 지금 몇 년도? 한 70년대? 60년대까지도 거기서 뼈다구가 분골…….

(조사자: 초분을 하고 나중에 거두어서 묻지 않나요?) 글쎄 묻어야 혀는데 주인들이 누군지는

몰러도 그냥 거기서 초분이 주저 앉아가지고 뼈가, 뼈를 갈아먹고, 옛날에 그 소가피. 지금으로 생각하면 위경련이요. 그렇게 앓는 사람들이 그걸 먹으면 좋다 해가지고 그 뼈를 주서다 갈아먹고 그런 초분은 기억납니다. 그래서 우리는 육십 년대까지도 거기에서는 초분이 주저 앉아가지고 뼈를 갖다가 갈아서 먹고 했던 그런 장본인들이 지금 80대 된 분네들이 그런 얘기 있어요.

낭장망 고기잡이

낭장망과 안강망, 주목망 등 고기잡이 도구에 대한 구술이다. 제보자는 60대 남성으로 이름 밝히기를 꺼려 여기에 옮기지 않는다. 아래는 제보자의 구술 내용이다.

(먼 바다에서 고기 잡을 때) 그물을 앵카[6]에 묶어서 느면 (그물이) 물 따라 돌아댕겨. 이렇게 해서 그물을 이렇게, 이렇게 하는 거 부러 낭장이거든요. 이게 낭장인데 지금은 어떤 식으로 하나면은, 여기 가면은 큰 이렇게 된 앵카라고 있어. 앵카 바다에 보면 이렇게 생긴 앵카가 있단 말이여. 이렇게 큰 게 이렇게 생긴 것이 이거에다가 줄을 하나를 매요. 하나, 두 가닥, 여기서 하나 둘 셋 네 가닥 이놈이 연결돼요.[7] 허서 이렇게 여가 한마디로 얘기해서 아구(그물 입구)가 이렇게 돼 있는 거여. 이렇게 매고 이놈이 물, 조수 따라 돌아요.[8] 이거까지 같이 돌아요. (조사자: 그물 크기가 얼마나 될까요?) 요 길이가 백 총 육백 내지 칠백 메다. (조사자: 어구 길이가요?) 어구는 아니고, 그물 길이만 백 메다? 그물에서 연결되는 줄이 육백 메다. 쓰는 사람마다 틀러. (조사자: 그물 입구는?) 삼십 메다 될 껴? (문: 입구가 둥그런 형태?) 둥그런 형태에다가, 물이 시계 반대 방향으로 꼭 돌아요.

(조사자: 그물에 들어간 고기가 뒤돌아서 도망갈 수도 있죠?) 못 나와. 절대 못 나와. 한번 들어가면은 고기란 것은 안 나와. 이짝이 그물 있는 데가 요런 것이 달려 있어요. 그물 아구지가 한 군데가. 그러면은 이걸 물쌀을, 이렇게 벌리고 있으면 자꾸 밀어준단 말이여 그러니겐 아구지(입구)를 더 벌려주는 거요. 그러게 즉 따지면 원형이여. 원형. 여기다 죽 달고 항시 물이 이짝으로 오면은 이놈이 계속 이짝으로 돌아 돈다고. 그러니깐 이 아구지가 올 붙어있을 수가 없어요. 그리고 물결이, 물결에 이 안에서 있으면 그물하고, 물이 빨러요. 내려가는 게 빨라. 다시 되돌아서 나온다는 게 희박한 얘기야.[9] (조사자: 요게 뺑뺑이에요?) 이게 뺑뺑이. 그물 이름

자체가 뺑뺑이라고요.

(조사자: 다른 고기잡이 방법도 있죠?) 고정, 주목망. 움직이지 않는 거. 제 자리서 고정망이 주목망이고, 이 낭장망은 시계 반대방향으로 돌아가면서 24시간 고기가 계속 들어가. (조사자: 그물이 마을 근처에도 있어요?) 요 (저두 마을 해안을 가리키며) 앞에 보이잖아요. 선창가 옆으로 보면은 요만한 부의(부표)가 꼭 반듯이 있잖아요. 그게 즉 따지면 고기 들어가는 아구(입구)지. 고정 아구지. 옛날에는 이걸 이렇게 박았는데 지금은 여기다가 근께 돌 무덤을 한다던가, 이렇게 싸서 요것도 줄을 이렇게 내려져 있어요. 고정 돼 있다고. 그럼 여기다가 그러면 이놈이 잡아매고, 아구지를 벌리고 있어요. 요것도 똑같애. 원리는 똑같은데 고정돼 있다는 거지.[10] 부의가 있으니까 그물을 장치를 해서, 이게 이렇게 물이 내려가면 내려가고 올러오면은 올러오고. 아구지를 벌리니까 한마디로 해서 인제 부의식을 해서 떴다 가라앉았다 허게 맨들어 논 거지.

(조사자: 안강망은 어디에다 설치하나요?) 배에다 실고 (바다에) 나가서 던져요. 그물 다 해놓고 이길 이렇게 한 가닥 두가다, 두 기닥 셋 넷 디섯, 네 가닥씩 해서 어덥 가다 허 논 다음에, 이게 나간단 말이에요. 나가서 다 혀 노면은 다음 날 가서 고기만 퍼내는 거야. 한동안은 그 위치에서 계속. 지금은 장비가 좋잖아요. 지피에스 어탐, 부표가 다 보여요. 그러고 밤에는 불을 켜요. 뻑적이라고 빤짝 허고, 등대 같은 데서 이제 빤짝빤짝 해주는 거, 이걸 부표에다 달아요. 그 대신 이제 레이다가 밤에 운행하는 거니까, 레이다 운행을 많이 해야 돼.

밤섬의 산막(産幕)

아래의 구술은 다양한 소재로 이루어져 있다. 먼저 당제 때에 마을 밖으로 나가 출산하던 예를 물었다. 제보자는 이 마을의 경우 인근의 밤섬에 산막을 두고 산모가 여기에서 출산하도록 하였다고 한다. 이어 연안의 고기잡이와 관련한 주벅망(주목망)과 중선배를 통한 안강망 고기잡이에 대한 구술을 볼 수 있다. 그 외 바지락 채취나 진촌 당제 때의 신물(神物)인 동물상에 대한 내용이 있다. 이러한 구술은 진촌에서 당주를 경험한 바 있는 최규복(남, 65) 씨에 의해 이루어졌다.

이 동네가 다 그려. 나가면 다 친척, 나가면 다 아는 사람, 나가면 다 친구여. 옛날부터 이 동네가 대문 없이 살아요. 대문 없이 사는 동네가 이 동네야. 진짜 어려울 때 있으면 이렇게 참 전부 한 식구처럼 지낸 부락이 이 부락이여.

(조사자: 전에 당주도 하셨다죠?) 지가 당제도 많이 지내고 했는데, 옛날엔 젊은 사람들은 당제를 못 지내게 돼 있어요. 부정하다고. 인저 젊은 사람들은 부인하고 잠자리 허고 이런다 해가지고 부정하다고. 노인양반들이 이런 분들이 주로 당제를 지냈었어요. 인저 그 냥반들도 인저 나이를 다 드시고 그럭하다 보니까, 이제 동네에서 저한테 '자네는 나이도 뭐 그냥 먹을 만큼 먹고 혔으니까 당제 지내면 어떻겠느냐? 옛날에. 옛날에. 그렇게 엄했슈.

(조사자: 밤섬에 산막도 있다던데?) 밤섬, 섬에다 산막(産幕)을 쳐놓고, 그래갖고 당제가 끝나야 돌아와유. 그런 경우가 흔튼 않지만은 그런 경우가 있다면은 그렇게 했다구. (조사자: 산막에는 산모 혼자 가나요?) 그 집 식구가. (조사자: 한겨울엔 추울 텐데?) 그래도 어쩔 수가 없었슈. 그만큼 엄혔였기 때문에. 그럴 수베게 없었서유. 지금 육지 땅이여유. 이름만 밤섬이라구 해유. 붙었시유.

(조사자: 전에는 마을 가까이에서 고기를 많이 잡았다면서요?) 김발도 하고, 그러니께 뭐 어장 같은 거, 주벅망이라고 주벅도 매고, 해태도 매고. (조사자: 주벅이라고 해요?) 살림이 좀 남아서 돈 있는 사람은, 지끔 말로는 그 안강망이라고 하지만 그때는 중선이라고 했어. 중선. 중선도 부리고. (조사자: 중선 부리는 사람 있었어요?) 예. 많이 있었어요. 우리 아는 데만 해도 여나무 집 돼지유. (조사자: 그 당시 마을 호수가?) 그 당시는 한 백 호?그 당시는.

(조사자: 중선은 여러 사람이 타지요. 주로 이 동네 분들이?) 배 타는 사람들은 이 동네 사람만 탄다는 조건은 없어. 딴 디 사람 불러다 불러서 가고. 그때는 주벅망도 허고 중선도 허고 다 복합적으로 '나는 주벅을 맨다. 나는 중선을 한다.' 이렇게 혔지. 거 뭐 요거 끝나고 조거 조거, 조거 끝나고 조거 조거는 아니야.

(조사자: 목선으로 고기 잡을 때도 바지락이 있었어요?) 그 당시도 바지락을 잡았어유. 그런데 이제 참 지끔처럼 대략 대대적으로 허든 않고, 그냥 개인적으로 대니면서 그냥 허다 먹고. 쪼금 있으면 온 사람들은 잡아다가 젓 담어서 팔기도 허고, 그 당시도 그러니까 바지락을 했어요. (조사자: 지금은 바지락을 양식하면서 조개 부르기를 하고?) 예. 그렇다고 봐야죠.

(조사자: 다른 이야기를 하나 여쭤볼게요. 전에 당산의 당에 동물상이 있었다고 하던데요?) 여기 당은 말인디, 그 말이 한 스물 몇 개 거의 한 삼십 개 가까이 됐어유. 이렇게 좀 큰 것도 있고

한 말이. 지금 생각하면 그게 다 골동품이여. 그것을 이저 당제를 지내다가 교회 생기면서 당제를 잘 안 지내다 보니까, 그 동네 사람들은 사실 그 말을 누가 가지가리란 생각은 안 했단 말이여? 그런데 어떻게 한번 올라가 보니께, 사실 부러진 것도 있었고 아주 멀쩡하니 참 좋은 것도 많았단 말이여. 그런디 어느 날 갑작스럽게 그게 다 없어진 거여. 그 알고 봤더니 인제 그 골동품 장사라고 합디다? 마을에 골동품 장사라고 그런 분네들이 와가지고 당 있으니께, 여기는 무슨 물건이 있을 것이다 싶어서 아마 가지 간 모양이여. 그래 그 분네들이 다 가져갔다 그래요. 가져간 거 못 봤으니께 어떡해? 뭐 누가. (조사자: 그릇도?) 거기서, 거기 올라가면 다 그 그릇으로 써야 돼. 솥도 있고 사발 대접도 있고.

지명 유래

아래 내용은 원산도 일부 지명의 유래담을 담고 있다. 그 외 무인도의 소유나 농경지를 통한 생산 등에 관한 소재의 언급을 살펴볼 수 있다. 제보자는 진촌 이장인 박윤규 씨이다.

원산도 주변에 부락마다 해수욕장이 하나씩 있어요. 모래사장이. 그러면은 백사장이 끝나면은 바위가 있어요. 건너면 또 해수욕장, 모래 백사장 이렇게 돼 있기 때문에 그런 바위들이 생긴 것들이 있어요. 뭐 용이 승천했다고 해서 용굴, 이런 게 있어요. 우리가 볼 때는 용이 승천했다고 보진 않고 그 바위가 있으면 자연석으로 바위 돌이 끌려가시고 안으로 들어가고 혀잖아요? (조사자: 해식활동에 의해서?) 뭐 그런 것들을 전부다 우리가 듣기는 '용이 승천했다.'고 해서 용굴. (조사자: 그 용굴이 어디쯤?) 사창에 있어요. 진촌과 사창 사이 백사장. 그 다음에 삼형제 바위도 실은 원산도는 아니에요. 거리가. 이 섬마다 다 그런 것들이 있어요. 명칭들이, 생긴 것들이 처음에 시루도라고 해서 시루 모양으로 생겼다 해서. 영목하고 산촌 사이에. 시루 모양으로 생겼다고 해서 시루도, 대나무가 많이 생겼다 해서 거기를……. (조사자: 죽도?) 죽도라 않고 뭐라고 하는데? 그런 것도 있고, 군관도. 조 앞에 있어요. 초전 앞에. 실제 우리 지역에 군관도에요. (조사자: 군관도라고 하는 것은?) 파수를 보는 군관처럼 생겼다 해서 군관도. (조사자: 시루도를 증도라고 하죠?) 떡시루를 말하고, 외죽도. 이것도 대나무가 무성했던 것이 외죽도, 죽도 조 앞에 시루도. 새벽락 바위, 이거 보면 큰 바위가 이렇게 있는데 그 사이에 구멍

이 뚫려 있어. 우리가 들어가도 충분히 왕래할 수 있을 만큼 들어갔어요. 바우가 바우로 된 것이 아니고 큰 바우로 돼서 넓이는 얼마 안 되는데, 요렇게 본다면은 가운데 구멍 뚫어져 있어서 우리가 들어갈 수 있고. 새벽락 바위도 전해져 내려오는 이야기 있을 텐데 제가 잘 모르겠어요. 왜 새벽락 바위라고 했는가? 새벽락 바위라고 한 것은 새벽을 쳐가지고 헌 것 같은데? 그런 것이 있고.

(조사자: 농사는 대개 자족자급으로?) 아니요. 벼농사는 60프로가 외지로 나가요. (조사자: 농토가 외인 소유라서?) 아니, 그런 게 아니라 여기에서 쌀이 남아서. (조사자: 농토가 넓지 않던데요?) 산 넘어 가면 많아서……. 소득으로 보면 바다 쪽이 많지. (조사자: 원산도 앞으로 생활 전망은 어때요?) 어둡지. 어두워. (조사자: 바다에서 고기잡이도 하고 양식도 할 텐데?) 우리 동네 지금 큰 배가 없어요. 조그만한 배는 많이 있지만 큰 배는 없어요. (조사자: 큰 배 조그만 배 개념이 어떻게 돼죠?) 톤 수로 계산하죠. 한 7, 8톤. 그 정도 돼야 큰 배. 여기는 1톤, 2톤, 3톤 미만짜리도 많죠.

(조사자: 연안에 무인도도 많아요?) 많죠. (조사자: 섬을 소유한 사람이 섬 주변을 다 소유하는 거예요?) 섬만 소유하는 거예요. (섬의 경우) 개인 소유가 어려우니까, 지금 우리 주변에 있는 지역마다 공동 어촌계별로 허가를 내는 거죠. 개인 허가도 낼 수 있게 했지. 많이. 그전에는. 지금은 어렵지. 그게. 주민들이 공동이니까, 동네에서 걔한테 뭐 하러 줘요. (조사자: 만일 섬 소유자가 양식을 한다고 할 때 허가가 가능할까요?) 가능한 거여. 가능한데 우리가 관행에, 법은 없어요. 관행적으로 1800미터를 지선 인정을 해줘요. 그 마을에, 어촌계에 우선권을 주는 거요. 근데 지금은 뭐 쪼금 그것을 줄리자 말자 이런 얘기를 하는데. 관행이요. 법은 없어요. 보령은 1800미터로 관행이, 그러니께 1800 이내로 허는 것은 마을한테 허가를 받아가라 이렇게 된 거에요.

철에 따른 고기잡이

아래는 저두의 61세 남성 어민의 구술이다. 그는 30여 년 전만 하여도 연안 근해할 것 없이 고기가 많았다고 한다. 그리고 철에 따라 잡히는 어종이 달랐다. 어민들은 이러한 철에 따른 어종의 변화를 읽고 철에 따라 다양한 고기를 잡았다.

(조사자: 30여 년 전만 해도 연안에서 고기가 많이 났다면서요?) 많았죠. 고게 말이여, (지금은) 많이 없어지다 보니께, 고갈되다 보니까 먼 바다로 자꾸 나가야 돼요. (조사자: 연안에서 고기 잡을 때는 어종이 뭐였어요?) 여러 가지죠. 새우서부터 시작해서 실치, 까나리, 오징어, 갈치 뭐 안 잡히는 게 없어요. (조사자: 오징어까지?) 오징어는 많이 잡았죠. 그 전에. 여가 인제 옛날에는 새우를 잡고, 젓 담그는 새우. 고거 끝나면서 실치 잡히고. 3월말부터 한 4월. (조사자: 그때는 실치 잡고?) 고기 지나서 까나리, 6월 달까지 일차로 끝나고, 7월 고정도 인저 멸, 멸 잡이. 6월 멸잡이라고 하죠. (조사자: 멸은 멸치?) 잔 놈은 멸 국에 넣는 큰 놈은 열치. (조사자: 양력이에요 음력이에요?) 양력으로, 고러고 한 두 달 쉬는 거에요. (조사자: 아, 한여름 더울 때는 좀 쉬시고?) 그게 정부에서 뭐 그때는 금어기라고. 그러고 가을로 들어가면 9월 달 들어가고, 멸치잡고. 가을 멸, 고것도 한 달 정도해. 그러니까 중선 소형선박이라고 그래요. 5톤은 지금 소형 선박으로 들어가요. 그 전에는 가에서도 오징어, 아구, 뭐 안 잡힌 거 없었죠. 한 7, 8년 전만 해도. (조사자: 고기잡이를 몇 년이나 하셨어요?) 고기잡이 한 삼십 년 했지요. (조사자: 지금 연세가?) 꼭 찼어요. 육십 하나.

고기잡이에 바친 삶

아래 구술은 저두의 조병석(남, 63) 선장의 살아온 이야기이다. 그는 소년기부터 고기잡이를 하여 지금까지 생업으로 삼고 있다. 17세 때에 고깃배를 타기 시작하여 원산도 연안과 근해에서 고기잡이를 하였고, 40여 년 전에 직접 주목망을 설치하여 고기를 잡기도 하였다. 당시만 하더라도 주목망은 설치가 용이하지 않았는데, 그는 이를 직접 설치하여 고기를 잡았다. 이와 같은 제보자의 고기잡이와 살면서 겪거나 본 바닷사람들의 애환이 내용을 이루고 있다.

(조사자: 몇 살 때부터 배 타셨어요?) 초등학교 나와서, 중학교도 못가고. 그때만 해도 중학교가 있나. 우리 누나들이 중학교 가라고 했는데, 집안도 어렵고. 할아버지는 보낼라고 했는데 작은할아버지가 안 보내가지고 그냥 말았지. 졸업하고 그냥 저냥 있다가 내가 17살부터 고깃배 타기 시작했지. 우리 매형네가 누나네서 먹고 살 것 없고, 내가 노니까 그 섬, 군관도하고, 시루섬이라고 하고 중도라고 하고. 매형이 거기서 어장을 하고 있는디, 도와준 거요. 17살

때부터. 매형한테 한 이 년 정도 배슈. 옛날에는 고기잡이배는 소나무 말장을 세(워)놓고, 추를 사방에 내려놓고. 말장을 신다는 것은. (조사자: 신다는 게 뭐에요?) 세운다는 거. 그게 상상 외로 물에서 어떻게 시었다. 열 사람이 어장하면 스무 개는 돼요. 한 팀에 말장이 두 개가 되어야 하니까. 예전에는 거기가 엄청 쳐 잡아가지고. 안개치지, 고기는 쳐들지, 배는 쪼그맣지. 그 노 저어서 다니는 뗏목이지. 그럼 막 바람 불고 고기 욕심껏 싣다가 배가 기우는 겨. 그럼 올라오면서, 예전에 학교 있는 동네는 부자지간이 죽었지. 고기 너무 많이 실어가지고. 다음 날 뭐 배 봤느냐 어쨌냐. 그걸 봤나.

(조사자: 그러면 지금 말씀하신 걸 주목이라고 해요?) 주목망. (조사자: 아, 주목망. 그럼 두 개 말장을 세우고 말장을 쭉, 그러니까 하나의 그물을 치는 데 두 개의 말장이 필요하네요?) 그렇죠. (조사자: 그럼 그 말장과 말장 사이에 그물을 치고, 물 밑에 그물 주머니를 길게 늘여놓네요.) 참 신기해요. 귀신이 곡할 노릇이에요. 이게 바다요. 바다. 그물코 떠가지고 배에서. 설명 할려면요, 웃기는 거요. 조그만 배에다가, 둥글채에다가 쳐서 올려놓고 넘어지게 꽉 싸요. 두부모처럼. 다 엎는 거요. 둥글채라고 나무 있어. 넘어지게 두부처럼 쌓아요. 요렇게 쌓아서 내가 가늠을 본다고. 내가 선생이께. 물을 요렇게 보고 돌을 미는 거요. 둥글둥글해서 똑 떨어지는 겨. 원시시대여. 그럼 줄을, 옛날에는 와야. 와야 여섯 가닥이 있어. 끌러 쓰는 거여. 와야를 해서, 사지를 엮어서 여기 배 하나가 있어. 하나 넣었잖요. 여기다가 공고리라고 하나 넣어. 여기다가 또, 또 하나 넣어. 세 개. 또 뒤도 있어. 일곱 개여. 여기다 네모지게 넣어. 두부모 같이. 쌓아놓은 걸 밀면 정확하게 떨어지지. 그게 내가 여름방학 때 기술자가 됐어.

(조사자: 말장이 길이가 얼마나 될까요?) 여기가 바다. 수심이 1메다, 2메다, 3메다, 4메다, 5메다, 6메다, 이런 지역이 있어요. 최고 많이 깊은 데가 아홉 발인게 12메다. 그런 놈을 넣는 거요. 수심대로 말장을 장만하는 거요. 수심 깊으면 말장 긴 거. 여기가 우요. (방바닥을 짚으며) 여긴 바다. (조사자: 말장 머리는 물 밖으로 나와야 돼요?) 예. 막이요, 막. 주동막이라고. 막이라는 건 있을 막. 붙잡고 조정하는 거요. 움직이지 않는, 그러니까 추요 추. 와야를 넣어서 이렇게, 바다에다 (말장이) 서면 돼요. 균형을 딱 잡고 있는 거요. 요놈 배에다가서 떨어뜨리는 거요.

(조사자: 그물 길이는 얼마나 되나요?) 뭐, 옛날에는 15메다. 쪼금 수심 깊은 데는 20메다 30메다. 자기 맘대로. 수심이 깊으면. 말장과 말장 사이는 10메다. 발로 일곱 보. 넓지. (조사자: 아 그

럼 상당히 넓네요.) 넓지. 그물을 놓고 있으면 조류 따라서 아구, 멸치, 갈치, 오징어, 날치, 전어 그냥 다 들어가는 거야. (조사자: 지금 연세가 63세인데 17세면 40년도 더 된 이야기네요.) 그렇죠. (조사자: 그때는 고기가 많았나 보네요.) 그렇지.

(조사자: 근데 지금은 주목망이 없지요.) 지금은 구하기도 어렵고, 구닥다리 됐어. 이걸 힘든단 말여. 물살이 세면 부러진단 말여. 부러지니까 힘이 든단 말여. 고기 잡을 때 부러지면 어디 가서 구해. 그 시대 지나서 십 년 한 이십 년씩 (주목망을) 매다가, 부자 있슈. 부자 있잖어. (조사자: 물에 떠 있는 거?) 예예. 떠 있는 거. 수십 리 났뒀던 어쨌든 망은 똑같어. 망은 다 똑같아요. 망은 다 똑같아갖고 물 쓰면 가라앉고, 7미터까지 올라와야 할 물이 3미터면 빠져. 3미터면 빠져요. 물 내려가면 이렇게 (부자[11])가) 내려가고, 올라오면 올라가고. 고기 다 잡는 거요. 쓰레기가 안 들어가고. 물에서 간당간당 고기도 겁나게 잡고. 편고. (조사자: 주목망은 한 이십 년 하셨고요?) 예.

옛날에 주먹망질 할려면 큰일이여. 내가 저 누나네서 2년 있을 때 결혼해가지고, 배워가지고 주먹망 개척자 아닌가. 나랑 병식이랑 처남이랑 셋이 했어. 셋이 하는데 병식이 그놈이 자꾸 고기를 잘 잡으니까 '나도 주먹 좀 매야겠네.' 해갖고 매는데, 고기는 많지. 내버리고 올 수 있나? 싣고 와야지. 빠가리, 열치. (조사자: 열치가 뭐예요?) 잔 것은 멸치고, 큰 것은 열치고. 종자는 똑같지. (조사자: 먼 바다는 안 가셨네요?) 그러다가 뻥뻥이 매가지고 2002년도에 보상받고 말았어요. (조사자: 먼 바다는?) 열 시간. 저기 인천, 평택항까지 갔다 왔는데. (조사자: 그럼 목선은 몰아보셨어요?) 다 목선이었지. 그때는. 대끄리라고 쇠에 나무에 마르면, 나무에나가 못 질하면 다 갈라진다고. 요런 쇠에서 박이 빠져. 빠지면은 물 비는 거요. 그럼 바가지 갖고 물 비어야 되요.[12]

(조사자: 중선배는 얼마나 큰 건가요?) 크지. 그건. 중선배는. (조사자: 중선배를 타신 적은 없으시고요?) 중선배는 한 번도 안 타 봤슈. (조사자: 작은 배 가지고 열 시간 가까이 바다를 나가요?) 옛날에는 뭐 요기서 한 20분 다니고, 뻥뻥이 발동기 가지고 다닐 때는 한 시간 나가도 잡았는데. 지금은 시간 네 시간 나가도 그만큼 고기를 못 잡아요.

독을 갖다 싣고, 그럼 나중에 두부모처럼 되는겨. 땡글땡글하게 놓고, 그럼 붙잡아라. 무거니까. 몇 톤 되니까. (조사자: 돌멩이 쌓은 걸 망이라고 하고, 돌멩이를 쌓아서 안 빠져 나가게 쇠를 묶어요?) 그렇죠. 와야로 묶지. 와야로 다 심(힘)을 잡잖아. (조사자: 쥐보세요. 아, 이렇게 아홉 개로……. 그럼 킬로수로 하면?) 일 톤 넘지요. 그때 당시는 이게 한 삼 톤. 한 덩어리가. 더 될 겨. 그래도 물가면 끼어와. 그럼 넘어가는 거야. (조사자: 그럼 이십 년 넘게 주먹만 하셨어요?) 예. (조사자: 다른 고기잡이는 안 하시고요?) 주먹만 다 만들어서, 뻥 뻥이 해가지고. (조사자: 등기부 등본이네요. 주소 나와 있으니까 뒤에는 아무것도 없네요.)

(조사자: 초전에서 주목망을 한 분은 하루에 멸을 10톤 잡은 적도 있다고 해요. 일부는 말려서 팔고 동네사람도 나누어주고, 또 일부는 사료를 했다네요.) 아 그전에는 고기 많이 잡으면 깃발 꽂았지. 죽발. 기 꽂고 오면 저 배 한배 잡았다. 마을사람들이 다 알지. 중하 잡으면 아주. (조사자: 큰 고기 잡아서 횡재하신 적 있으시죠?) 있죠. 그때는 뭐. (조사자: 그때 돈은 많이 벌었나요?) 그때는 나가기만 하면 다 돈이죠. (조사자: 고기 값은 지금보다는 좋지 않았죠?) 오히려 그때가 값이 더 좋았슈. (조사자: 그때라고 하면 언제를 말하는 건가요?) 한 삼십 년. (조사자: 많이 잡은 게 멸치?) 아까 우리 얘기한 거 주먹망에 대해서는 그 까나리, 실치, 중하(중새우), 새우, 오징어, 오징어가 굉장히 많이 잡혔어요. 갈치. 오징어 같으면 뭐 실으면 배로 하나씩 됐슈. 다 이게 어장이요, 어장. (조사자: 새우하고 중하하고 어떤 차이가 있어요?) 새우는 빨간하고, 중하는 하얀해가지고, (새우가) 크기도 작고. 새우는 새우 종류인데, 새우는 깔깔한 게 딱딱하고 중하는 좀 부드럽고.

(조사자: 고기 많이 잡을 때는 깃발 뭘 달았나요?) 배는 항시 기가 있슈. 이게 인제 지난번에도 풍어제 지냈지만, 배를 건조를 하면은 등록해야 돼. 사람도 낳으면 출생 신고 하듯. 배도 신조선을 지으면은 신고 해야 돼요. 옛날에는 배 지으면 돈 봉투 주는 게 아니라, 그 전에는 장대랑 깃발을 해줬슈. 친구들이. 들여다보러 가는 사람들이 봉투 아녀. 옛날에는 깃발. 그 기가 있기 때문에 고기 잡으면 기 꽂고 오는 거유. 하나 꽂고 와요. 기 꽂고 오면은 배임자들이 옛날 막걸리, 집에 다 해 먹으니께 동동주를 다 해놔요. 청주로. 고기잡이가 갔다 들어오면은 선원들 일하는데 맞춰서 다 준비를 해놓는다고. 배 들어오면 다 갖고 선착장 가는 거요. 막걸리를. (조사자: 선주하고 선원하고 달랐나봐요?) 내 배가지고 했지. 애당초. 넘에 배 가서는 않고. (조사자: 그 배에 몇 분이나 가서 조업했어요?) 옛날에는 둘이 타고, 그 다음에는 세 명. 일 톤. 옛날에 좌우지간 일 톤 정도면 컸어. 일 톤, 오 톤 미만. 옛날에 인저, 오 톤 이상 되면은 자격증이 있어야 하고, 배가 크니까? 오 톤 미만은 자격증 없어도 아무 제재를 안 받아요. 오 톤 이상부터는 선장 자격증이 있어야지. 그러기 때문에 오톤 넘어도 안 받을라고. 맨날 검사원들하고 싸우는 거

요. 자로 재고 땅땅 치면은 몇 톤수가 딱 나오는디.

(조사자: 혹시 배에다가 배서낭을 모셔놨을까요?) 고사 지낼 때 모셔놓는 게 배서낭이유. 고사 지낼라면 떡 얻어먹으러, 옛날에는 막 배고프니까, 고사만 지냈다고 하면 돼지 한 마리 잡지. 가난하거나 말았거나. 게다가 쌀밥이지, 떡 허지. 그럼 얻어먹으러 가는 겨. (조사자: 그럼 뱃고사를 언제 지내요?) 시기는 따질 것 없어요. 정월은 지내는 거고. 아 특별히 따지진 않아요. 팔월 보름 자식들 와서 다 명일 새듯, 정월 초하루 제사 지내듯 배도 똑같아요. (조사자: 고사 지내는 게 배서낭에게 고사지내는 거라고 했는데?) 배는 서낭이여. 교회는 종교 아닙니까?(조사자: 근데 배서낭을 각서낭이라고도 하나요?) 특별히 그런 거 안 따졌지. 서낭도 따지면 다 짝이 있다는 것이여. 그 뜻이요. 모든 뭐는 여자 남자, 동물도 사람도 여자 남자 있잖소. 때가 되면 짝짓기 하잖소. 서낭도 남자서낭, 여자서낭 그 얘기요.

(조사자: 고기 잡으러 가서 풍랑 만나거나 한 적 없으세요?) 많죠. 위험하면 나가도 않고. 이렇게 이렇게 상황 봐서 스스로가 안 가죠. 그러고 지금은. 옛날에는 상황 판단해서 가고. 옛날 아버지들은 연평도 가서 풍랑 만나면 그냥 낙풍, 바람 따라 물 따라 그냥 외국 가서……. 다 옛날에는 그랬잖요. 외국 갔다 오면 안기부에서 잡아다가 조사 허고.

(조사자: 이 마을 분들 가운데 연안이든 근해든 고기 잡다가 사고로 돌아간 분이 있을까요?) 우리 동네라곤 못하지만, 많이 죽었죠. 줄에 많이 죽었슈. 많이 죽어요. 앙카 쇠 이렇게 된 거 있죠. 그런 놈 넘기다가 죽었슈. 지금은 인제 이동성이 있는 어장이기 때문에 그물을 바다 밑에 고성 할라고 앙카를 만들었슈. (바나 밑바닥에) 베기세. 그림 인세 뼤 낼 수 있나.[13] 그림 익지로 넘기다 실갱이 하고, 들어 넘겨야 하니까. 세리세리한 데가 발 감겨서 죽은 사람 많죠.[14] 굉장히 위험한 거요. (조사자: 그런 경우 하소연도 못하고 그랬겠네요?) 하소연도 못 하고, 그 전에는 옛날에는 그런 법조항도 없고, 서로 싸움하고 뭐, '내 새끼 내 놓으라.' 하고. 지금은 다 보험 들고 하기 때문에 다 보상해줘요.

(조사자: 자녀분들이 어떻게 되세요?) 오남매. 이남 삼녀. (조사자: 혼인한 자녀도 있겠네요.) 서이 결혼식 했지. 둘 남았고. (조사자: 뭍에서 교육 시키려면 교육비가 만만치 않겠어요.) 대학들, 그러니께 벌어서, 육지 사람들은 방이 컸건 적었건 엄마 아빠 슬하에서 자고 갈 수 있잖유. 그런데 여기서는 중학교 나오면 부모 슬하에서 떠나요. 고등학교가 없으니까. 얼마나 위험해요.

(조사자: 양식 해보았어요?) 내가 2002년도 고기잡이 때문에 그만두고, 좌우지간 열 시간씩 다 잡으러 다녔소. 평택항. 그해 가을까지 하고서 지금은 낚시배 하나 사갖고……. 양식장은 1999년에 해보니까, 그것도 안 맞아요. (조사자: 우럭 치어를 사오세요? 진고지에서는 잡아다 양식장에 넣는다고 한 분도 있던데.) 우리는 사와. (치어를 키워서) 사백 구람 오백 구람 되면 판매해요. (조사자: 마리당 얼마나 팔아요?) 킬로로. 중국산이 많이 와 좀 그런디, 구천 원 팔천 원 간다는데, 나는 그냥 배달해줘요. 포터 있으니까. 섬으로 배달해줘요. 그분들이 필요 있을 때. 잠깐 장사니까. 그분들은 없잖어.

(조사자: 어려웠던 이야기 좀 더 듣고 싶은데요.) 그 어장 한다고 돈도 뭐 몇 번 가야 돈을 얻어요. 돈이 있을 만한 사람들한테 돈을 달라고 해요. 틀림없는 사람한테 달라고 하는 겨. 옛날에는 뭐 그냥 다 계약서 쓰고 오부씩이나. 사부, 쪼끔 뭐 하면 거래하고. 그 날짜에 갖다줘야 하고.

(조사자: 어망을 하다보면 돈이 많이 들죠?) 많이 들죠. (조사자: 그물 짜는 인건비 때문에 그런가요?) 지금 뭐 (선창가에 걸어놓은) 저런 그물 하나 짜는 데 인건비 뭐, 칠백 만 원. 하나에 칠백 만 원이면 장난이 아니여. 한 해는 안 만들지만[15] 그거 열 개 만드는 사람 있고, 힘 좋은 사람이면 열 다섯 개를 해야 허고, 지금 뭐 헌 거라도 있으니까, 금년에는 5개씩은 준비하거든요. 오 칠에 삼십 오 삼천 오백만원 아니유? 고기 값은 없지. 고기 값을 떠나서 고기가 잡히지가 않아요. 고기가 많이 잡혀야 하는데 잡히지가 않아요.

(박 종 익)

주(註)

1) 이 동물상에 대해서는 다양한 제보가 있다. 흙으로 빚은 동물의 상인데 12지 신상이라는 설이 있다. 또, 희생의 일환으로 동물상을 빚어 바쳤다는 설이 있다. 그 수에 대해서도 여러 이설이 있다. 11마리라는 설과 12마리라는 설이 있고 30마리라는 주장도 있다. 수북하게 쌓여 있었다는 설도 있다.

2) "옛날에는 당제를 지낼라면 참 엄하게 지냈습니다. 부정한 사람도 못 가고 참 엄하게 지냈는디……. 젊은 사람은 당제도 못 지내게 돼 있어유. 부정하다고 인저. 젊은 사람은 부인하고 잠자리 허고 이런다구. 부정하다고. 노인 양반들이 주로 당제를 지냈어유. [최규복(남, 65)]"

3) 당집에서 열두 마리 말신을 모시는 이유에 대해 물었다. 그러자 "열두 당 열두 그릇, 여가 당이 열두 개가 아니라 여기서 삽시도, 외양도(외연도), 효자도, 녹도, 장고도 이러케 따져서 열두 당이라고 해유. 그래서 열두 당을……. (조사자: 인근 열두 섬의 당에 있는 신을 함께 모셔서 열두 당라는 말인가요?) 그러타구 해야 지유. [최월기]"라 하였다. 그런데 제보자의 주장을 정설로 삼기에는 이에 대한 방증 근거가 미약하다. 아울러 말이 마을의 대표신이 되는 이유에 대해서도 질문하였다. "글쎄유. 그건 모르지. (예전부터) 말이라고 해유. 그래서, 그 당시는 어쨌든 어른들한테 당에 말, 신이 말신이다. [최월기(남, 70)]"라 하였다.

4) "당소지부터 올리고 마을, 그라고 그게 인저 개인적으로 아니깐 신청이 많이 들어와유. 소지 올려 달라고 하는……. 내가 중선도 부리고 주벅(주목)도 매고 한다는 그 어장꾼들이 있다고 했잖여? 그 사람들이 자기 소지를 올려달라고 소지 종이를 사. [최월기]"

5) "그러치유. 저게 내려올 때 큰 당 말고 아랫당이 또 있어유. 작은당, 아랫당. 그런 거기서 인저, 웃당서 제사 모시고 이제 내려와서 아랫당서 한바탕 (풍장을) 뚜들고 내려올 때 어디로 내려오느냐? 이, 거름마당(거리마당)이라고 있어. 아주 여기 우리 삼리에 네거리 밭마당. 근디 거기 와서 이저 희식을 하는 겨. 아까처럼 거기 와서. [최규복]"

6) 대형 닻을 말한다.

7) 긴 원통형 그물의 입구 사방에 줄을 매어 닻에 묶어 둔다는 이야기다.

8) 먼 바다에서는 들물과 밀물의 흐름이 둥그런 원을 그리며 돈다. 따라서 이 흐름에 따라 그물도 돈다고 한다.

9) 고기가 밀물 방향(물의 흐름 방향)으로 진행하려는 성질 때문에 그물에서 나오지 못한다고 한다.

10) 주목망에 대한 설명이다. 기둥을 두 개 세우고 그 기둥 사이에 그물을 위치시켜 매는 방식이 주목망이다. 그런데 지금은 돌이나 닻에 줄을 매어 바다에 내리고 그 반대편에 부표를 단다. 그리고 이 줄에 그물을 매어 고기를 잡는다. 70년대 무렵까지 지속되던 주목망에 기인한 고기잡이 방식이다.

11) 스티로폼으로 된 직사각형 또는 원형 형태의 부유물이다. 크기가 다양하지만 가로 세로 1m 이상 규모도 있다.

12) 나무의 틈새로 물이 들어오면 바가지로 그 물을 퍼내야 한다는 뜻이다.

13) 앙카는 닻을 이른다. 그런데 이 닻이 쇠로 되어 있어 상당히 무겁다. 배에 따라 다르지만 1톤 전후로부터 수 톤의 것도 있다.

14) 앙카와 어망 사이를 동아줄로 묶는다. 이 줄을 서려 갑판 위에 쌓아놓는다. 앙카를 바다 밀어 넣을 때 사람의 발이 이 줄에 감기는 예가 있다는 것이다.

15) 매년 만드는 것은 아니지만

마을사람들의 삶과 애환

이 장에서는 원산도리 주민들 중 몇몇 개인이 살아온 길을 인터뷰해서 실었다. 인터뷰 대상은 마을사람들의 추천을 받되, 다양한 유형의 인물들이 포함될 수 있도록 고려하였다. 비록 개인의 삶이지만, 원산도리 마을사람들이나 동시대의 어촌 주민들 일반의 모습을 이해하기 위한 자료가 될 수 있을 것이다. 인터뷰에 응해주신 주민들의 말투를 그대로 옮겼기 때문에, 간혹 맞춤법에는 맞지 않는 표현이 있다. 일부는 이해를 돕기 위해 괄호 안에 표준어를 적어두었다. (2006년 인터뷰)

'무(無)'에서 '유(有)'를 만들어낸 희생세대,
김일두·이향지 씨 부부

김일두 씨는 칠순을 넘긴 나이라고는 보기 어려울 정도로 건강한 작은 체구의 사나이(?)다. 본 인터뷰 내용에는 담지 못했지만, 간간히 미군 카투사에서 보낸 군 생활에 대한 이야기가 나오면, 그 기운이나 목소리는 타고난 작은 체구가 오히려 거인처럼 느껴지게끔 한다. 원산도에서의 김 양식의 도입, 원산도와 오천, 군산, 광천장을 드나들던 화물선 선주였던 김일두 씨와 자신의 몸 하나만으로 남편과 뜻을 함께 하며 인내하고 희생해온 이향지 씨. 오늘도 이른 아침부터 갯벌에서 우럭 양식장, 산 언저리 밭까지 이리저리 바삐 움직이실 강인한 섬 부부의 모습이 머릿속에 그려진다.

김일두 씨(71세)와 이향지 씨(66세) 부부

이장은 언제부터 하셨어요?

김일두(남, 71세): 지가 87년도부터 89년도까지. 그 당시 전두한 임기 끝나고 노태우가 선거하던 시절 87년도. 노태우가 88년 2월 달에 취임했을 걸요. 그래서 잘 알아요. 이장할 부렵에 노태우가 취임했기 때문에.

이장하실 때 기억에 남는 일은 없으셨어요?

남: 우리 동네 임야 8만 평 팔았죠 뭐.

임야는 어떻게 파신 거예요?

남: 개인한테 판 거에요. 뭐 지금은. 뭐 그 때 5천인가 4억인가밖에 안 됐는데, 89년도에 팔았어요. 17년 되었네.

……

조금 다른 이야기로 넘어가시죠. 어르신 선대부터 여기 살아오신 건가요?

남: 9대조 할아버지가 좌우지간 태안군이에요. 태안군 남면 당암리인가 산소가 계시더라고 8대 9대 할아버지가. 이장(移葬)을 해온 게 80년도 일거에요.

이장을 당암리에서 이곳 원산도로 하신 건가요?

남: 왜 해왔느냐. 서산 에이비 지구 축조공사 할 당시에 산을 해가지고 메꾸잖아요. 그때 우리 산이 아니기 때문에, 또 우리 산이라고 해도 정부에서 매입을 해가지고 필요로 하니까. 하이튼 남의 임야니까 그 통보가 왔더라고요. 그 산소 산소지기가 있어요. 우리가 땅을 5백 평인가 6백 평인가를 사줘가지고 농사를 짓는 대가로 제사를 지내는 거에요.

그런데 본관은 어디시죠?

남: 김해.

아, 그러세요? 그러면 8대조 이후 섬에서 계속 살아오신 건가요?

남: 우리 할아버지가 알고 있는 할아버지가 전라도 쪽에서 역적으로 몰려 이리로 도망 왔대요. 16댄가 그 할아버지가 굉장히 똑똑했대요. 그때 연산군시절인가 그때. 사관들 쓰는 거시기는 뭘로 되어 있잖아.

사초요?

남: 그걸 보여달라고 그러는 거여. 죽어도 선비니까. 진짜 선비인데, 자기 목숨이 달아나도 지조가 있는데. 너 죽을래 살래 할 때 그때 돌아가셨어요. 역적으로 몰리면 3대를 멸한다고 하잖아요. 지금보다 그때 성삼문이나 하위지 같은 사육신들 봐요. 자기가 죽어도 선비로서 자기 절개를 분명히 지켰다고. 성삼문 같은 경우도 변질만 했으면 신숙주처럼 살 수 있었어. 목숨도 부지할 수 있을 뿐 아니라, 그 사람 고위 관료로서 출세도 할 수 있었어요. 죽어도 자기 절개를 굽히지 않았잖아요. 생육신으로서는 연산군한테 잘만 보였으면은. 그렇기 때문에 죽은 거 아니요. 생육신으로는 신숙주 하나밖에 없잖아요. 그 대신 마누라가 대구포에 목매달아 죽었잖아요. 신숙주 마누라가.

아 그럼 8, 9대조 조상님부터는 그 일족이 다 원산도에서 사신 거네요.

남: 그렇죠

그러세요. 그러면 그 장소가 어디에요? 여기 선촌 뒷산 아래인가요?

남: 지금 현재 고림정이라는 데여. 높을 고자 수풀 림자 정자 정자 해서 고림정. 고림정을 어떻게 해서 고림정이라고 했냐면, 옛날에는 사람이 죽으면 처음에 묘를 안쓰고 시체가 썩으면 다시 쓰는데, 수습해서 다시 묘를 쓰는 것을 봉분을 만드는 것 시세 말로

는 고림쟁이라고 하지.

고름쟁이산이라고 있던데, 고림정이라 해서 고름쟁이라고 불렀군요. 아주머니께서도 말씀 좀 편하게 해주세요.

남: 이 사람은 여기 시집와서 잘 모르지 뭐.

이향지(여, 66세): 지금 드시고 있는 이 조개는 서해 바다에서만 나는 조개요.

남: 조개 자체가 비리질 안 해. 떡국 끓일 때는 이 조개를 넣야 해.

아니, 이것이 꼬막 아니었어요?

남: 살조개라고. 바지락.

여기서만 나는 거예요?

여: 서해바다에서만 나오는 거예요. 전라도 쪽은 없는 모양이여.

남: 개고막처럼 여기가 이렇게 굵어져 있죠.

떡국 끓일 때 이것을 하신다고요?

여: 옛날에는 가난해서 쇠고기가 그리 흔치 않았잖아요. 우럭을 가져가시는 분이 "아주머니. 이 조개가 무슨 조개인지 아세요?' 물어요. 그래서 우리는 무심코 살조개라고 했는데, 그 사람이 떡국조개랴. "왜 떡국조개입니까" 그러니까 비릿내가 안나서 떡국조개라고 그러더라고요. 떡국에다 너먹어서. 지금은 쇠고기 그런 것 맛있는 부분을 찾아가 떡국도 끓이고. 그래가지고 어디서나 다 소고기가 귀했잖아요. 우리는 섬에서 살았어도 그런 것노 모르고 그냥 그대로 살았네요. 엊그저께 한 바구니 주있다가 물에다 담가놨어요.

어르신이 직접 주어오신 거예요? 요 앞에 갯벌에 이런 게 있어요?

여: 우리 동네에는 굴을 많이 키우지 않고 요만한 때 굴을 채취를 해서 팔은게. 요즘 들어서 그것도 채취를 해서 우리 동네에서 가져다 놓았다가 많은 양이 아니기 때문에 문을 열어주더라고. 지금 부녀회에서 바지락도 몇 천 만 원 어치를 사다가 다 뿌려요. 우리가 키워서 해먹고

그럼 굴도 씨를 뿌려 키워서 해 먹고 그러시나요?

여: 굴은 자연산이죠. 딴 데도 굴은 다 있어요. 그런데 키우고 커서 맛이 안나오고, 이거 완전히 석화여. 그런데 인제 한번 했거든요. 3일 해서 했는데, 그걸 인제 어쩌거

나 보내 줄건디. 소비를 시켜라 그랬는디. 한번 먹어보고 쪼금 있으면 또 달라고 하네. 그런데 아들도 '근데 엄마 나 좀 보내 주면 좋을 텐데' 그렇든디. 그런데 그게 터야 말이지.

마을에서는 1년에 몇 번 문을 여나요?

남: 1년에 한 번이고 두 번이고 여는 데. 인자 기회 봐가지고. 왜 그러냐면 이것을 가두어가지고 관리를 안 하면 해 먹는 것만으로 빼 먹는다고. 이렇게는 안되겠다. 너무 쩍은 놈을 남의 것으로 하면 손해고, 관리를 해서 김장할 때쯤 되면 가치가 제일 높잖아요. 그리고 또 인저 유통과정에서도 날이 차기 때문에 원만히 좋아지는 거고.

그런데 그것을 어촌계에서 관리를 하나요? 아니면 부녀회에서 따로 관리를 하나요?

여: 부녀회에서 따로. 어촌계나 부녀회나 똑같어. 어촌계가 관리해주면 부녀회가 따라가는 거고. 그렇게 해서 우리들이 다 그렇게 관리를 해서.

여기 섬마을에서는 여성분들의 목소리가 더 큰 것 같아요. 그만큼 생활력이 강해서겠죠?

남: 세상이 자꾸 변해가니까.

여: 지금에요 겨울철 요즘 바지락이 더 많아요 그 뻘땅에 가서 자갈밭에 가서 여자들이 다 캐고 그러잖아요. 엊그저께 이틀 동안 하는데 새벽 5시에 나갔어요. 불 다 키고.

굴은요?

여: 굴은 아직 안 했는데. 접때 한번 했는데. 헐 것 같은데 아직 한다는 얘기는 없어요. 우리 여식 때문에 여기 원산도 굴을 기다리는 사람들이 많어유. 그러니까 우리 아들이 그랬댜. 엄마보고 부탁해야 되겠다고. 그런디 엄마도 하기 힘들어. 이 섬에 바지락, 굴이 다 있어요. 이것을 키워서 뻘땅에서 크는 게 이만한 게.

남: 자식들 루트타고 나가는 물건은 여기 장사꾼한테는 값이 높게 설정이 되는 거지. 그런디 물건만은 100%다. 왜 그러냐면 장사꾼이 우리 형님이 소개해줬는디…. 자식 얼굴을 봐서 절대 거짓말을 할 수 없고 안되지. 거짓말하면 절대 안 되는 거에요.

사실 지금까지 살아오신 게 그렇게 살아오신 거잖아요. 뭐하나 속임 없이 진짜 몸 움직이는 대로.

여: 그런데 진짜 1년 12달 보는 것이 아니고, 때에 따라 맞추어서 하고, 그 와중에 바닥이 좋은 데는 바지락이 잘 크고 바닥이 나쁜 데는 덜 크고.

고추말리기

올해 보니까 고추 농사도 좀 지신 것 같던데요?

남: 고추 농사 했어.

여: 일기 좋아서 뭐 나가는 것도 하나도 없이.

올해는 오갈병 같은 것도 없었나봐요. 그만큼 이곳 환경도 좋고, 농사도 잘 지으시는 것 같아요?

여: 그런 것도 없었어요. 우리 저게 저 안에 들은 것이 횟수로는 아홉 번째 땄어요. 그런데 팔았을 때 비가 많이 왔잖아요. 장마 때문에 파란 눈이 칙칙칙칙 떨어졌다고. 이제 다 틀렸다고 했는데, 그러고 나서 열매 맺힌 게 올 가을에도 맺히는 게 많이 맺히고.

고추 외에 다른 농사는요?

여: 가만히 농사를 지어본께 공이 많이 들어가고 같은 공이 들어갈 때 고추가 더 나서요. 깨 같은 것은 못하겠소. 메주콩 같은 것 하면 값의 차이가 안 맞아서, 그러니까 안 돼. 고추는 근당 오천 원만 해도 그냥 저냥 그게 낫겠어. 그리고 여기는 도회지가 아니어서 특수 작물이 없잖아요. 왜냐면 특수 작물 하려면 운반비 때문에 안 맞고.

까나리 액젓도 많이 하시잖아요.

여: 조금

매년 일정량 계속 담으시는 거예요?

까나리 액젓 저장

여: 그렇게 조금씩 동기간하고 나누어 먹고, 팔로 있으면 조금 이렇게 주고 했는데, 올해는 며느리가 많이 가져갔어요. 올해는 생각 없이 날이 뜨거워가지고 올 먹을 것은 다나갔어요. 올 먹을 것 내년에 빼야 할 텐데, 액젓 찾는 사람이 많아가지고 다 빼가지고 나간거요. 여: 그러니께 처음에 우리 며느리도 액젓은 내가 해도 안가져가는 겨. "너 이거 왜 안가져 가냐"고 내가 그랬어. 지가 필요하면 가지고 가거던. 그러니께 지가 "어머니 나도 액젓 좀 퍼갈까" 그러더니, "그래 그래봐" 그러니께 그렇게 하고 나서는 저도 조금 가지고 가고 그래요. 나는 며느리 보고도 따로 해먹지. 엄마가 이것 가져가라 저것 가져가라 하지 않아요. 아들하는 이야기가 "엄마 저거 미역국 끓이니까 괜찮데요" 하더라고요.

남: 뻘밭에서 나오는 굴은 허물허물 해가지고 탄력이 없어요. 그래서 맛이 없는 거라. 석화라고 돌석자 꽃화자. 돌에 붙은 굴은 그게 없어요. 굉장히 그리고 또 노출시간이 길기 때문에. 물가에 나오는 시간이 길어요. 그러기 때문에 담백하고 맛있는 거에요.

바위에 붙어서 그런 걸 석화라고 하는 거군요?

남: 그런 굴이 맛있다구요. 바위에 붙어 있어서 석화라 그래요.

여: 여기 어떤 분들은 8kg, 7kg 박스채로 가져가. 언젠가는 주문을 했는데 "엄마 엄마. 그 집 할머닌가 할아버진가 돌아가셨대" 해서 "그러면 엄마가 그 집 돈이 들어갔거나

말았거나 두 박스를 붙여가지고 굴로 잔치를 하라고 해야겠다" 했어요. 그래가지고 굴 두 박스를 보냈다니께. 초상집이 이걸로 잔치를 허라고 해야겠다. 딴데 가서 사느니 그래서 두 박스를 보냈다니까. 그런디 굴 이제 잡숴본 사람이 찾지 안 잡숴본 사람은 몰라. 이게 굴이겠지 그렇게 생각을 하지. 우리 아들이 "엄마 나도 굴 좀 한 박스. 16kg 좀 해주쇼" 해. 동료 직원이 16명쯤 되나벼. 먹을 만한 사람이. 굴은 여기저기 많이 있어. 그런데 그게 어떤 굴이냐를 잘 모르기 때문에. 나도 안 먹어 보았고 안 사고 안 먹는겨. 내가 한 것만 주고. 우리 동네에서 나오는 것만 주고. 그 전에는 매시 같이 가두어놓지 않고, 해먹고 싶은 사람만 해먹고 그랬은께. 조금씩 해가지고 부치고 그랬었거든. 지금은 고루고루 해먹는다고 딱 가두어둔거요. 그런께 내가 굴은 바다에서 주어오는 것은 남보다 덜했어도, 원 거시기는 내가 낫더라고. 왜냐하면 그 사람들 장사꾼에다가 칠천 원씩 팔았은께. 나는 어쨌거나 만 원씩 팔았은께.

그런데 굴에서 나오는 뻘 먹어도 상관은 없어요?

여: 그렇죠. 그러니께 우리 저기 뻘밭에서 나오는 건 약간 그런 게 없어요. 좋은 뻘 속에서 살았은께. 그런게 들어나더라고요. 그러니께 아하 이게 뻘밭하고 자갈하고 차이가 이게 있는가보다.

굴밭은 어디에 있나요? 하나시 근처인가요?

여: 우리는 별도로 굴밭이 있는 게 아니라 조개와 바지락이 같이 있어요. 바지락은 밑에가 있고, 굴은 위에 다 있은께. 그런께 그 굴을 되도록이면 캐내야 바지락을 해먹기 편치. 조개에 그렇게 되어 있으면 손도 다치고, 그놈이 크면 파기도 어렵고, 그래서 우리가 고걸 맞추어서 해요. 굴은 봄에나 여름에나 소용없잖아요. 바지락은 사시사철 해먹지만. 맛도 맛있지.

지금 저희가 먹고 있는 이 김도 하세요?

여: 우리가 배워가지고.

남: 꾸워서 먹으면 달아요.

여: 내가 이 김 먹어보면, 육지서 파는 김은 헛것이요. 허끝이 애리는 게 있어. 이 김을 먹으면요 그런 게 없어요.

남: 뒤끝이 없잖아요.

김

여: 우리 섬에서 이거 해먹다가 모든 게 수확량이 안 맞던지 뭐든지 다 포기를 했거든요. 이것이 노동치곤 보통 노동이 아니야.

저는 잘 모르지만 그렇겠어요?

여: 아니 그런게 아니라 일하는 과정에 내가 알아서 천 장만 뜨면 되는디. 이천 장 뜨고 삼천 장 뜨고자하는 욕심이 있잖아. 천 장 뜨면 돈이 얼마고, 이천 장 뜨면 돈이 얼마고, 그 생각에서 자꾸 자꾸 하기 때문에 욕심이 생겨가지고. 나는 이걸 하면 돈은 벌지만 나는 여기서 중단하고 말리라 하고 안 해.

……

자제분들은 중학교까지 여기에서 나오고 고등학교때부터 대처로 보내신 건가요?

남: 여기서 중학교를 나와 가지고 대전에 거시기 연합고사를 봤지.

그런데 왜 천안으로 안 보내시고 대전으로 보내셨어요?

남: 천안이요? 천안도 간 사람은 갔지. 천안으로 간 사람은 대략 천안여상이 유명하니까 여상으로 실업계통으로 그렇게 했고. 내가 못 배웠다 보니까 항상 하는 소리가 "좌우지간 대학에 붙으면 지지배고 머스매고 가리지 않고 실력있는 놈은 내가 해준다. 똥 묻은 바지라도 팔아서 가르칠 테니까 무조건 붙어라" 했지.

지금 살고 계시는 주택 이전에는 어떻게 지내셨어요?

여: 이 집 짓기 전에는 겨들어가고 겨나올 정도의 집이었어요.

남: 옛날 집 치고는 쓸만 했는데.

여: 전에는 이 지역이 얕아서 바닷물이 많이 들어오면 물이 차버려요. 태풍 불 때는 정신없고.

…… ……

그리고 어르신! 양식하기 전에는 배도 좀 타고 그러셨어요?

남: 양식은 92년도인가 3년도인가부터 했을 거요. 그 전에 내가 72년도인가 73년도인가 화물선을 했어요. 당시 살기가 너무 힘들어 이렇게 하나만 해가지고는 도저히 안되겠다 싶어서..

한 30년 넘으셨네요. 그런데 화물선 하시려면 기본적으로 자금이 있어야 하잖아요?

남: 자금이 있어야지. 그렇게 한다니까 또 탁탁하더라고. 74년도인가 75년도에 배 수리를 하는데, 크고 싼 것을 사가지고 하다보니까 배가 썩어가지고 물이 들어오네. 그래가지고 여기저기 고칠려고 하니께 3백 50만 원이 들어가 버린겨. 그때 이 돈이면 잠실 아파트 한 채가 70만 원밖에 안되었어. 나중에 알아보니까 잠실 아파트 15평짜리가 70만 원밖에 안 간거 아홉채 값이야. 배를 백만 원에 사가지고 수선료가 3백 50만 원이 든거야. 빚은 계속 누적되어 가고. 아홉 채 값이 아니다. 10채 값이네. 그래가지고 그 빚이 한 7~8년도 더 가더라고.

아니 몇 년을 부리셨는데요?

남: 16년인가 17년인가 부렸제. 72년도인가 시작해서 89년도에 팔아먹었은께. 이제 20년이 넘었네.

72년에 시작해 가지고 89년도에 파셨으니까, 그럼 십육칠 년을 하신 건데. 그러니까 선주를 하신 거잖아요?

남: 그럼요. 옛날에는 광천장에 5일마다 한 번 갔으니까.

그러니까 주로 운행하신 게 광천장 (옹암포)이 쇠퇴하기 전이군요? 주로 어떤 화물을 나르셨던 거예요?

남: 생활필수품도 해오지만, 여기서 생산되는 것도 가지고 나갔죠.

여: 생산되는 것 가지고 나가고, 광천장에서 장을 봐가지고 들어오고. 원산 8리가 다

광천장을 봤었지. 지금은 여객선이 있고 그때만해도. 지금은 방조제 때문에 광천장에 못 들어가요.

그러면 오천방조제가 들어서면서 광천장이 쇠퇴할 것을 생각해 미리 배를 파신 건가요?

남: 그러기 전에 팔았지. 방조제 들어선다는 거 모르고 팔았지. 인자 나이가 한 60살 가까이 먹으니까. 50살이 넘으니까 우선 이제 시력이 떨어지니까. 지금은 참 장비가 있어서 장비만 보고도 배가 가요. 그런데 그 당시에는… 이제 겁이 나는 거요.

아! 그럼 직접 운전도 하시고?

남: 선주 겸임에서 선장까지. 기관사 한 사람 두고. 여기서 생산되는 소금 전부 우리배가 실어가고. 군산으로도 가고. 광천으로도 가고.

여: 당시 원산도에 장배 두 개가 있었어요.

남: 그렇게 배도 부리고 하는디도 원금이 별로 안 주는 거요. 그러가지고 이 사람한테 그런거요. "이렇게 해가지고 거지되겠네. 정리해야지 안되겠다." 이 사람 하는 소리가 "설마하니 이것보다 더 못살겠냐고." 그때는 조개도 관리 않고 자기가 마음대로 퍼다 먹는겨. 바지락도 사는 것 자체를 파는 것이 아니라, 까가지고 젓갈을 만들어 파니까 소득이 별거 아니여. 그래서 그렇게 했더니 견디는 데까지 견뎌보자. 이렇게 또 이야기를 하는 거여.

진짜 어르신은 시작해서 얼마 되지 않았는데 배를 파시려고 했고요?

남: 도저히 수선을 하면 해가 갈수록 헐어지는 거 아니여. 또 인자 3~4년 지나면, 그때 손을 보게 되면은 원금이 또 까나가다도 또 복구된다는 거요. 그런 거까지도 염두에 두니까 도저히 타산이 안 맞는 거요. 내 재산 조금이라도 연관이 되었으면 실제로 그리 고생은 안 하는데. 내 자본이라는게 일원 한 푼 없는데 그걸 그렇게 하다보니까 너무 짐이 무거운 거야.

그런데 어떻게 유지해서 그 후 빚도 갚고 조금은 가계를 일구셨어요?

여: 김 양식 해서지유. 이게 말인게 100장에 천 칠백 원, 천 육백 원 하는 김을요. 한 천만 원 돈 했은게. 당시 얼마나 크게 했든거. 그 당시에는 구백만 원 얼마 했더라고. 100장에 천 칠백 원, 천 육백 원 하는 김을 구백만 원 넘게 했은게. 얼만큼 한거요. 천만 원다 못하고 구백만 원은 넘었더라고. 계산은 다 안 해 봤는디. 내 지레 짐작으로.

거의 그럼 한 5천 톳을 하신거예요. 1년에?

여: 그러니께 한해 겨울이지. 김은 한철이니까. 겨울 한철만 하니께. 그러니께 그때 빚이 조금 줄여졌어요. 이걸로 우연이 빠진거요. 이걸로.

남: 배부리는 것이 타산이 안 맞는 것은 아니에요. 내 자본이 다만 30% 이상만 들어갔어도 괜찮는데. 100% 다른 사람 자본을 쓰니까. 그때 이부 이자면 연 24%여.

여: 4부 자리도 얻었어. 그 때는 4부지. 지금이니께 2부지.

남: 그때는 4부인가?

여: 그러니께 해처나갈 수가 없어

남: 그런데도 돈 빌리러 가면 그것도 아주 사정을 해서 빌려야 해. 신용이 좋다고 하면 빌리지만, 신용이 나쁘면 안 주는 거지. 그래서 김 양식을 하기로 했어요. 이걸 하기로 했는데. 그게 남해안에서 개발이 돼가지고, 자연산 포자를 붙이는 게 아니고 인공산 김포자를 붙이게 되었어. 맨날 누더기 되었는디. 그때 이걸을 해가지고 개량 종자를 내가지고.

그럼 원산도에서는 어르신께서 처음 하신거예요?

남: 처음 했지. 목포에서 사와가지고.

목포에서 종자를. 그 정보를 어떻게 아셔가지고?

여: 그 정보는 어촌계나 어디로 이게 다 정보가 들어오지. 은포리가 가까이 있은게. 글로 연결되어 가지고.

남: 우리 시대에는 초등학교만 나왔어도 똘똘하면 이장도 하고, 수협 대의원 같은 것도 더러 하고, 수협에 조금 길도 받고 그래요. 그래서 74년도에 해태 양식교육을 부산 국립 해양 수산원에서 교육도 받았어. 그래가지고 종자에 대해서는 설눈을 떴지. 설눈을 떴다고 봐야 혀. 2년이나 3년 후에 시작했을 거여. 다른 사람들은. 내가 한 게 한 70년대 후반쯤 됐을 겨.

배 부리실 때 어려움은 어떤 것들이 있었어요?

남: 그때가 80년대 초 되지. 왜냐하면 전두환이가 박정희 죽고 전두환이 들어왔을 때가. 아이고 군인들이 쪽 갈렸어요. 얼마나 귀찮은지 몰라. 통제하고 난리피고. 저기 군부대 있었잖아. 그때 싸움질 무지하게 했다니께.

여: 여기 간첩 들어왔네 어쩐네 해가지고.

남: 그렇지만 그 사람들 무서워 하지도 않았다고. 맨날 통행소에서 배를 대라고 하고 검문을 하는거. 그래가지고 내가 올라갔지. "야 이 자식아. 어떤 놈이여" 하사가 오길 래 "야 이 자식아. 너 임마 배에다 물발이 이렇게 센대, 너 여기다가 배 잘못돼서 침몰 되면 니가 책임 질텨. 이놈의 자식아. 이놈의 새끼. 너 간첩 잡을려다가 생사람 잡었어. 이놈의 새끼. 어떤 새끼가 이지랄 하는거. 너 한 번만 더 그러면 대대장한테 직접 쫓아 갈꺼. 이놈의 새끼." 그러니까 소위가 나오더라고 "아 미안합니다." "아 당신들은 국민 들을 보호하고 간첩을 잡으라고 당신들을 여기 내놓은 거여" 알었어 했지.

여: 우리 장에 갈려면 구초소를 몇 개나 통과해야 하는지 몰라요. 바다에도 하나 떳었 어.

남: 갯구랑 들어가는 디. 거기 바지가 하나 떠가지고 군인들이 꼭 거기서 근무를 해. 한 번은 오더니 주민등록증을 딱 뺏어가더라고. "니까짓 새끼가 빼가 봤자지. 날 어떻게 할려고. 입건시킬 수도 없고. 내가 잘못이 있다면은 경찰서에 옮겨야지. 니그들이 처벌 할 수 없는 거지." 그래가지고 난 왔어요. 그랬더니 중대장 같은 사람이 가다가 겁주었 다. 그때 누가 있었냐면 우리 형 동기생이 대대장인가 연대장인가 했었대. "당신 말이 지. 이 양반 형이 육군 본부에 있어. 느들 같은 놈은 말이지 한마디만 하면 죽음인께." 지휘장부 가져다놓고, 연대 정보장교 시켜가지고 면사무소에 갔다났더라고.

참, 그 때는 대천항에서 들어오는 배도 없었을 때죠. 언제부터 대천항에서 배가 들어왔어요?

남: 그 후로 7~8년 이상. 하루에 한 번씩 왔다갔다가 점차 늘었지. 배가 자주 다니면 참말로 화물선 안다니지. 그런데 어떻게 되어 있는지 몰라도 빚 다 못 갚았어. 부채가 워낙 심각하더라고.

그래도 화물선 사업을 하셨으니 어쨌든 현금이 손에 있으셨을 것 아녜요. 자제분들 교육은?

여: 동네 어떤 어른분이 그랬대. 저집에 턱이 넘었는디. 넘었는디. 우리 큰아들은 아래 애들보다 더 고생했어. 갸가 고등학교 다닐 때 큰집에서 다녔는디. 고등학교 다닐 때 저 교통비 쓰라고 11만 원 보내면 8만 원 큰엄마한테 밥 값주고 3만 원은 지가 호주머 니에다 놓고 썼대. 큰아버지한테 한번 물어봤어요. 갯돈을 어떻게 쓰는지. 그러니까 8 만 원은 큰엄마 주고, 3만 원은 자기가 쓰는디 이 아이가 자기 호주머니에다가 넣고 쓰

는게 아니더라는 겨. 통장에 넣드라는 겨. 통장에다 넣고 쓰더라는 겨.

남: 애가 꼭 필요할 때만 빼서 쓰고.

여: 그런데 자기 말이 차 같은 것도 지가 어떻게 노력해가지고 많은 고생해가지고 비공식으로 차를 못 타고 다녔대. 돈이 호주머니에서 나가는 생각이 우리 아들이 말을 안했더라고.

……

지금까지 장시간 말씀 감사드립니다. 끝으로 거의 아무 것도 없는 상황에서 지금에 이르기까지 많은 것을 희생하시며 참아오시고 이루어 오셨는데요. 요즘 젊은 사람들을 위해 그러한 경험이 바탕이 되는 말씀 부탁드리겠습니다.

남: 지금 젊은 사람들한테 하고 싶은 이야기가 있다고 한다면, 바로 인내가 없다는 거에요. 그게 문제라. 우리 며느리가 오더라도 이야기 하는데, 내 새끼니까 그렇게 생각할 수도 있겠지만. 우리 애미보고도 내가 그런 이야기 하거든요. "너 너무 새끼들이라고 해서 품안에 키우지 마라." 손자들이 겁이 나니 엄마 엄마 하고, 찌하고 울어. 아주 그냥 그렇게. 아! 고슴도치도 제 새끼는 이쁘다고 이렇게 이야기 하고 있잖아. 이놈이 이뿐 게 자식놈이 잖아. "그렇게 오냐오냐 하면 아무리 자식놈이라도 저거다 인내성 같은 것이 없어진다." 그렇다고 뭐라했지. 이혼도 그래. 성격차이가 난다고! 어떤 년은 맞아서 사남. 그러다 보니까 사는 거지.

……

이 후 두 분의 지난 날 고생스러웠던 경험담은 시간가는 줄 모르게 계속되었다.

(권 선 정)

"툭툭 차고 다니는 돌막이 황금보다 중요하더라", 새마을 지도자 최윤근 씨

안녕하세요? 원산도 새마을운동기에 대해서 조사를 하다가 어르신께서 새마을 지도자로 활약이 크셨다고 들었습니다. 어르신께 원산도에서 지금까지 살아오신 이야기를 새마을운동기를 중심으로 여쭙겠습니다.

어르신 성함과 연세 좀 말씀해주세요

최윤근. 38년생이니까 예순아홉 무오년생이여

본관은 어디세요? 어디 최씨에요?

우리~ 경주.

언제부터 원산도에 사셨습니까?

그것도 모르지. 어쩌 그러냐면.. 우리~ 나로 해서 8대조 이상 살으셨거든. 8대조.

그러면 1대가 몇십 년 잡냐?

(한 30년이요.)

그러면 한 240년.. 200년.. 거은 한 300년 됐다고 봐야겠네! 원산도 생겨난 지가 언제였는지 모르겠네. 우리 8대조 조부 내가 시제 지낼 때 축을 읽을라면 8대조 할아버지 축을 읽어.

8대조 산소가 여기 있어요?

응. 있지. 거기 바로 선촌 고개 넘어. 우리 할아버지가 일찍 돌아가셨어! 왜냐면 할아버지 일찍 돌아가신 것은 기정사실이지만 우리가 이 원산도에서 말 들어보니까 할아버지 대까지가 최고 부하게 살았던 모양이여~ 들어보니까. 그런디 일곱 살 때 우리 할아버지가 서른 아홉살 잡숴가지고 원산도에서 최고 이렇게 어른으로 살으셨다~

어르신 할아버지 성함이 뭐에요?

최 정자 국자. 인저~ 우리 할아버지가 조상들로부터 내려오면서부터 할아버지까지가 잘 살았던 모양이여. 그런디 우리 아부지 일곱 살 때 할아부지가 돌아가셨은께. 서른 아홉 살에. 우리 아부지가 그 역사를 모를 수밖에 더 있어~ 어리닌께. 아부지 살은 앞

새마을 운동기의 원산 3리 새마을 지도자 최윤근 씨

은 알아도 뒤는 모를거 아니여. 어른들이 일찍 돌아가셨은께. 가르쳐주는 사람이 없은
께. 그래서 내가 모른다니까~ 그러다가 6.25사변 나가지고 나 14살 먹어서 우리 아버
지가 또 서른 아홉 살에 돌아가셨어. 그것이 돈이 없어서 망하는 게 아니라 사람 죽으
면 망하는 거여. 우리가 망할라고 그랬던 모양이여.

어르신 아버지 성함은 뭐죠?

최 동자 석자

친척들은 원산도에 많이 사세요?

많진 않구. 나한테 셋집 살어. 다 서울로 이사갔어. 서울로 안면도 이런 데로 모두 흐트
러져가지고~

그러면 할머니하고 어머님하고 살으셨겠네?

나? 나는 저 6.25사변 수복 후 그~ 전라도가 수복이 안됐던 모양이여. 여기는 수복이
돼서 6.25사변 때도 사람들이 꼼짝달싹 못하고 인저 예 그냥 전부 어업하는 것도 중지
하고 막일 못하면 그냥 먹었거든. 그러다가 이렇게 수복이 됐은께~ 우리 아부지가 중

선을 몰았어~ (중략) 그 다음에 인저 고기를 잡어~ 바다에 가서 잡았으니까 팔아야 할 꺼 아니여! 그러니까 그 전라도 법성포로. 아부지가 고기를 잡아서 태극기 꽂고 들어 갔는디, 법성포라는디가 빨갱이들이 말이여! 지방 치안대들이 꽉 차가지고 말이여~ 그렇게 됐던 모양이여. 그래가지고 들은 말로는, 그때 선원이 일곱 타거든, 저 배 하나에! 일곱 전부를 다 지방 치안대들이 학살시켰다는거여! 그래가지고 난 어떻게 돌아가신지도 모르고~

아! 그러면 거기서 돌아가신 거예요?

잉~ 그 법성포 거기서. 시체도 못 찾고 그때 열세 살 묵었을 땐께, 알도 못하고 워떻게 찾아갈 줄도 모르고, 워떻게 찾아갈지도 모르고~ 어떻게 되겠나? 그리고 배는 인저 오천면에 그 유지되던 분들이, 오천면에서 우리 배하고 저 선성배하고 두 배가 거기를 들어가 가지고 그렇게 됐는디~ 그 배 찾아가는 길에 배만 찾아다줘서 어떻게 처분하고~ 그러고 허다 보니께 지금 70먹더락 아부지 시체 찾아볼 생각도 않고 나도 이렇게 무식하게 살았네~ 그냥(너털웃음).

형제분은?

오남매였는디, 남동생은 하난디 에~ 몇 살 먹어서 죽었나도 모르겠네~? 열 세살, 아홉 살 먹어서 아부지가 돌아가셔서 살다가 몇 살 먹어서 결혼하고, 몇 살 먹어서 죽었는지도 모르겠네. 어떻게 결혼하다가 딸 둘 낳고 동생은 실패했어. 에~ 여동생들은 다 살고. 그래가지고 그 조카딸 둘을 키워서, 나 새끼덜이 8남매여~ 개네들하고 10남매 키웠어!

아이구~ (질문자와 답변자 모두 너털웃음)

재산 떼서 남은 여가 시켰네!

장하시네요~ 학교는 어디까지 나오셨어요?

나 국민학교 4학년 댕기다가 말았지.

아버지 돌아가시면서 바로 그만 두신 거예요?

그렇지! 그라구서 저 이미 한학 개르치는~ 거기서 한학 갤켜주는 선생이 있어가지고, 6.25사변 그게였으니까 어떻게 됐는지 몰러. 1.4후퇴 수복하고 또 한번 또 서산 사람들이 또 피난 와가지고 있었어. 그저 워디, 저런 섬 같은디 저 서산 같은디 피난민이라고

~ 와서 그 이웃집에서 접방사는 사람들이 있었거든. 그 노인네가 한학을 좀 알더라고. 그래가지고 그 양반한테 내가 밤에 인저~ 그게 바로 주경야독이여 그게 왈. 낮에는 나무허고, 열세 살 먹어서 나무, 그때는 나무 땔 때니께~ 나무허고, 오줌 주고 일허구서 인저 저녁 먹고 가서 거기 가서 글 배웠어, 천자를 배웠어~ 내가.

선생님 성함이 뭐예요?

그 선생님 성함도 모르지! (너털웃음)

그 분이 이미에서 그 후로도 오랫동안 한자 가르치셨어요?

아니 그~ 내 얘기 들어봐! 그려~ 그 이미에 글방이 있었어, 그 양반은 이형용 씨여, 이형용 씨였는디, 나는 인저 그때 글방 다니는 사람들은 나~ 저~ 주간에 글배우는 학생들이 몇 명 있었고, 나는 글방에 인저 안 다니고 그~ 옆이 피난온 분한테 천자를 배우는디, 스물 닷새만에 천자를 안 보고 외고 쓰고 하니까 천재라고 하더라고. 에~ 그러구서는 글방을 들어간겨~ 그리고 들어가서 동몽선습부터 읽었는디, 1년간 배우다가 뭐냐~ 그 동몽선습 띠고, 명심보감 띠고 사례 띠고서 소학 부치다가 말았지 또. 공부한다고 저 공주 마곡사로 도망갔었어 내가, 그런디 그때 마침~ 공부하는 것도 운이데~ 비구승하고 대처승하고 싸움이 나가지고 말이여~ (중간생략)

아니 무슨 공부하러 마곡사 가신 거예요? 한문공부 하러?

음~ 학교는 못 댕기니까 거기가서 공부나 한다고 갔다가, 가르치는 선생이 없어서 1년간 있다가 그냥 허탕치고 서기 합천 해인사가 그 해인사가 있어가지고 뛰났고~ 그때만 해도 여기 섬에서 공주 마곡사 간 것만 해도 다행이지. 워디 돌아댕길지나 알았다나? 그때가 (웃음) 에~ 그때 츄럭타고 대니고 버스도 없고 그럴 때였어~ 그때가. 그래가지고 몇 년돈가? 그래가지고 도루 들어와가지고~ 그게 공부 못 할 팔자여~ 내가 아부지만 살았다면서야 대학 나오고 다 했겠지만~ 그렇게 타고나서 공부 못 할 팔자라 그렇게 된겨~ 그러다가 그냥 인자 할머니 모시고, 어무니가 인저 혼저이니까~ 어머니하고 동생들하고 이렇게 살다가~ 어머니가 또 그냥 출가하셨어. 그래가지고 내가 그냥 동생들하고 살다가, 70년도에 그 전에는 에~ 장사도 하고, 주걱도 내고, 농사도 짓고 그렇게 살았는디,

그러면 어머님 출가하시고 동생들 데리고 살다가 몇 살에 장가가셨어요?

22살.

22살에? 어디 색시하고?

동네! 초전.

초전 동네? 연애하셨어?

그냥 이렇게 소개를 해준거~ 그때는 연애란거 잘 할 때간디~

그래~ 스물 둘에 장가가서 8남매 낳으시고, 그 동안에 장사를 하셨다구요?

농사도 짓고, 어업도 하고, 장사도 하고~

자수성가 하셨네~ 그래도 기반 있으셨겠네요. 잘 사셨으면~ 할아버지 때까지 잘 살았으니까? 땅 같은 거 있으니까?

땅 같은 거는 그 그거는 내가 원래 부자하고 살던 데는 거기는 선촌이여, 선촌.

아! 원래는 선촌에 사셨어요?

으~잉. (긍정의 대답). 원래는.

그럼! 언제 초전으로 오셨어요?

여기 나 8살 먹어서.

8살? (잠시 침묵) 왜 오셨는데?

우리 아버지가 저기 우리 할아버지는 최 정자 국자고, 여기 할아버지는 최 정자 운자셔~ 그라고 우리 할아버지하고 사촌간이였었는디, 자손이 밑에 딸만 둘 있어가지고 아들이 없어가지고 우리 아버지를 양자로 삼았던 모양이여~ 그래가지고는 나 8살 먹어가지고 여기로 왔어. 내가 8살 먹었을 때가 해방된 해여. 나, 저 말하자면 학교 1학교 다니다가 해방돼서~

그리고 이제 장가 가시고 나서 몇 살 때부터 마을일을 보셨어요?

내가 몇 살 땐가 모르겠네. 한번 따져보면 나올려나? 몇 살인지 정확히 모르겠어. 70년도서부터 나 동네일을 봤어.

그 때 반장 일을 보셨어요?

이~ 69년 68년에 반장보다가~

그때 어르신 반장하실 때 이장은 누가 했어요?

박희갑. 돌아가셨어.

박희갑 씨요.(잠시 침묵) 그럼 반장은 어떻게 해요? 이장이 지목해요 아니면 선출했어요?

동네에서 선출허지.

그럼 반장 보실 때 연세는?

그걸 생각 못하겠다니까

(70년도에 33살이었거든요.) 그러니까 31, 32이요.

그 정도 됐거네. 계산 잘했네. 에~ 그래 반장을 보는 중에 70년도에 새마을사업이 생겨났어.

70년도에요?

응.

"툭툭 차고 다니는 돌막이 황금보다 중요하더라"

처음 새마을운동이 어떤 방식으로 지시가 내려왔어요?

그러니까 박희갑 이장이 이장 볼 때 여기 진창리가 4개 반이서든. 1개 반에 세멘드 80 푸대씩을 노놔줬어.

정부에서 준 거죠?

으~잉.. 국가에서 320푸대 세멘트를 타 가지고 4개 반이니까 1개 반에 80푸대씩을 노놔줘가지고 그때는 이렇게 안 됐는께~ 마을이. 막 사람 다닌 길도 없~(얼범무림) 이렇게 바듯 걸어다닐 정도고~ 비오면 막 에~ 그~ 저~, 초전오는디 왜 고개 조금 된 데 올라오면 그 집 한 가구 있잖여~(질문자들 잠시 멍뚱히 처다봄) 딱 올라오면 집 딱 하나잖여~

예.

초전 올라올 때. 나무 이렇게 있고 밑에는 집있고. 거기가 걸어다닐 때 그보다 훨씬 높었지~

고개가?

으~잉.. 비가 여름에 장마지면은 저~ 똘물로 타 내려져가지고 쓸려져 가지고 걸어못댕여~ 또랑지닌게. 그렇게된게 마을 하수구 같은 게 변변치 않구서 위로만 흐른게 비가 막 오네 인저~. 동네가 물차고 수채가~ 지금은 하수구라고 하지만 옛날에는 수채라 했어. 옛날에는 그것보고. 맥히니까 불편할꺼 아녀~. 그래서 각 마을 반장들이 이 장한테 세멘트 80푸대를 타 가지고 그 동네 아쉬운디 바를디를 하라고 했는디~ 생각 해봐? 그때는 먹고 살기가 어려웁고~ 첫째가. 보릿고개 있을 때니께. 어려웁고 약간 사람이라는~ 그것보고 부역이라고 그러거든. 부역 통솔하기가 어려워. 동네가 단체 가 안 되면~. 통솔자의 능력도 있겠지만, 단체가 안되면 그 세멘트를 말이지~ 부역 으로 다 말이지. 세멘트만 딱 줘부르니까~ 모래도 파다가 동네에서 사람들을 통솔해 가지고 그걸 인저 세멘으로~ 그 때는 헐 줄도 모르는디~ 그런걸 해야 되니까 그걸 사 람이라는 세멘트 80푸대 홀치기도 힘들어서 못 홀친다구~ 그런디 4개 반 중에서 세멘 트 없앤 사람이 나여.

초전만 없앤 거예요?

으~잉. 초전만 없었어. 그러다보니까 그 초전~ 나 싣고서 이렇게 앞에 나왔지. 앞에 나오니까 워뗘? 앞이 바다가 확 터졌잖여. 그리고 이렇게 방조제가 됐잖여~.

예~, 예~.

거기가 빵이~ 돌려 가가 여정 비가 오면 참..참.. 비가 아니라 물이 찌면은 육지 땅이 보태지겄어? 떠나가겄어? 한번 이치로 생각해봐. 녹을치니께 떠나간다말여. 그러니께 그런데가 다 떠나가고 길도 그렇게 하고 됐는디~ 여기 박희갑 이장이 그 다음해 71년 도에~ 세멘트 그때는 이 세멘트 500푸대를 타 왔어.

500푸대를?

으~잉..

그러면 500푸대를 타 온 것은 그 동안 사업이 잘 되어서 정부에서...

(말을 막으며) 그런께 내 말 들어봐! 그 세멘트를 인저 면에서 타오기는 했는디~ 없앨 수는 없으니까 나한테 와서 세멘트 500푸대를 줄 테니 이걸 없앨 수 있겠느냐? 이렇게 물으러 왔더라고. 그런께 나는 애국자라던가~ 이장이면 다 이장이 아니고 반장이면 다 반장이 아니여~. 새마을 지도자면 다 새마을 지도자가 아니라고 나는 생각해여~. 단 그 똑같은 명칭을 썼는디, 그 사람은 얼마만큼 부락을 위해서, 주민을 위해서 헌신 적으로 에~ 일을 보느냐가 문제지. 그랬는디~ 나는 그때 생각이 대한민국 생겨난 후 로다가 섬에서 세멘트라고 지원받은 것은~ 세멘트 80푸대가 처음이여~ 아주. 나 생

전에는 처음이었단께. 혜택받은거란 것은 그거여. 그래서 하두 반가워서 우리는 열심히로 일을 했거든. 80푸대 없앴거든~ 그러면 500푸대라고 보면은 또 홍자만나는거~. 왜냐면 부역을 헐 망정이라도 그 앞에가 다 떠나가게 생겼은께. 그랬는디~ 돌막이 첫째 없어. 그걸 500푸대를 없앨라면 돌막을 같이 합쳐서 쌓아지~ 석축을 해야된께 말이여~. 그랬는디 나는 인저 부락사람들 말도 안듣고 무조건 달라고 했지~. '나가 없앨텐께 날 주쇼 말이요' 그렇게해서 그 앞이 방파제라고 하지~ 방조제 방조제. 그랬는디 그 앞 보담도 그 500푸대를 가지고는 전부를 못혀~ 그~ 저쪽으로 가면 논 물 빼는 수문이 있어. 거그가 막 물막이 져서 넘게 생겼어. 넘으면 동네가~ 논이 다 절단나잖여~. 그래도 그걸 헐라고 달라고 그래가지고서 그때 인저 부역을 해서 그것을 허는디~ 이 원산국민학교를 또 짓는다고 하네~.

그럼 부역은 어떤 방식으로 했어요? 이 초전마을사람들이 교대로 나왔어요?

매일.

매일? 며칠 정도요?

며칠인가 모르지. 나 정신봐서~

그러면 안 나오는 집들은 어떻게 했어요?

저 인저~ 부역대를 물리지.

부역대? 그때 얼마 물렸어요?

그것도 모르겠네~ (웃음) 배락 물린 적도 없어~ 그냥 형식이지~

형식으로. 노인네들 혼자 산다든가 하면 못 나오잖아요?

못 나오는 사람 빼야지. 그래가지고 인저~ 그런디 거의가 잘 나오는 편이여~.

그럼 초전은 단결이 잘 됐나 봐요?

그렇지! 단결이 잘 됐지!

초전에 대동계장은 별도로 없고 어른신이 다 주관을 하셨나요?

대동계장은 있어도 주모자는 나지~. 왜냐면 그때는 새마을 지도자가 안 됐어도~ 안 됐어도~ 가만있어~? 그~ 고넘허고서 새마을 지도자가 됐거든?

방조제 막고나서요?

으~잉.. 막고나서~

그럼 그때가 몇 년도예요? 대략?

72년도에 됐을건디~. 그랬잖여! 70년도에 80푸대 없앴고, 71년도에 500푸대 없앴고 말하자면~ 그 해에 72년도에 된 거지 말하자면~

새마을 지도자로 일 하실 때 이야기 좀 해주세요.

응~ 인저 먹을 것도 없는디~ 젓거리~ 그러잖여~ 보리밥도 한그릇 먹은 사람, 못 먹은 사람 이런디 하루종일 일할려면 얼마나 그거 어려웃것나~ 부역 나와서 일하면 배가 고프고~ 근디 그때 당시 면장이 유찬호 씨여~. "그래서 그분더러 밀가루라도 좀 주시요~ 장이라도 좀 쪄주게~" 통사정을 했거든. 근디 뭐가 최고 애로가 있었던 고 허니~ 돌막을 철장으로 뜨는디~ 철장으로~

돌을 정으로 쫀다고요?

으~잉.. 쪼아가지고 일러서 떠. 돌막이 있어야 방조제를 허니까. 근디 그렇게 해서 또 주서다가 이렇게 해서 방파제를 해서 500푸대를 없앤거여~ 세멘트를. 그러고나니까 인저 에~ 1차 80푸대 없애서 저~ 뭐냐~ 새마을사업 잘한 거는 이장한테 신임을 얻 은 거고, 500푸대를 없애서 새마을사업을 잘한다고 소문이 나니까 인저 새마을 지도자 를 자동적으로 된겨~ 어. 그래가지고 그 후로다가 또 세멘트 500푸대를 또 탔던가? 그 렇게 해서 그 앞이 방조제를 다 했거여~. 그랬는디 근디 그때는 돌막을 할 수가 없으 니까~ 할 수가 없으니까, 그기 이형용 글방 선생이 육지서 살았으니까~ 그 탄광에 계셨던 모양이여. 그래가지고 그 화약 쓰는 방법을 가르쳐주더라구~. 어떻게 어떻게 하면 그거 돌막이 발파해서 터진다구. 그래서 내가 그걸 알아보니까~ 그때 군수가 송 희섭씨였어!

송~희~섭?

으~잉. 그 양반이 인저 내가 새마을 지도자로 되고 나서 새마을사업을 잘한다고 소문 이 나니까 면장도 쫓아들어오고~ 면장은 유찬호 면장이고, 군수는 송희섭 군수고. 이 랬는디 그걸 내가 허가를 내는지 뭐하는지 그 방법도 모르고~

화약하는 그 허가?

돌막 뜨는 허가! 돌막 띠는 허가! 그런디 알고보니까 채석~ 그 돌막을 띠는 것은 군청 에서 해주고, 돌막을 깨치는 화약쓰는 허가는 경찰서에서 해주드라~ 그 얘기여~ 그

~방법이. 그런디 애로가 뭐가 많냐면, 아이~ 생각해봐! 나도 식구가 여남은 식구되고, 나도 일해야 먹구 살고 할건디 그게 하루 한 날 아니고 그 부역을 날마다 허니까~ 동네~ 그러면 학교 부역은 또 없나? 그때 원산국민학교 학교 짓는다고 할 때가 초대 내가 또 부회장이여~. 에~ 그래가지고서 동네사람들이 참 순허고 단체가 잘 됐은께 그거 호응하지. 허구헛날 아니고 그거~ 매일 돈 한 푼도 안 주는 부역을~ 이 핵교 부역하고, 동네는 새마을사업한다고 방조제하고~

겹쳤겠네요?

으~잉. 겹쳤지. 그래가지고 인저~ 또 그것만 있남. 그때 새마을 1차 사업이 세멘트 없애는가 하는 사업 그것이 아~ 잉! 참 그 얘기 하다 말었네.

허가 내는 얘기까지 하셨어요.

으~잉. 허가 내려 군청에 갔었써. 아~ 가니까 허가를 군청에서 좀 내줘야 한다고 하는디~, 그 어다냐고 하니까 건설과라 그려~. 그 계장이란 사람, 뚱뚱허니~ 사람이 거치름하게 생겼드라고. 내가 근께 허가를 내주라고 한께 뭐라고 헌고 허니, 뭐~ 납세필지니 뭐~ 정신나 하나도 모르겠네. 납세필증, 오백분지일 지도 뭐~ 지저분하게 얘기를 허는디 도대체가 나하고는 상관도 없는 얘기여~. 그러고 그렇게는 하지도 못허고. 내가 그래서 그 사람 보고 하는 얘기가 "여보쇼! 내가 이거 내 사업도 아닌디, 뭐 어떻게 나보고 이런 걸 해갖고 오라고 그래서 말어. 나 이것 못 해거시다." 그러고서는 군수한테 또 쫓아가봤어 내가. "이렇게 가니까 이렇게 이렇게 복잡하게 얘기를 허는디, 이거 나는 못 하겠다."고 그런께, 군수가 그 계장을 불르더라고 전화로. 그러더니 "이 양반이 동네 일보는 새마을 지도잔디 저~ 약식으로 잘좀 봐주라고" 그때는 새마을사업 처음 붐 일었을 때~ 새마을 지도자들, 그것 잘했어. 하여튼 교육받으러 가면 도지사가 영웅오셨다고, 어이고 관에서 말여~ 새마을 지도자 증명이 있어! 그거 뵈주면 도지사 이런 사람도 우선권위로 만나게 돼 있고~ 그 특권이란게 그거여.(중략) 그랬는디 그~ 이런 워디서 내주는 그 과를 모르니까 무조건 찾는 것이 군수나 경찰서장만 찾는 거여~ 그 다음으루 경찰서를 찾아갔어~ 그때는 경찰서를 찾아가는 것도 처음이여~ 그렇지 안여. 허가를 화약허가를 그 거기서 내준다고 허니까. 그랬는디 인저 경찰서를 찾아가서 그 최종렬 경찰서장님 보고 "이 허가여~ 나가 새마을사업 헌디 돌막을 뜯기 어려워서 그러는디 허가를 내야 되겠는디, 좀 허가좀 내주시요" 그러닌께 보안과장을 부르더라고. 보안과장이 그 허가내는 담당인 모앵이여~.

보안과?

으~잉. 보안과장이라고 허드라고~. 그런디 그 양반 인상 좋게 생겨부렀는디, 이름을 정신나서 몰러~. 그 양반 혜택을 많이 받았는디. 그런디 그 보안과정을 부르더니 "아~ 원산도서 오신 새마을 지도자님이신디 이 양반 요구 좀 잘 봐주라고 그러네, 편의 좀 봐주라고 그러네" 하니까, "네, 알았습니다" 하구선 "저~ 청소도 그런 거 한 건 있는디요~" 그러고 오라그러더니 볼것 없이 그냥 하라는거~. 그런거 화약상을 연결시켜주고 그~ 규칙이~ 그 화약상 허던 사람이 다행히도 원산도 사람이여~ 대천서 화약상한 김형권 씨라고 지금은 돌아가셨지만, 그런디 화약을 주는디 화약 주인만 와서 참석하게 되어있어, 위험물 취급허는디~. 그래가지고서 그 삽이라던가 그~ 군청에서 하라고 하니까 전부 파견시키고, 막 무조건 특권이라고 그렇게 화약 쓰라고 막 화약 쓰라고 해줘서 그 화약집을 데려와서 구멍 뚫은것도 그 사람이~ 뚫더라고. 에~잉, 구멍 뚫은 것은 참 여기분들이 뚫었다, 철장으로. 화약 넣는 구녕, 그 바위에다가. 그래가지고서는 그렇게 빵빵 터져가지고서 그 방조제를 끝마쳤어. 그러니께 인저 이름이 자꾸 날 거 아녀~?   (중간생략)

72년도 고대도에서 새마을 지도자 전진대회를 했다고 하셨는데 그게 뭐예요?

으~잉. 말하자면 앞으로 새마을 지도자를, 오천면 새마을 지도자를 거기서 매가지고 전진대회라는 것을 새마을 지도자를 앞으로 어떻게 나가고 발전시키자는 대회를 했어~!

근데 왜 그것을 고대도에서 했어요?

거가 모범동네니까. 시범마을로 확정돼갔고 고대도가.

아~ 고대도가.

그리고 또 군수, 경찰서장들이 알아주는 데구 거기는~. 이런 데는 국물도 없을 때여~ 그때.

고대도가 더 작은 섬이잖아요?

작어도 그 양반은 아주~ 그 고대도가 그~ 작으니까 단체가 잘 되니까 날릴 수밖에 없게 됐고, 그 양반이 또 보통양반이 아니라 열의가 막 보통이 아닌 그니까 알아줬지. 면장서부터 군수 도지사가 알아준다글믄 끝내주는거 아녀? 그 사람은. 그러니까 무슨 사업도 거기로 전부 가고 높은 사람도 거기를 가고 그렇게 되잖여~. 그랬는디 그때 서장하고 군수를 그때 봤었지~ 그때.

고대도 새마을 지도자 전진대회는 해마다 했어요?

그때~ 처음에 시작할 때 한 번 했었어.

그러면 지붕 개량은 어떻게 하셨어요?

잉~잉. 그래가지고선 인저 욕심이 남보다 잘해야 헐것 아녀~. 그런디 그 동네가 기와집 한 집, 함석집 두어 집밖에 없었어. 그러고선 전부~ 초가집이였어. 그런디 마을 안길 넓히고, 담장 돌막도 쌓고 저~ 솔가지로 울타리 허고 초가집이구 헌 것을 담장 개량하고 저 지붕 개량 그 기와나 쓰레트 그~ 함석으로 허라고 그러네. 그런디 담장개량 허는 것은 보조가 없어도, 지붕 개량하는 것은 그때 만 천 원인가 얼마 보조가 있었지 ~ 아마. 아~구 금액을 똑똑히 모르겠네~. 보조가 있었어. 그래서 그걸 허는디~ 지금 생각허면 하늘이 도와줘서 시엇해서 그렇게 통제가 됐지! 그~ 지금 안 돼 통솔이. 대통령 되는 것도 운이고 국회의원 되는것도 운이고 도지사 되는 것도 운이고 주민들이 따르는 것도 운이지~ 지금은 단 하루도 못허네 하루도. 그~~ 숱허게 뭘 허는디 인저 지붕 개량에다 담장개량은 돈 가지고 하는디, 돈이 없은께 허고 싶어도~ 해도 나쁠 게 없는디 돈이 없은께 못하는거 아녀~. 돈 없은께 못하는디~ 오천에 조문현 씨라고~ 지금까지 살었어. 그 양반이 기와공장을 했어. 그래가지고 그 양반하고 알게 되어서, 쫓아가서 이 보조나온 것을~ 얼만가 똑똑히는 모르겠네 금액은. 내가 이 지도계장 하던 사람이 그 보조를 찾을 것도 없이~ 조문현 씨 찾으라 하고 나머지 부족되는 금액은 언제 갚어주겠다 이렇게 해가지고, 그 양반한테 외상 기와를 얻어가지고 여기 덕성호라고 박희조 씨가 장배를 부렸어~ 그 배를 대절해가지고 그 기와를 실어오면은 자! 그때는 니어커가 있나? 지금처럼 차가 있나? 경운기가 있나? 선착장이 있나? 바다 인저 우리 나갔 던데 거기다 배를 대면은 그놈을 연방들기로다 그 질 끝 위에까지~ 부인네까지~ 하여튼 동네 사람이라고 생긴 것은 다 나와 가지고~ 그 기와 말여~ 집 한 채 해놓는 기와가 굉장히 많어~. 그놈을 밤새 푸네, 밤새. 밤새 퍼서 인저 낮으로 지게로 져서~ 지금 한꺼번에 동네 다는 못허니까~ 한 집 한 집 허니까 그 해당되는 집, 장소까지 져나르고 여나르고 해서 그렇게 해서 지붕 개량을 하고 그래가지고서 그 뭐를 허다가 학교 부역을 통솔하게 해야 되겠는디~

지붕 개량은 72년도에 한 거예요?

그렇지! 그때서부터 쭉 했지. 허다 바쁜 집은 못 허고~

못 하고~ 자기 개인 사정에 따라서 하는 집도 있고 못 하는 집도 있고.

그런디 내가 보조를 타다가 거의다 하다시피하고, 원채 어려운 사람 몇 집만 못했지.

일은 공동으로 했죠?

그렇지~ 아 그 품값 주고 이러고 허면 일 못혀~. 동네에서 전부 남녀노소 할 것 없이 전부 나와서 이렇게 했다니까~ 그 사진을 다 찍어놨는디~ 그때는 사진기나 있나? 세밀하게는 못 찍고 그때 그 사진이 있나 없나 모르겠네. 그러다가 학교 부역이 또 허는 날은 청년회장이 징을 쳐. 부역 나오라고~ 몇 시까지 부역 나오라고. 징을 그때는 마이크가 없었은께~

학교 부역은 정해졌어요? 일주일에 한 번 이렇게~

아니여. 며칠날 허자 육성회에서 인저 결정해갔고 각 부락에 통보허지. 그러면 인저 일단은 청년회장 보고 일단 통솔하라고 허거든. 그러면 인저 그 중에도 잘 나오는 사람은 잘 나오는디, 아주 열의 없는 사람들은 가만히 허는 태도를 보면 넘이 나가나 안나가 보고서 넘이 다 나오면 그때서야 마지못해 나오는 사람이 있어.

선착장은 언제 만들었나요?

그래가지고 그냥 계속 인저 그 새마을사업이 잘된다고 소문이 나가지고 76년도에 선착장 600만 원 보조 받고~

큰돈 받으셨네?

잉~. 도로 3킬로에 600만 원 보조를 받고.

같은 해에?

잉~. 같은 해던가 한 해 걸렸던가 잘 모르겠네~. 그때는 여기 생활이 생활권이 광천장을 봐먹었어~ 풍선으로. 근디 선착장이 없은께 밤이나 낮이나 배가 인저 곡식 같은 거 생활용품 짐 같은 거 한~ 배 싣고 오믄 어떻게 되었어? 이게 바닷가쪽으로 오면서 수심이 얕으니까 에 이~ 배가 그것보고 뜰이 들고 난다는 것인디~, 즉 빈 배는 가벼운께 가까이 들어가지만 짐을 가득 실으면 밑으로 들어가니께 수심이 지피먹을꺼 아녀~? 그러닌께 하여튼 뭇(은) 여기가 있는디~ 갓이 여기가 있는디, 배가 이만큼이서 헌께 사람이 못 내리잖여~. 그렇게 고생을 했어. 그러니까 선착장이 필요허지. 여긴 그때 선착장이 없었은께~ 그래서 그것 때문에 애로가 있어서 그때 그 화약을 참! 그때 써먹었네~ 아니 또 써먹었구나 방조제 헐 때 써먹고 그때 또 써먹었구나. 그래가지고선 70미터를 받아가지고~

선착장 70미터 쌓은 다음에 하신 사업은 뭐예요?

70미터를 그때 생전 처음 쌓은 거여~ 76년도. 그러고서 그 후로다가 도로 3키로를 600만 원 보조 받아다가~ 그게 취로사업이여.

도로 사업은 노임 주고 취로사업으로 한 거죠?

잉~. 세멘트 한 포대에 800원 갔던가~~ 그때. 그런디 우리 노임도 800원이지 아마~ 700원인가 800원인가(얼버무림).

취로사업에 나올 수 있는 사람은 누구였어요? 아무나 다 나온 것은 아니잖아요?

지금 취로사업은 영세민이라든가 이런 사람이 나와서 취로 사업을 하잖아요? 영세민인디 연령이 18세 이상 65세 미만인가 그리 됐었은께~ 아마. 그렇게 됐었는디 다른 리 사람은 쓸 수 없게 되어 있고. 그런디 여기가 사람이 많지 않잖여. 그러고 여기는 어촌이었기 때문에 사람도 귀였구~. 그렇게 됐는디 먹고살기가 어렵기도 했고~, 그런께 법대로만 꼭 못 허겄드라고. 그래서 내가 자유권이로다가 3키로니까 세 동네가 해당이 되잖여~. 여기 진창리가 세 동네니까. 그 어려운 집들은, 굶어죽게 생기고 어려운 집들은 연령을 막론하고 다 받아줬어~내가 마을사람들. 그 노임 받어 쌀이라도 팔아 먹거라. 그러고 저~ 구찌부락, 간사지 부락 그런 집분들도 굉장히 살기가 어려웠거든. 그래 그때는 구찌부락이 또 사람 살기가 제일 어려웠었어. 이 부락에서 살면서 이 부락에서 형편이 있는 사람은 그런거 품팔러 안 나오고 어장 허는 사람들 안 나오고 이러니까~ 그래가지고 그때 그분들한테 참 새마을 지도자님 아니면 굶어죽었을틴디~ 고맙다는 소리 많이 들었네,

지금 해변도로를 만들기 전에는 어디로 다녔어요? 어떤 상황이었나요?

그때 왜~ 그때는 포크레인, 도자 같은 것도 부를 생각도 못 허고 있지도 않고~. 에~ 니어커도 없었을 땐 께 경운기랑 사리~. 그런디 왜 이렇게 해변도로를 맨들었냐믄, 이 도로가 없기 전에 지금 그 산이 없어졌네~ 내 산이였었는디. 그 초전에 요렇게 카 ~브진디 있잖여~ 동네로 올라믄. 초전 오기 전에 집 두 가구 있는디 있지~

예! 있어요.

에~. 집 두 가구서 이렇게 카~브를 조금 돌아갔고 살짝 돌아가면 초전 가잖여~. 거 기가 높은 산이 있었어~ 그 윗 산만큼 높은 산이~. 그 산이 다 엎어진 거여~ 말하자 면. 왜 그렇게 했느냐 도자나 포크레인이 없었지만두, 방앗간이 진말에 있었어~ 방앗 간이. 그래서 그때 니아카 한 두대가 발전될 때여~. 그 니아카를 끌고서 초전에서 여 그 방아 찧러 올라믄, 그~ 산을 지금~ 물적 위 그 산으로 허자면 굴곡이 심헐거 아 닌가~? 질을 그렇게 맨들면. 언덕배기도 생겨나고 구렁도 생겨나고~ 자연적으로 이 렇게 했은께. 그 거기 진촌에서 여기 돌아올라면 집 위로다가 전부 그 산 그~ 울들 학 교 다닐 때 고기저 물이 저~ 뿌리가 이렇게~ (강조) 내부러졌어, 지금처럼 안되고 그때는. 그 산 밑에까지 참 물이 쓰면은 퍽퍼덕 장벌이고, 이렇게 장벌로 걸어댕기고 ~ 물이 찌면 나가면은 어떡허겠어? 그기 못가니까 위 산으로 댕기다거나 여기~ 여기 서 보면은 저그 저 높은 산 가운데로다 질이 있어~ 지금도. 물이 너무 많이 찌면 거기 로 다니고~ 우리가 학교 다닐 때 그렇게 다녔어~. 참! 우리 핵교 다닐때는 여기 핵교 를 다닌 게 아니라 점촌 학교를 다녔거든! 광명국민학교. 그랬는디 그~ 니아카를 끌 고서 언덕배기를 어떻게 다니겄어~ 벼를 싣고. 그래서 내가 생각허니께~ 그리고 그때 내가 배짱이 좋았던 사람이구~. 이~ 보짱이 없는 사람들 같으면은 그 그거를 그렇게 지금처럼 도로를 그렇게 낸다고를 못허지~. 그 돈 600만 원을 가지고 도저히~ 그 돈 600만 원을 한번 3키로로 할당해 봐? 1메타당 얼만가? 2천 원인가 얼만가 될 걸~ 아마.

도로낼 때 그 산 흙 퍼다가 메꾸었나요?

내 얘기 이렇게 들어봐! 그때만 막은 게 아니라 거기는 고바위로 흙은 파 내리고, 고개 넘어서 집 있는디로 고개 하나 있는디 거기가 물전리거든~ 전부다가. 다행히도 그 집 있는디서 선착장까지가~ 초소 있는디 다 내 산이였어~ 전부다. 그 없어진 산도 내 산 이여. 그러니까 거기를 파서~ 그 지금 보면 빨간허잖여~ 판 디가 자국이 있잖여~ 아직까지도. 파서 에이~ 그런데는 흙으로 메꾸고~ 인저 그때는 장비가 없으니까~ 제일 문제가 돌막인디~. 내가 대천 무슨 부락가서 성공사례 발표헐 때 "툭툭 차고 다니던 돌막이 황금보다 중요하더라" 그 말을 했어. 잉~. 이 돌막이란 걸 누가 중요하다고 허겄어~ 다 필요없는 거라고 툭툭차고 다 이러지만 나는 아주 그 돌막이 방조제허는디 필요하기 때문에 황금보다 중요하다고 느꼈거든, 사실 중요했구~! 그래가지고서 그 발파를 해서 그 돌막을 날라서 그 사업을 시작을 허는디~

그러면 도로 개설 사업은 지원금 600만 원으로 취로사업으로만 했나요? 부역 없이?

아니지! 그 돈으로 세멘트 팔아야 하고 돌막 쌓야하고 노임 줘야하고~ 그 돈 가지고 되네?(묻는 표현) 그 원리를 내가 얘기해줄게~ 새마을사업의 원리를. 뭐 때문에 새마을사업을 박정희가 폈나 그 원리를 내가 이야기 좀 해주께. 그러니께 김문현이라고 군청 개발계장이 "이 돈 가지고 도저히 그 사업을 못 헙니다." 나보고 허는 얘기가. 근디 내 얘기가 나 속마음은 훔처 먹을래야 훔처 먹을 것도 없지만~ 돈이, 어쨌든 시늉만 내놓자 잉~ 시늉이라도 내놓잔 말이여. 내놓으넌 물이 들어와서 못 막으면 또 부역으로 또 허고 그것도 못허면 또 나중히 지원을 해줄려나 안해줄려나 모르지만, 그 배짱을 먹구서 나는 할 수 있다! 죽어도 해 놓는다! 그것은 무슨 뜻이라면 내가 훔처를 안 먹구선 적당하게 거기다 쓰면은 나보다 어떻게 허겄느냐~ 그 배짱이지 나는 허다 말어도. 에~ 죽어도 사업은 그렇게 해야 되겠고. 그렇게 해서 허는디 돌막을 처음에 쌀 때는 좋아~ 한 두께 쌀 때는. 그런디 사람이 못 넘어갈 정도로 싸면은 흙을 어떻게 헐 수가 없어요. 지게 지고 거기 넘어도 못 가고~ 그렇잖여. 말하자면 위가 흙이 많으면은 이렇게 막 캥이나 뭘로 파서 막 파 내려서 메꾸면 되는디~ 지금처럼 포크레인만 있다면 무슨 일이었나? 밑에가 모래 자갈이니까 그놈을 세수대야 이런 걸로 받어서 이렇게 넘기는거여~. 지금처럼 이렇게 높게는 처음 시작할 때는 이렇게 높게는 안했지~. 그랬는디 예산이 부족하다 본께 어떻게 허겄어~ 동네 인저 사방 부역도 공짜로 나와서 부역도 나와서 허고, 원산국민학교 5학년 이상 전부 나와서 그 장정이 들으나~ 개들이 들 수 있으니까 개들이 받어서 들으나 잉~ 힘은 그서서 거기니까. 그리고 중학교에서 새마을사업 협조해주고~. 그렇게 해가지고서 이렇게 에~ 3키로를 1차사업을 한거~. 그러면 사람이 몇 십 명씩~ 3키로니까 몇 군데~ 몇 군데에서 일을 해야될 꺼 아녀~. 그런디 내가 인저 육지가서 볼일도 봐야하고 이러니까 우리 선배되시던 한웅렬 씨라든가 현종철 씨라든가 마을마다 허시던 이분들이 협조를 많이 했어~. 에~ 그러는디 그때 위력이 쎈 거 뭐냐면 내가 기운이 없잖여~ 체격도 없고, 그래도 한웅렬 씨, 현종철 씨 이런 분들은 뭐~뭐 이장도 했고 사회적으로 좀 원산도 뭘좀 있는 분들인디 대개 말을 잘 안듣는다~. 그런디 나만 나타났다 허면 앉았던 사람이 버떡버떡 일어나서 그렇게 일들 잘했어. 그렇게 해서 선착장 저~ 70메터 하고 도로 3키로 허고, 그 뒤에 인저 77년돈가? 또 도로 1키로를 내가 또 받았어. 그러니께 내가 새마을사업으로 도로 맨든 것이 4키로여~ 즉 말하자면. 그래가지고서 내가 실제로 군수 표창, 경찰서장 표창은 여러 번 받고~ 여기 원산도 생겨난 이후로 군수가 누가 첫발을 디뎠냐면, 이동구 군수가 첫발을 디뎠네~ 원산도 생겨난 처음으로.

표창장은 몇 년도에 받으셨나요? 78년?

나 상장~ 표창장 보면 알지. 나 그때가 언젠지 모르겠네. 도시자 표창장 두 번 받고, 내무부 장관 표창받는디 육영수 여사가 저격당했어. 그때 8월 15일인가 언젠가 모르겠네~

내무부 장관 표창받을 때 그때 서울 가서 받으셨어요?

대천. 대통령 표창은 정식적으로 못 받고, 그냥 군수가 인정하는 상은 받다시피 한 거여~ 말허면. 하사금~ 대통령 하사금 사업이라고 그렇게~. 그랬는디 그런 거에다가 대한민국에서 새마을 지도자 10년 한 사람을 나 밖에 없을 껄?

10년 하셨어요?

10년 했지. 84년도에 나가 그만뒀으니까 동네일을~ 이장 4년하고 그 후로.

아까 그 새마을 지도자 성공 사례 발표를 다니셨다고 하셨는데 그것은 어떻게 하신 건지 좀 더 자세하게 말씀해주세요.

내가 새마을사업을 한 것을 그때 김영철 부군수가 잘했다고 농문 부락 있어. 참! 대천 농문 부락. 대천 시내 옆에 부락 있어. 그 부락이 대통령 표창 받았던 부락이여. 배추농사시설 잘해가지고. 그때 새마을 지도자가 신명호 씨였지. 그런디 부군수가 새마을연수원 갔다왔는디 거기 가서 연설 좀 하라구 해서 한 것 뿐이여.

한 번?

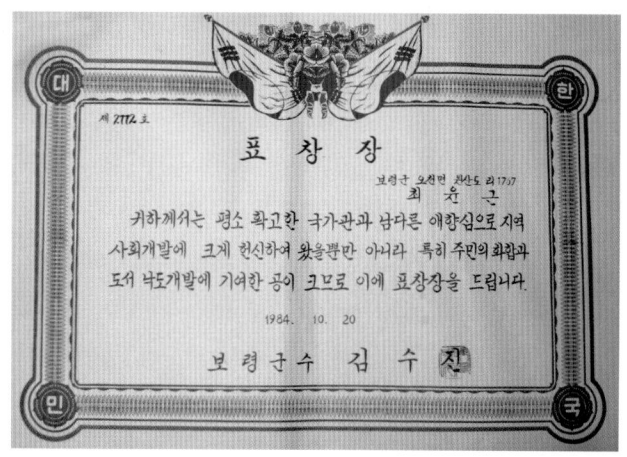

표창장

한 번. 그런디 충청북도 하세영 씨라는 사람이 그~ 저 배추농사 지어가지고 성공한 것 때문에 전국적으로 돌아다니면서 성공사례 발표한 것에 비하면 나는 그 사람한테 교육받을 때 들었구만도~

이게 몇 년도에 하신 거예요? 성공사례 발표는?

나? 몇 년돈가는 모르겠네. 77, 8년 그 쯤 되나?

중앙새마을 연수원 교육은 몇 개월 아니면 며칠 받은 거예요?

그때 며칠인가 모르겠네? 졸업장은 있어.

그 교육을 두 번 받으셨다고 하셨는데, 아까 처음에 대전 가서 받은 것은 새마을운동 초기에 받은 거고~ 수원 가서 받은 것은 77, 78년쯤에 받으신 건가요?

그렇게 될껴 아마. 그건 그 군에서 특수한 사람들만 중앙연수원 보내거든. 새마을 지도자 중에서.

그러니까 성적이 뛰어난 사람들만~

그렇지. 그러니께 1차 교육은 그 민유동 지사 있을 때 대전~ 거기가 도마동인가? 거기 가서 받고, 그러고선 저~ 2차는 최고 저~ 뭐지 학생으로 말하자면 대학이나 마찬가지지. 저 수원 새마을연수원 있었잖여~. 거기 그때~ 아이고 김~준, 김준. 그 연수원장 김준이였는디 참 그 사람 훌륭한 사람인데. 그런디 교육시킬 때 참 옳은 소리가 뭐냐면~ 그~ "말 한 마디가 이치에 맞지 않으면 천 마디를 해도 소용없다" 그런~ 예전 성인말들~ 그런 말들이 있는디, 그 새마을사업허고 김준씨 얘기하고는 혹 하나 안 떨어지게 딱 들어 맞어. 그렇기 때문에 그 분을 박통이 만나가지고 다야다리가 되가지고, 새마을 교육원장이 된 거드라고~ 김준 씨가. 지금 살았나 죽었나 모르겠네.

"새마을사업은 정부에서 70원 지원하고 30원은 주민이 보태서 하라"

새마을사업의 원리를 얘기해주신다고 하셨잖아요? 그 얘기 좀 해주세요.

그게 그 얘기를 할게. 지금은 도루 재편이 됐는데 70년대~가 우리 주민이 보릿고개 계절인 땐께 정부도 어려웠을꺼 아녀. 그러다가 난 똑똑히는 모르지만~ 박대통령이 대통령 되면서 그 다수확 재배라든가~ 그 새마을사업은 어째서 하고 된고하니 그 별효과가 있다고 볼까 없다고 볼까? 그 사업실적은 그렇지만도 정신적만은 국민성만은 그걸 꼭 본받아야 된다 난 그렇게 생각허네. 새마을사업 본받고 국민이 살허야 한다 그렇게 생각해. 이거 하나 맨드는데 저~ 예를 들어서 100원이 들어갔다고 봐, 그러면 100원을 다 투자할 수 있는 정부~ 마을에다가 투자할 수 있는 힘이 없어~. 그러니께 이것을 에~ 100원 들어간 줄 알면서, 70원 만 정부에서 주소 30원은 주민들 힘을 보태라~하는 것이 새마을사업이여. 예를 들어서 해보자 그거여. 그런디 지금이나 그 전 정부에서 어떻게 사업을 헌고허니 이것이 100원 들어가면은 한 150원 정도 보태줘야 이~ 여기 사업헌디 100원 들어가서 나머지 사업 맡아 허는 사람이 이문 먹고 헐꺼 아녀~. 그런 사업을 하다보니까 정부에서 못 당허니까 이 새마을사업을 해야 된다고 그렇게 하다가, (이후 격한 말투)지금은 다 없어지고 새마을사업 이전으로 돌아갔잖여! 지금 이 도로사업 같은 거 허는디 얼마를 남겨먹는지를 모르잖여 지금. 그러니까 정부가 빚이 자꾸 늘어난다고 하잖여~. 뭐~ 호당 얼마씩 그~ 3천 얼마씩 풀이하면 그렇게 빚졌다 그러잖여~.

그 도로 낼 때 부역 나오잖아요. 그때 새마을운동 노래 막 틀어주고 그랬어요?

그때 전축이 있었담~ 아이 참! 없는 소리하고 있네.

전기는 72년도에 들어왔잖아요?

몰러~ 전기 들어온 해도 모르고 ... 정신 없어.

근데 새마을운동 하면서~

그래가지고 이 도로가 좋아진 것은 인저 그때 새마을사업 시기는 아니니까 지금은. 여기 박윤규 이장이 사업을 잘 따오더라고. 그랬갔고 그 사람이 전부 재보수해가지고 이렇게 아스파트 깔고 이렇게 해서 도로가 좋아진거여. 그러나 성은 최가여~. 내 말 무슨 말인가 알겠남? 도로 처음 만든 사람은 나여. 도로를 완전히 만들어 논 것은 박윤규고~ 나는 거짓말 안 혀.

그래요.

그랬는디 내가 원통한 게 있어 그때 도로를 만들 때는 비석을 세워준다고 했어 비석을.

마을에서?

이~잉 마을에서. 마을에서 한 게 아니라 거기 일허는 분들이 비석 세워줘야 않냐 그러더라고.

부역 나온 사람들이?

부역 나와서 일허면서. 그러더니 그 인저 내가 84년도 이장보다가 그만뒀거든~ 그랬는디 내가 먹고 살고 비용쓰고 이렇게 저렇게 해서 애들 그르느라고 애들 10남매 개르쳤은께 돈도~ 그 한참 돈 벌 시기에 새마을사업에 미쳐가지고 십 몇 년을 품했은께 어떻게 되겠나? 어렵지 않겠나 에이. 그래서 말림을 한 만 평 정도 팔아 먹었어 지금 시가로~

말림이 뭐예요?

산! 땅을. 지금 시가로 한 20억은 되겠데. 땅 없어진 게. 그랬는디 지금 그 후로 내가 어떻게 헐 뭣도 없고~ 지금 재판거리가 두 개가 있는디 않고 있네. (중간생략)

그래 그게 자제분들 공부 가르치시느라 파셨구나?

그러고 나 돌아다니고 돈 안 벌으니께 어떻게 되겠나? 그렇게 없앴어도 지금 뭐~ 원망이나 이런 건 안혀~ 후회는 안 혀~. 안코 나 먹고살 만하고 애들 다 키워놓고, 그렇게 했는디 제일 억울한 것이 에~ 이 정부에서 너무, 똑까놓고 얘기하면 그렇게 나는 여비도 없이, 그때 박정희씨가 새마을사업 시작했는디 국무총리가 김종필 씨 아니였나? 나는 식구들 먹고 살 것도 없어가지고, 저 구찌 김창덕에게 보리쌀 애들 안 굶길라고 10가마를 외상으로 얻어서 그랬는디, 그 대천 갔은디 더군다나 어서근디 내가 김서

방 씨한테 그런 소리를 들었어. 다 떨어지는 가방 메고 다니면서 밑구녕 빠진 가방 메고 다니면서 사업 받아서 동네 그렇게 다 했다고 그렇게 그런 소리 들은 적이 있었는디. 저 여비가 문제 아니여. 하숙비라든가 여관비라든가 식대라든가 그럼 고대도 김상권 씨가 인도를 많이 해주시게 되면 내가 그 양반 참~ 차는 그 양반이 먹자고 하지만, 돈은 내가 물어줘야 경우가 맞잖어. 내가 후배니까. 그러면 그런 거 때문에 애로가 많았지. 그러면 어디 대천 가면은 첫째 아주 외상~ 조건부터 거는 것이 아주 수었어. 나중에 갚어줄망정. 왜냐면 이렇게 돈 없는께 어떻게 허겄나? 그렇게 허구서 묵어 닥치고 그랬다고. 그래서 인저 에~ 어쨌든, 무슨 얘기를 할려고 또 정신이 났나? 잉! 그랬는디~ 내가 똑똑히 아는 얘긴지 모르는 얘긴지 모르지만, 그 뉴스가 김종필 씨는 서산에 뭐허고 제주도에 뭐하고 부정으로 끝나는 말로 들리더라고. 세상이 그럴 수가 있는가 말이여. 그리구 알고 보면 도둑놈들이지. 세상에 벼락 맞을 놈들이고 말이여 에~ (강조). 최고 일선에 있는 동네 이장, 새마을 지도자가 말이지 동네~ 그 대통령 말하든기 그렇게 지시받아가지고 그렇게 애쓰고 있으면은 국가가 어려워서 그 사람한테 특별한 보수는 못 줄망정 말이여, 어떤 혜택이라도 있으면 줄라고 맘 먹고 있어야지~ 지금~ 내가 지금 애로 받고 있는 거 얘기하자면 내가 배를 세 개를 섞였어요, 그 새마을사업한다고. 주막 매던 배라던가, 장배 움직인 배~ 이렇게 세 개를 썩히고 이랬는디~

썩혀버렸다고요?

잉~. 배라는 것 움직여야지 이렇게 가에다가 징겨 매며는~ 내가 돌아대니께 사용하지 못한께 섞을 수밖에 더 있나? 배는 하나 떠나가고 세 개를 섞였는디~ 참! 나, 서런 얘기 못하겄네.

새마을 지도자로 일 하실 때 가장 힘든 점은 무엇이었어요?

그래서 인저 제일 인저 고생인 것은 육지 이장 같으면은~ 육지 이장이나 새마을 지도자는 면이 거기고 붙은 땅이니가 돈 그저~ 그때 돈 몇 백 원이나 기천 원 가지면 저~ 차비만 쓰고 왔다갔다 허고 점심값은 굶고도 댕길 수 있는디, 여기는 말여 우선 배삯 줘야지 그~ 시간 늦으면 자야지 여관비 들어가야지 집에 일 못하지~ 그게 배겨나겄나? 참! 그러나 나는 그 책임감을 다하기 위해서 부락을 위해서 어~ 아주 참! 고대도

김상권 씨하고~ 고대도 김상권 씨가 대통령 표창장 탔었는디~

고대도 누구요? 김 상 권?

으~잉. 그 양반 지금 돌아가셨지.

그 분도 새마을 지도자로 상 탔다구요?

대통령 표창받았어~ 1차. 그래 나름대로 그 양반만 쫓아다닌거~ 그리고 그 양반은 군자문위원도 되고 그~ 그렇게 해가지고 면이나 군에서 그 양반을 아주 경찰서나 안 알아 주는 데가 없거든. 그래갔고 그 양반만 죽어라고 쫓아다닌거여 나는. 에~ 나는 처음에 잘 모르니까. 그래갖고 둘이가 밤날 여관신세만 졌어.

새마을 지도자는 완전 무보수였죠?

무보수였지 그건. 난 철모르고 한 거지. 원칙적으로 일단 해당자가~ 그런께 여기 면장도 나를 선출을 잘 못한 거고. 왜냐면 나 같은 사람은 선출하면 안 됐어. 나는 워낙 열의가 좋다고 선출한 거지. 그 원뜻을 알고 보면~ 나 그건 안 채봐서 모르겠네마는. 촌간에 그 독농가들~ 농사 많이 짓고 재정도 충분허고 이런 사람들, ㄱ 마을 인덕도 많이 넘한테 존경도 받고 그래야 넘들이 뭐해야 그러지 않었어. 그런디 우리가 새마을 지도자는 순~ 원채 발전이 없던 데라서 세멘푸대라도 준다 그니까 그걸로 좀 불편한 데 고쳐보고 이런 뜻에서 시작했다가 발탁되어서 그렇게 된 건디, 어쨌거나 이모저모로 죽겠다고 그때 새마을사업 한거는 다 없어졌잖어. 없어지고 이러고~

새마을운동 할 때 마을 안길 넓히셨잖아요, 그때 길 옆에 있는 땅들이 들어갈 거 아니에요 자기네 땅들이?

그때는 다 무료였었어.

무료로 다 헌신적으로 제공했어요?

잉~. 다 무료였어. 아이 내가 현재 우리 밭에 전봇대가 하나 세웠는디 몰랐어. 몰랐고 내가 또 새마을 지도자 하느라 정신이 그랬고. 그냥 냅뒀어. 전화가 들어온다는디 땅 거기다 세워야 겄다는디 못 하겠다는 사람이 어딨다나? 얼싸 좋다고 줘야지.

그러면 새마을사업 할 때 마을 조직이 어떻게 구성되어 있었어요?

청년회가 있었구~ 청년회 그때 초대 청년회장이~ 청년회도 내가 구성했었고~. 우리들 한 20대였을 때, 우리 초전만 자체적으로 했지. 우리가 초창기 이렇게 하면서 그

놈이 이렇게 흘러 내려와서 청년회가 그대로 그냥 그~ 저~ 새마을 때도 같이 하고 그
랬은께.

부녀회는?

부녀회는 그 후로 생겨났지.

그 후로 언제?

몇 년돈가는 모르겠네. 코스모스 해라고 나가~ 인저 따져보면 나올꺼여.

코스모스해? 음! 그러면 청년회 주축으로 부역 모아서 시작하신 거네요?

그~ 대동이 단결해서 된 거지~ 부역은!

부역은~. 근데 일을 앞에서 추진한 사람들은 청년회~

청년회~가 아니라 대동계장.

대동계장이 따로 있었어요?

으~잉.. 따로 있는디~ 그 때는 내가 주로 통솔이지. 말하자면~

이때 청년회는 몇 명이였어요? 회원이?

회원이 한 30명 됐었지~

30명? 4H하고 다른 거예요?

응! 다른거야. 우리는 그냥 지방, 부락에서 자치적으로 청년회를 조직했었어. 어째 그
청년회를 조직했냐면 일 허는디 협조. 손피 없고 이런 분들, 어려운 분들 도와주는 그
런 것도 있고. 여기는 그때는 주먹은 가깝고 법은 멀었거든! 그러니께 동네에서 잘
못, 도둑질이라든가 무슨 잘못한 행위가 있을 때, 예의를 벗어난다거나, 이럴 때 우리
청년회에서 그 사람을 데려다가 혼내고 그랬어. 그런 재판을 하기 위해서 그때 청년회
를 조직했던거여. 4H는 안 해봤은께 모르는디, 농사 짓는 데의 모임이고~ 내가 알기
로는. 청년회는 부락을 위한 청년회고 이렇거든~. 그런디 청년회 내가 조직해가지고
그 여기 모래품 팔어서 회관을 하나 지었었지~ 그때. 에~

그럼, 청년회 회원들이 처음으로 마을 회관을 지었나요?

처음에~ 그렇지.

네. 아까 부녀회는 코스모스해에 만들었다고 했잖아요?

응! 그때는 김영자가 회장이었었는데, 서울로 시집갔어. 그래갖고~

처녀가 부녀회장을 했어요?

그랬지. 그때 부녀회장은 그때 에~ 동네사람전부가 다 들어간 게 아니라, 연령이 젊은 사람들이 대개 부녀회장을 했는디

언제 결성됐어요, 부녀회가? 김경자 씨가 처음 부녀회 회장할 때?

그때가 1971년인가 2년인가?

바로 했네요?

바로 했지, 새마을 지도자 협조하기 위해서 한 거니까 그건.

저기, 어르신! 옛날 새마을 지도자 하실 때 다른 마을은 누구랑, 어떤 분이랑 같이 새마을 지도자 하셨어요?

저, 선촌에 이원득 씨라구 돌아가셨어. 2구가 그때 김수갑 씨였나?

이분들은 연세가 좀 있으셨죠?

우리들, 나보단 많지. 죽었지 그 사람들.

그런데 나른 마을들은 이렇게 활발하게 안 했어요? 새마을사업을?

그런께 내가 아까부터 한 얘기가 그 얘기여.~ 그리고 내가 도지사상이라던가 대통령상이라던가 대수롭게 안 알았는디, 지금에 와서 주민들하고 의사가 잘 안 맞을 때 딱 내가 그 생각을 허네. 이 사람이란 것은 내가 말을 할 줄은 몰라도 남이 말하는 말을 알아들을 줄 알아야 하고 이해성이 좀 있어야 그 사람이 맞는 건디, 그 이해가 짧고 말귀를 못 알아들으면 말 하는 게 통하질 못하잖아. 그럴 때 무시하는 것이 아니라 사람이 배워야 한다는 것이 그 수신을 목적으로 배우는 건디, 지혜를 넓혀주는 거거든 내가 알기로는. 그런디 못 배웠으니까 모를 수밖에 더 있느냐 이거여. 그러면은 나가 그~ 자체적으로 해결 한 거야. 그래도 내가 그 표창받을 걸 생각허네. 나는 1개 면이나 군에서 특수한 뽑혔는디 이 사람들이 안 알아주니까 그렇지, 내가 져야지. 그런디 그런 생각을 해여, 그렇지 않어? (웃음)

저기 새마을 지도자 그만두실 때 새마을사업이 그때쯤엔 거의 수그러들었잖아요?

수그러든 게 아니라 재정적으로 뭐 허고~

재정도 없고?

내가 움직일 만한 뭣도 없고. 허다보면은 넘한테 귀여움 받으라고 한 건 아니고 천성이

그런께 핸건디, 또 개중에는 또 내 돈 들여서 했건만 돈 떼먹었다고 했쌌고 의심하고 엉뚱한 소리 했사면, 외각나서 못 혀. 나는 죽겠다고 헌식적으로 허건만, 저렇게 뜻도 몰라주고~ 그리고 그게 또 그 좋은 건지 나쁜 건지 어떤 뜻도 모르고 감투만 쓸라고, 경쟁적으로 그걸 헐라고 들러붙은 사람도 있고, 나 후임으로 한 사람들은 다 그런 사람들이여! 해보니깐 아니거든. 그러니깐 이룬 게 없잖여. 제 돈 들여가야 뭐 생기는 게 없은께.

그러면 그때 한참 집안일 안 돌보고 돌아다니실 때 부부싸움 안 했어요?

우리 할머니가 굉장히 좀~ 잘하면 착하다 그러지, 못하면 나쁘다 그러고. 우리는 예전 습관이 있어놔서 남편 말이면 거역할 줄을 몰라. 그러니까 지금 '예쁜다미장원'을 하는 대천에~ 그 사람 이름이 이지순인디~ 군청 그 지금으로 말하면 보건소 계통에서 움직였거든. 엊그제 만났는데 그 얘기를 하드랴~. 우리 안 식구, 할매를 만났는디. "아이구, 성님. 성님 그때 보리 짚풀 때가면서 그 숱헌 손님 밥해주고, 지서 오는디 참~ 욕 많이~. 거 김홍원 씨라고 면 서기였었는디. 우리집 와서 아구찜 먹은 얘기 아직까지 허네? 그러는디 그게 맛있지. 그런디 여기는 또 젓국이 좋으니까. 거~ 먼저 건설과 계장 했던 사람, 저~ 오시규라고. 나보고 최고 먼저 만나가지고 쌈했던 사람. 그 사람이 종종~ 그 사람이 나중에 새마을계장 됐었어. 그래가지고 신세를 졌어. 그 사람이 하는 얘기가 "짐치 참 참 맛있었다"는 얘기~.

음식솜씨가 좋으신가 봐요?

응. 그래가지고서 그거 내가 돌아다니면서 돈 없애고 그 집에 잘 못해주고 짜게나하고 시비나 걸면 했겠어? 명령복종이었지. 그러니깐 내가 하는 이야기가 그거여. (수신교육을 강조함)

하여튼 표창장 받을 분은 어르신보다 할머니여.

할머니는 최고 장한 어머니 상 받았어 원산도에서.

그래요? 언제? 학교에서요?

잉~. 원산중학교에서. 언제 받았나 모르겠네. 표창장 보면 알지.

암튼 할머니 내조가 없었으면 못하셨겠네!

그러니까 우리 할매 쪼까 나오다가 내가 이 얘기를 했는디. 그~ 아무리 발전 발전 했싸야 우리가 사는 데에 생활하는 건 발전하는 게 좋아~ 그러나 예의는 발전할 수가 없어. 생각해봐? 뭘로 발전허것어. 발전헐래야 헐수가 없는 것이 예의여.

"질 닦어 놓으면 비랭이가 먼저 지나간다구 ~~~ 내가 딱 그 짝이여"

지금 나이 70이 다 먹었네. 그런디 제일 아니꼬운 게 뭐였던고 하면, 질은 내가 만들어 났는디 차가 내가 없네.(웃음) 어떻게 되겠나? 차가 내가 없수.

자제분들이 타고 오잖아요?

아이~ 객지 생활하니까 명일 때나 오지. 그렇잖여? 아쉬운 소리도 한 두 번이지~ 내가~ 보다시피 초전에서 우체국이나 농협이 4키로에 있잖여. 그러믄 내가 젊어서는 40분이면 거기 걸어갔었어. 그런디 지금도 70 먹었어도 걸어 댕길 수도 있는디, 시대 흐름에 그렇게 안 되더라고. 내가 못 걸어가서가 아니라 넘은 차타고 횡횡 지나가는디 챙피를 허여. 걷는 것이 첫째가. 그리구 이웃사람한테 차가 있는디, 한 두번 거기 가자고 해야지. 돈 주면 착착 내가 가고 싶은데 가지만, 그렇지 않고 돈을 안 받는디 닐마다 시간마다 내가 필요할 때 가자고 하냐 이거여. 가자고 해서 안 가지는 않어, 가! 그런디 그렇것도 있고. 중간에 어서 보면은 알 만한 사람이 만나면 여기 태와 달라고 하면 여기 태와다주지 그냥 가는 법은 없거든. 그렇지만 그게 따져봐. 1년이 365일인디 1년만 하더라도 몇 백번을 넘 보고 아쉬운 소리 해야 하는디, 어떻게 넘보고 아쉬운 소리 허것어. 그래서 인저 그땐 애들 키우느라 돈이 없었고, 애들 다 끝내고 열심히 허다 보니까 그런거 살 만한 돈은 나도 벌었는디~그러니께 에~ 그 뭐여~ 그~ 차 운전허는 거 배우는 학원이~.

운전면허학원요?

잉~ 운전면허를 따가지고 가급적이면 노인네가 차를 갖고 다니신다거나 아들이 있으면 싣고~ 지금 아들이 같이 다니는 사람이 어딨어? 전부 노약자들만 가지고 있지. 그러면 그렇게 얘기를 해야 하는디~ '뭐, 젊은 사람은 걸어다니고 노인네는 차가 필요합니다' 이렇게 이야기 해야 하는디, '아이고~ 위험헌디 노인네가 무슨 차를 사느냐고' 이렇게 얘기를 한다고 사람들이. 그게 잘못 됐더라 그거여. 그런디 나는 인저 내가 생각할 때 질 닦아놓으니까 비애감은 좀 들더라고. 잘허나 못허나 질은 내가 시작해서 이렇게 됐는디, 제일 선구자는 차가 없구 다른 사람은 좋~다고 차 갖고 휙휙 지나다니구~ 마음적으로 안 좋더라구 똑까놓고 얘기해서. 그래서 바로 한 5일 전에 내가 발을 디뎠네, 내가.

아이구~ 잘하셨네.

학원을 발을 디뎌갔고, 어제가 21일인가? 어제 학과 시험을 봐가지고 예산 가서 합격했어.

아~ 축하드립니다.

그래가지고서 인저 기능교육을 받으면 되는디 될라나 모르겄어.

저기 인저 그만 해야겠네.

너무 감사했고요. 그 동안 많은 것을 배웠습니다.

(이 연 숙)

충남대학교 충청문화연구소 마을연구단(2005~2006년)

연구책임자 　김필동(충남대학교 사회학과 교수, 사회학)

공동연구원 　박찬승(한양대학교 사학과 교수, 한국사)

고동환(한국과학기술원 인문사회과학부 교수, 한국사)

김경수(청운대학교 교양학부 교수, 한국사)

김수태(충남대학교 국사학과 교수, 한국사)

김　준(목포대학교 도서문화연구소 연구교수, 사회학)

김창민(전주대학교 교양학부 교수, 인류학)

박걸순(충북대학교 사학과 교수, 한국사)

윤종빈(충남대학교 철학과 강사, 한국철학)

공동연구원 　김현숙(마을연구단 전임연구원, 한국사)

박종익(마을연구단 전임연구원, 민속학)

유보경(마을연구단 전임연구원, 사회학)

이연숙(마을연구단 전임연구원, 한국사)

곽호제(마을연구단 전임연구원, 현 청양대 초빙교수, 한국사)

전종한(마을연구단 전임연구원, 현 경인교육대학교 교수, 지리학)

권병욱(마을연구단 전임연구원, 사회학)

권선정(마을연구단 전임연구원, 지리학)

연구보조원 　문광철(충남대학교 대학원 국사학과 박사과정 수료)

이헌미(성공회대학교 NGO대학원 석사)

김미영(충남대학교 대학원 기록보존학과 석사과정)

김진희(한국교원대학교 대학원 역사교육전공 석사과정)

송기중(충남대학교 대학원 국사학과 석사과정)

오보경(충남대학교 대학원 국사학과 석사과정)

윤보윤(충남대학교 대학원 국어국문학과 석사과정)

윤애리(충남대학교 대학원 국사학과 석사과정)

정상화(충남대학교 대학원 기록보존학과 석사과정)

주계운(충남대학교 대학원 국사학과 석사과정)

오현정(충남대학교 사회과학대학 사회학과)

염지인(충남대학교 사회과학대학 사회학과)

장지선(충남대학교 인문대학 국어국문학과)

빛깔있는 책들 501-6

충남 지역 마을지 총서 ⑤ 보령시 오천면 원산도리

보령 원산도

첫판 1쇄   2007년 12월 18일 인쇄
첫판 1쇄   2007년 12월 26일 발행

글·사진   충남대학교 마을연구단

발 행 인   장세우
기획편집   이세형
미   술   이수현, 김현미
마 케 팅   강승일
관   리   김인태, 정문철, 김영원

발 행 처   주식회사 대원사
            우편번호 140-901
            서울 용산구 후암동 358-17
            전화번호 (02) 757-6717~9
            팩시밀리 (02) 775-8043
            등록번호 제 3-191호

http://www.daewonsa.co.kr

㈜ 값13,000원

이 책은 한국학술진흥재단의 2005년도 연구비 지원과
보령시의 출판보조금 지원에 의해 출간되었습니다.

Daewonsa Publishing Co., Ltd.
Printed in Korea 2007

ISBN 978-89-369-0266-7   04380